現代英国税制

The Modern Tax System of United Kingdom.

酒井 翔子

税務経理協会

は じ め に

　近年の日本経済は，低い経済成長と長引くデフレによる停滞を経験してきた。安倍晋三内閣では，長引くデフレからの早期脱却と日本経済の再生のため，「三本の矢」として，第一に，大胆な金融政策，第二に，機動的な財政政策，第三に，民間投資を喚起する成長戦略を掲げ，新たな経済政策（アベノミクス）に取り組んできた。そうした試みの中で，わが国の立地競争力を強化するとともに，企業の競争力を高める成長志向に重点を置いた法人税の減税は，第三の矢である「民間投資を喚起する成長戦略」における構造改革の柱として位置づけられてきた。

　具体的には，平成32年（2020年）度の黒字化に向けて，企業活動の活発化と経済成長の更なる加速を目指し，法人税の実効税率を平成27年（2015年）度から数年間かけて20％台へ引き下げるとともに，課税ベースの拡大や代替財源の確保へ向けた議論が行われてきた。

　これは，近年，諸外国において，加速する法人税率の引下げ競争に大きく影響された改革案である。すなわち，OECD・EU加盟国では，1990年代から2000年代にかけて，「税の競争」（tax competition）が激化しており，各国は，持株会社の誘致を競う「魅力的な税制」（attractive tax regime）の構築へ向けた法人税改革に乗り出している。その過程において，OECD全体としては，1990年代には35％前後であった法人税率を25％まで引き下げている。わが国においても，1990年代に50％近くあった税率を35％まで引き下げてはいるものの，依然として，諸外国に比べ，高い水準であり，「魅力的な税制の構築」という観点からは致命的な遅れを取っている。

　翻って，英国では，2010年に英国初の連立内閣であるキャメロン（D. Cameron）保守・自民連立内閣が発足した。キャメロン政権下において注目すべきは，抜本的税制改革案である『マーリーズ報告書』（Mirrlees Review）が公表されたことである。『マーリーズ報告書』では，近年の国際的経済環境の変

化を踏まえて，財政学を中心とする総合的視点のもと，遠い未来を見据えた上で，望ましい税制のあり方が検討されている。実際に，2010年の税制改革では，法人税率の大胆な引下げが行われ，財政赤字の削減，民間企業の成長促進と環境整備，労働促進による経済成長を目標に包括的な改革が行われた。

つまり，ギリシャ危機以降，多額の赤字を抱え，経済成長戦略の展開が急務とされ，デフレ脱却という観点からは，わが国と同じ状況下にある英国では，わが国に先行して，多方面における税制改革が実施されている。そこで，本書では，英国における近年の税制および『マーリーズ報告書』による税制改革案を概観するとともに，わが国における税制改革の可能性について管見することとする。

ところで，英国といえば，グレイト・ブリテンおよび北アイルランド連合王国（The United Kingdom of Great Britain and North Ireland）を正式名称とし，イングランド，スコットランド，ウェールズ，北アイルランドの4つのカントリーおよび多くの島嶼から成る連邦国家である。19世紀におけるヴィクトリア女王の治世には，産業革命の成果ともいえる「太陽の沈むところのない大帝国」を誇るほどの政治的・経済的発展を遂げており，「近代化」の指標とされる資本主義や議会制民主主義等を世界で最も先進的，かつ，典型的に達成した国として，フランス，ドイツ，ロシア，アメリカの近代化モデルとされてきた。明治以降のわが国においても，ユーラシア大陸の両端に位置し，自然や国土面積も大差のない同じ島国として，英国に対する親近感は強かった。日本を「東洋の英国」，英国を「西洋の日本」になぞらえた語りに伺えるように，英国は近代日本にとって文明の表象であり，わが国の近代化・発展に最も大きな影響を与えた国ともいわれている。現在，英国には1,000社を超える日系企業が欧州の統括拠点として英国を需要な投資先国として捉え，事業拠点を置いている。

筆者は，オックスフォードへの短期語学留学をきっかけとして，学生時代に何度か渡英した経験もあり，英国の生活文化，歴史的建造物，社会制度に高い関心を抱いている。博士課程に進み，英国の租税制度を研究テーマに設定したのも，渡英した際に出会った現地会計士から，英国には税務上の減価償却がな

いことを教わり，興味を抱いたことを発端としている。本書では，こうした英国独自の租税制度について，博士論文をもとに制度の趣旨，経緯を辿るとともに，必要に応じて，図や計算式を用いて制度全体を検討している。

　なお，本書の礎となった博士論文の執筆に当たっては，まず，恩師である法政大学教授・菊谷正人先生に深甚なる感謝の意を表さなければならない。菊谷正人先生には，論文指導だけでなく，人生の節目にあたる多くの場面で助言を賜った。鍛錬を重ねられた独特の風格と人情溢れる菊谷先生には，時に厳しく，時に優しくお導き頂き，一人の人間として，大きく成長させて頂いた。

　また，国士舘大学大学院経済学研究科長の藤本公明先生をはじめとする経済学研究科の諸先生方，租税実務研究学会の諸先生方にも，複数回にわたる研究報告会において，ご指導・ご鞭撻を頂いた。

　さらに，同じ菊谷研究室ご出身の大先輩である東洋大学教授・依田俊伸先生にも，研究を進める折々で，懇切丁寧なご教示・ご指摘を賜った。菊谷正人先生，藤本公明先生，依田俊伸先生には，心から厚く御礼申し上げる。

　また本書の出版に際しては，税務経理協会の峯村英治様にも格別なご厚意とご尽力を賜った。ここに記して，深謝申し上げる。

　最後に，約6年間の博士課程における研究活動および博士論文・本書の執筆は，両親の協力・支援なくしては成しえなかった。研究過程において，一喜一憂をともに分かち合い，支え続けてくれた両親に衷心より謝意を表したい。

　平成30年4月6日

　　　　　　　　　　　　　　　　　　　　　　　　酒井　翔子

目　　次

はじめに

現代英国税制

酒井　翔子　著

第1章　英国租税制度の現状と体系

第1節　英国における税制改革の現状

　2010年のキャメロン政権発足後の英国では，製造業を保護しつつ，ビジネスに開かれた市場を標榜し，G20の中で最も競争的な法人税の創設を目標に掲げてきた。財政赤字を抱える中でも，法人税率の引下げや新たな税制優遇措置の導入により，対内投資に魅力的な税制の構築を目指している。その取組みの中で，主要四分野における税制改革が行われてきた[1]。

　第一に，法人税率の段階的引下げおよび減価償却の縮減等による課税ベースの拡大である。法人税率に関しては，2010年の28％を皮切りに，毎年，段階的に税率が引き下げられ，2014年度現在では，23％へと引き下げられている[2]。法人税率の引下げに伴う課税ベースの拡大施策として，減価償却に関しては，法人税率が30％から28％に引き下げられた2008年の税制改正において，全体的に縮減の傾向にある。設備・機械全般に対する減価償却率が25％から20％へ改正され，建物に対する減価償却および40％初年度償却も廃止された[3]。

　第二に，パテントボックス制度の導入である。パテントボックス税制は，創造，開発段階で付与される研究開発控除に加え，開発した知的財産の利用・商業化段階においても税務上優遇することにより，知的財産の創造(creation)，研究(exploitation)・開発(inventions)，さらには商業化の全ての工程およびそれに伴う雇用を英国に誘導し，技術大国としての発展を目的とする制度である。具体的には，研究開発・技術革新に強い関連のある科学的(scientific)，かつ，高度な技術(high-tech：以下，ハイテク事業という)を伴う知的財産に係る所得に対して10％の低率分離課税を適用する[4]。

　第三の研究開発奨励税制は，適格研究開発活動に関する支出額に対して，

130％の割増償却を認めるとともに，適格設備投資には100％の即時償却を可能とする制度である[5]。特徴的なのは，研究開発成果である知的財産の所有権が英国に置かれる必要はなく，開発拠点が国外であったとしても，英国企業のために研究開発を行う社員等に係る労務コストも割増償却の対象となることであり，研究開発インセンティブに注力した制度が構築されている。

第四に，新しい被支配外国法人(controlled foreign company：以下，CFCと略す)規定の制定である[6]。これまで，所得の種類に関わらず，「低課税国」で事業を行う被支配外国法人の所得は，理由如何を問わず合算対象とされてきたが，新CFC規定では，低課税国における被支配外国法人の設立が税務上の目的で行われたとしても，「真正な経済活動」(genuine economic activities)が行われている場合には，CFC課税の対象から除かれる。つまり，英国多国籍企業が「競争的」であるためには，人為的所得移転に抵触しない限り，企業の経済活動を税制面で最大限に支援するという姿勢が表れている[7]。

このように，キャメロン政権における法人税改革は，投資先国として，「魅力的」，かつ，「競争的」な法人税制の構築に一貫している。その一方で，同政権下では，所得税の最高税率の引下げと消費税の引上げを合わせて行っている。ドイツにおいても，法人税率を引き下げる一方で消費増税の対応が採られているように，諸外国では，こうした法人税と他税目との組合せである「タックスミックス」の見直しが改革の主流となっている。つまり，所得税，法人税，消費税等，個々の税法枠内で改革を進めるのではなく，全体としての税収中立的な改革が進められているのである。税制改革というと，特定の税制枠内で縦割り的に議論されがちのわが国において，こうした試みは参考にされたいところである。なお，キャメロン政権による税制改革の経緯は表1-1に示される。

緊縮予算における基本的方針では，財政赤字の削減と安定的・持続的な経済成長に繋げるための具体的内容が提示され，生産的な公的支出・社会保障制度の充実化に力点を置く改革が打ち出された。また，歳出計画では，緊縮予算の内容を受け，優先的に削減するべき経費について，省庁ごとの具体的な施策が公表された[8]。さらに，法人税改革案では，法人税率の引下げ，企業実態を反

4

映させた税制構築，複雑性の排除，公平な税制システムの構築を原則に挙げ，
「競争的」な法人税制の確立を目指している。なお，上述の主要四分野におけ
る税制改革は，表1-1の成長戦略に関する施策に該当する。

表1-1　キャメロン政権による主な改革

年	改　革　内　容
2010年5月	キャメロン政権発足
2010年6月	緊縮予算(Bujget June 2010)公表
2010年10月	歳出計画(Spending Review)公表
2010年11月	マーリーズ報告書の公表
2010年11月	法人税改革案の公表
2011年3月	成長戦略(The Plan for Growth)公表

出所：野村総合研究所『平成26年度総合調査研究（企業活動と法人課税に関する調査）』，平成27
　　　年，23頁を参考に筆者作成。

第2節　EU法との関連性

　経済統合を目指すEUは，物・人・サービスおよび資本移動の自由により，
国境のない「域内市場」の創設・維持を目的に掲げる国集団である。「域内市
場」の運営に関しては，欧州議会および理事会により，加盟国法令が調和され，
各分野において採択されてきた。採択された法令は，基本条約とともにEU法
秩序を構成している。租税制度に関しては，加盟国の租税規定を調和させるた
めに理事会の全会一致を要するため，実際，EU域内の租税規定調和化は困難
を要する。現時点では，所得税制等の各租税制度の設計は，基本的には加盟国
に委ねられており，付加価値税のみ調和化が進められている[9]。

　加盟国における国内法に対するEC法の優越性は，1960年代に司法裁判所に
よって確立され，直接課税(direct taxation)の機能は，EUの定める法規定と一
貫して行使されることが要求されている。EU法規定は，加盟国国民に直接権
利義務を付与できる一方，加盟国国民は，EU法を根拠として，国内の租税規

定の問題を国内裁判所に提起することができる。さらに，国内裁判所は，提起された問題をEU法も含めて判断する必要がある場合には，当該問題を欧州裁判所(European Court of Justice：以下，ECJ)に付託することができる。こうした国内裁判所とECJの連携により，EU法の統一的な解釈・適用が確保され，加盟国国民の権利が守られる。前述のとおり，EU機能条約は，人，サービス，資本の自由移動に重点を置き，4つの章から構成される規定を設けている。これまで，EU法に抵触するか否かが問われた租税事案において，EU機能条約が法源として用いられたケースが多数あり，たとえば，物の自由を妨げる関税やそれと同様の効果をもたらす国外の物に対する課徴金や差別的内国税が禁止されている[10]。2016年6月23日に行われた国民投票において，EU離脱が決定され，離脱交渉が始まっているが，現行制度の多くにはEU法の影響が色濃く反映されている。

　本書においても，EU法が関連して改正に至った英国税法や事例に触れるが，英国を含め，欧州諸国の最近の傾向として，EU法を意識した税制改正や裁判例が散見される。

第3節　英国の税務行政と租税の種類

　1665年に内国歳入庁(Inland Revenue)が創設されて以来，英国の税務行政は，内国歳入庁および関税・消費税庁(Her Majesty's Customs and Excise)の2大組織により執行されていた。内国歳入庁では，所得税(income tax)や法人税(corporate tax)等の直接税(direct tax)に係る賦課・徴収が行われ，関税・消費税庁では，付加価値税(value added tax)や個別消費税(excise duties)等の間接税(indirect tax)の賦課・徴収，関税(customs duties)に係る業務が行われていた。しかし，2005年4月18日に両組織は統合され，「歳入・関税庁」(Her Majesty's Revenue and Customs：HMRC)が創設されると，これまで別々に執行されていた直接税・間接税の賦課・徴収が一本化されることになった。現在の英国の税務行政執行機関は「歳入・関税庁」であり，わが国でいう財務省の外局として機能する国税

庁にあたる。税務執行に係る法律としては，「2005年歳入・関税委員会法」(Commissioners for Revenue and Customs Act 2005)が制定されている。この「2005年歳入・関税委員会法」の大部分には，「1970年課税管理法」(Taxes Management Act 1970)および「1979年関税・消費管理法」(Customs and Excise Management Act 1979)が継承されている[11]。

　英国では，租税徴収方法として比較的最近まで税務当局が納付税額を決定する賦課課税制度が採用されていた。個人所得税に関しては，1996年から1997年の課税年度において申告納税制度へと移行され，法人所得税に対しては1999年7月1日以後に終了する課税年度において申告納税制度に改められている。

　ところで，租税とは，英国においても，国または地方行政機関が公益目的の財源確保のために強制的に賦課・徴収する金銭であると定義づけられている[12]。周知のとおり，租税はその性質や内容によって分類される。たとえば，納税者(tax payer)と担税者(tax bearer)が一致するか否かによる直接税・間接税との分類，租税収入の使用目的を基準とする普通税・目的税との分類，国境の内外を基準とする内国税・関税との分類，課税権の主体を基準とする国税・地方税との分類がある[13]。英国では，主として，直接税の所得税，法人税，キャピタルゲイン税(capital gains tax)，相続税(inheritance tax)，国民保険負担金(National Insurance Contribution)と間接税の各種個別消費税，印紙税(stamp taxes)，付加価値税に分類される。これらの租税はすべて国税であり，地方税は不動産取得に課されるカウンシル税(Council Tax)のみである。

　ちなみに，1970年代は，国内不動産の取得に係る内国税(domestic rates)と事業用資産に課される事業税(business rates)が地方税として存在していた。しかし，1990年の税制改正において，事業税が地方税から国税に移行されたのに伴い，人頭税(poll tax)という自治体税(community charge)が導入された。人頭税とは，イングランド(England)，ウェールズ(Wales)，スコットランド(Scotland)の個人(per-person)に対して，保有財産価値や支払能力に関係なく定率で国民一人一人課税するものである。1993年に人頭税は廃止され，取得不動産を課税対象とするカウンシル税が導入され現在に至る[14]。

表1-2に示されるように，英国の税収は個人所得課税・国民保険負担金・付加価値税だけで全体の65%を占めており，法人税，キャピタルゲイン税等その他税目からの税収は極めて低い。たばこ税・酒税・乗物税などの各種個別消費税を合計すると11.2%となることから，消費税からの税収も比較的高いといえる[15]。

表1-2　2008年から2009年における税収項目および税収割合

税　　項　　目	税収割合（%）
個人所得税（税額控除前）	30.3
税額控除	（-1.1）
国民保険負担金	18.9
付加価値税	16.0
その他間接税	
燃料税(fuel duties)	4.9
たばこ税(tobacco duties)	1.6
酒税(alcohol duties)	1.6
賭博税(betting and gaming duties)	0.3
自動車税(vehicle excise duty)	1.1
航空利用税(air passenger duty)	0.4
保険手数料(insurance premium tax)	0.4
入国税(landfill tax)	0.2
気候変動税(climate change levy)	0.1
砕石税(aggregates levy)	0.1
関税(customs duties and levies)	0.5
キャピタルゲイン税	0.9
相続税	0.6
印紙税	1.6
法人税	8.7
石油税	0.5
事業税	4.5
カウンシル税	4.8
その他	3.0
合計	100.0

出所：James Mirrlees(ed.), *Dimensions of Tax Design*,Oxford University Press, 2010, p.7一部修正。

〔注〕
1) キングズレー・ケミシュ「英国法人税制アップデートセミナー－より魅力的になった投資先UK－」『租税研究』第755号，2012年，259頁。
2) James Mirrlees(ed.), *Tax by Design*, Oxford University Press, 2011, p.407.
3) James Mirrlees(ed.), *Dimensions of Tax Design*,Oxford University Press, 2010, p24.

　　　石造りの建造物が数世紀にわたり多く残される英国では，建物等の固定資産が減価するという概念が皆無に等しく，減価償却の正当性が否定されている（菊谷正人『英国会計基準の研究』同文舘出版，昭和63年，49頁）。

　　　そのため，減価償却概念が初めて議論されてから130年以上経過した現在においても，「政策的に特別な場合」を除いて固定資産の減価償却は認められない。「政策的に特別な場合」という観点から，減価償却が実際に条文化されたのは，第2次世界大戦後の1945年のことであり，特定資産の即時償却または加速償却を可能にする初年度償却等の減価償却は，戦後導入されてから今日に至るまで，企業の設備投資を喚起する機能を有し，英国の景気対策上，投資促進手段として重要な役割を果たしてきた(G. T. Webb, *Depreciation of Fixd Asset in Accountancy and Economics*, Australasia Pty Ltd, 1954, p.93)。

　　　現在は，一定の要件を満たす設備・機械に対して，20％・10％の減価償却が認められている。省エネや環境に配慮した設備・機械に対する100％の初年度償却は，2015年度を目途に廃止される予定である(Alan Melville, *Taxation Finance Act 2011 Seventeenth edition*, Prentice Hall, 2012, pp.152 and 157)。なお，英国の減価償却制度に関する詳細は，（菊谷正人・酒井翔子「英国税法における減価償却制度の特徴－減価償却制度の日英比較－」『経営志林』第48巻第3号，2011年)を参考されたい。
4) CCH, "Boxing Clever", *Accountancy*, Vol.148, No.1422, 2012, p.45.
　　酒井翔子「英国の流動所得に対する国際課税」『租税実務研究』第2号，平成25年，59頁。
5) Alan Melville, *op. cit.*, pp.343 and 344.
　　ちなみに，小・中規模法人(small and medium-sized companies)の研究開発に対しては，225％の割増償却が適用されている。
6) CFC規定は，周知のとおり，所得に対して課税が行われない，あるいは，極めて低い税率を採用している国または地域であるタックス・ヘイブン(tax haven)を利用した国際的租税回避防止規定であり，各国では，①本国の親会社の所得とみなして合算課税を行うか，②本国へ送金させる等の手法により，タックス・ヘイブンを利用した国際的租税回避を防止している。英国では，英国税率の75％未満の国に配置される被支配外国法人の所得を英国親法人の持分に応じて課税するタックス・ヘイブン対抗措置を採っている。
7) HM Treasury, *Corporate Tax Reform : delivering a more competitive system*, HM Revenue & Customs, 2010, p.25.
　　新CFC規定のあり方①CFC規定の適用を英国で課税されるべき所得が人為的に移

転される場合に限定することにより，英国での事業活動・英国源泉所得に対する課税の公平が実現されること，②英国における課税標準の浸食(erosion)が行われない限り，国外所得に対しては免税とすること，③国外での真正な経済活動から生じる所得には課税しないことが挙げられている。

8)　HM Treasury, *Spending Review 2010*.

9)　坂巻綾望「欧州司法連合司法裁判所の動向－人・サービス・資本の自由移動と加盟国税制－」『租税研究』第731号，2010年，349-350頁。
　　EU法については，庄司克宏『EU法　基礎編』岩波書店，2007年，岡村堯『ヨーロッパ法』三省堂，2001年を参照されたい。

10)　同上書，351頁。
　　欧州裁判所は，司法裁判所(court of justice)，総合裁判所(general court)，専門裁判所(specialised court)により構成される(European Union, *Consolidated Version of The Treaty on European Union*, Official Journal of the European Union, 2008, p.27)。

11)　Keith M Gordon and Ximena Montes-Manzano, *Tiley and Collison's UK Tax Guide 2009-10 27 th edition*, Lexis Nexis, 2009, p.69-70.

12)　Chris White, *Revenue Law-principles and practice*, Butterworths, 1999, p.5.

13)　前川邦生＝菊谷正人編著『租税法全説』同文舘出版，平成13年，5頁。

14)　James Mirrlees(ed.), *op. cit.*, p.32.

15)　なお，表1-2に示される税目別の税収割合は，2000年当時とほとんど変化が無い(HM　Treasury, *Financial Statement and Budget Report*, 2000)。

ウェストミンスター寺院
（Westminster Abbey）
戴冠式などの王室行事が執り行われ，内部の壁と床には歴代の国王や女王，政治家などが多数埋葬されている。

第2章　個人所得課税制度の特徴

第1節　分類所得税制

　英国の所得税制(system of income tax)は，1799年1月にピット(W. Pitt)内閣によって新設・施行された[1]。近代的所得税の母国とされる英国の所得税導入は，ナポレオン戦争の戦費調達を目的として行われたが，その背景には，産業革命の進行が大きな役割を果たしている。すなわち，産業革命による資本主義的経済発展を遂げた結果，各源泉に基づく所得を数量的に把握できるようになり，有産階級の所得に直接課税することで必要な財源確保を目指す社会的動機も含まれていた[2]。ピット政権下の所得税では，所得を4つの項目(head)に大別し，19の事項(case)に基づき申告を行うことが義務付けられた。表2-1は導入当時の所得分類である[3]。

表2-1　ピット所得税における所得の分類

項目	事　項	所　得　の　内　容
I	1〜14	土地・家屋からの所得
II	15〜16	事業・専門業・年金等からの所得
III	17〜18	国外にある財産からの所得
IV	19	I〜IIIに当てはまらない所得

出所：Stephan Dowell, *A History of Taxation and Taxes in England from the earliest times to the present day Vol. III*, Longmans, Green, 1888.pp.9-94を参考に筆者作成。

　ナポレオン戦争の停戦により，1802年アディントン(H. Addington)内閣において，所得税は廃止され，戦争の再開とともに，1803年に再導入された。その

際,「分類所得税制」(schedular income system)と「源泉徴収制度」(withholding tax system)といった所得税制の基本的枠組が構築されている。その源泉(sources)に応じて,別表(schedule)Aから別表Eの5つに分類され,別表Aの不動産所得(income from land and building),別表Bの農業所得(farming profit),別表Cの公的年金所得(public annuities),別表Dの事業・その他所得(self-employment and other items),給与・年金所得(salaries and annuities and pension)により区分された[4]。この分類所得税制の導入に伴い,課税方法(method of assessment)も改正され,これまで納税者が総所得に係る税を直接申告していたものが別表ごとに源泉課税させるようになった。この源泉課税および新課税方法は,徴税効率の向上に大きく貢献した[5]。1816年には,ナポレオン戦争の終戦を機に廃止されるが1842年にピール(R. Peel)内閣により「ピール経済改革」(Peel's economic reforms)の一環として再び導入され,以後,「分類所得税制」と「源泉徴収税制」等諸制度もほとんど変更されることなく200年以上続いている。表2-2は,分類所得税制における各所得区分を表している。

表2-2　分類所得税制における各所得区分

別　　表	事　　項	所　得　種　類
別表A		不動産所得
別表D	事項1	事業所得（事業）
	事項2	事業所得（専門職・聖職）
	事項3	利子・配当・その他所得
	事項4	利子・配当・国外所得
	事項5	国外所得
	事項6	その他所得
別表E	事項1	給与所得（居住者）
	事項2	給与所得（非居住者）
	事項3	事項1・2に該当しない給与所得
別表F		利子・配当所得

出所：David Smailes, *Tolley's Income Tax 2009-10 94th*, LexisNexis 2009, pp. 451-452, 807, 1025, 1139参考。

　個人所得は，その発生源泉により，労働から生じる勤労所得(earning income)と資産運用等によって生じる不労所得(unearned income)とに大別され，近年の英国では，「1988年所得および法人税法」(Income and Corporation Taxes Act 1988：以下，ICTA 1988と略す)に基づき，表2-2に示されるように，別表A，D，E，Fの4つに分類され，さらに，別表Dおよび別表Eは事項(case)という項目による詳細な所得区分が設定されていた[6]。

　しかし，2000年以降の所得税法改正による「2003年給与・年金所得税法」(Income Tax(Earnings and Pensions)Act 2003：以下，ITEPA 2003)，「2005年事業・その他所得税法」(Income Tax(Trading and Other Income)2005：以下，ITTOIA 2005)および「2007年所得税法」(Income Tax Act 2007)の導入に伴い，従来の「分類所得税制」は廃止され，2005年4月6日に開始する課税年度から新たな所得区分が設定された。現行の所得税法において個人所得は，事業所得(trading income)，不動産所得(property income)，利子・配当等の貯蓄・投資所得(savings and investment income)，年金・社会保障を含む給与所得(employment income)，国外所得(foreign income)，その他所得(miscellaneous income)の6つに分類され，主として，ITEPA 2003およびITTOIA 2005の規定に基づき取り扱われる[7]。各所得に関する適用法律は表2-3に示されるとおりである。

表2-3　新所得区分と適用法律

ITEPA 2003	ITTOIA 2005
給 与 所 得 年 金 所 得 社 会 保 障 所 得	事 業 所 得 不 動 産 所 得 利 子 所 得 配 当 所 得 そ の 他 所 得

　出所：Alan Melville, *Taxation Finance Act 2010 Sixteenth edition*, Prentice Hall, 2011, p. 32参考。

　わが国の所得税法(昭和40年法第33号)においても，所得の源泉・性質，担税力の相違に応じて，利子所得，配当所得，不動産所得，事業所得，給与所得，退

職所得，山林所得，譲渡所得，一時所得および雑所得の10種類に分けられているが，日英の所得税法において，キャピタルゲインの取扱いが大きく異なる。すなわち，資産の値上り益とされるキャピタルゲインは，譲渡所得として各種所得に含められるわが国に対して，英国では，所得税とは別個の「課税利得法」(chargeable profit tax act)に基づき取り扱われる。したがって，現在の英国において，個人所得は，その源泉によって2つに大別され，総収入金額から必要経費を差し引いた利得(profits)には「所得税」，資産の売却処分(disposal)により生じたキャピタルゲイン(capital gain)には，「キャピタルゲイン税」が課される。そのため，キャピタルロスが生じた場合は，他の所得の通算はできず，キャピタルゲインから控除される。キャピタルゲイン税に関しては，第8章の「資産課税の仕組みと特徴」において後述される。

第2節　所得の種類

第1款　不動産所得

　ICTA 1988において，不動産所得は別表A所得の「英国不動産業」および別表D所得事項5の「国外不動産業」に係る所得とされていた。ITTOIA 2005では，英国の土地(land)を源泉とする英国不動産業による収入と定義づけられ，英国国内の土地・建物および借地権・地上権等その他不動産に関する権利から生じる収入とされている。不動産(estate)を源泉とするすべての収入が課税対象とされるため，不動産業者・不動産仲介者以外にも，賃貸料(rents)，リース期間が50年を超えないリース手数料(lease premiums)，通行権(rights of way)・競技権(sporting rights)に関する収入，キャラバン・ハウスボートの貸付けによる収入，さらに，英国不動産投資信託(UK Real Estate Investment Trust：以下，UK-REITと略す)からの受取配当金を収受する者も課税対象となる。ただし，農場・農園に係る収入や鉱業権，採掘権等の特定資産に係る収入は事業所得として扱われるため，不動産所得から除かれる[8]。不動産所得の説明には，しばしば，不動産業(property business)文言が用いられるが，大半の不動産所得は不労

所得であり，勤労所得として扱われるのは，家具付き別荘を賃貸する場合に限られる。

　不動産所得は，一課税年度における総収入金額から必要経費を差し引くことにより算定される。収入および控除可能費用は一般に認められた会計原則(generally accepted accounting principles)に基づいて，発生基準(accruals basis)により算定される。不動産損失は，次年度以降に自動的，かつ，無制限に繰り越され，所得の生じた年度における不動産所得と相殺される。その際，同じ不動産所得に限り相殺が認められる[9]。

　総収入金額から控除可能な必要経費は，事業所得に係る必要経費と同様である。たとえば，不動産の修理・維持費用，不動産保険料，テナントサービスに係る費用，貸倒損失を含む運営・管理費用，家主に対する賃貸料(転貸不動産の場合)，事業税(business rate)・地方税(council tax)，水道料金，不動産の取得または改装に係る借入金利息のような専ら(wholly and exclusively)不動産所得を得るのに要した支出が該当する[10]。不動産に係る資本的支出は，原則として，必要経費に算入することができないが，下記①に示される資本的支出に関しては，税額控除(tax relief)が認められる[11]。

　①　特定資産に係る減価償却費(capital allowance)
　　(a)　賃貸不動産の修理・維持・管理に使用される設備・機械
　　(b)　工業目的に賃貸する工業用建物
　　(c)　アパートを賃貸するための商業的建物・店舗上の空き部屋の改装費
　　(d)　開発地域における事業用建物の改装
　②　賃貸不動産の家具・その他設備に関する減耗・摩耗償却(wear and tear allowance)
　　　この減耗・摩耗償却は年間賃貸料の10%に相当する。当該賃貸不動産のために家主の負担する地方税等
　③　減耗・摩耗償却の代替方法として，取替基準(renewals basis)に基づき算定された支出
　　　備付け家具に係る初期費用の控除は認められないが，取替時に支出する

費用に関しては，当該費用の生じた課税年度において，不動産所得金額から控除できる。

　なお，2015年４月５日までの時限立法として，家主省エネ償却(landlords energy saving allowance)が設定されている。家主省エネ償却とは，居住用不動産のために取得または設置した省エネ製品に関しては，省エネ製品に係る支出額のうち，毎年1,500ポンドを上限に不動産所得から控除する措置をいう。

　必要経費が不動産所得を上回る場合には，不動産損失が計上されるとともに当該年度の不動産所得はゼロとなる。不動産損失は繰り越され，翌年度以降において最初に不動産所得の生じた年度の不動産所得から控除される。厳密にいえば，繰越損失の控除(relief)は，総所得金額から控除され，控除可能金額は当該年度の不動産所得を限度とする。

　リース使用料は賃貸人から家主に対して一括払いで支払われるリース料をいう。リース取引は，リース期間が50年を超えるか否かにより，長期リース取引と短期リース取引に大別され，短期リース使用料のみ所得税の課税対象となる。ただし，リース期間のうち，初年度を除いて，毎年２％の税額減殺措置が採られる。たとえば，家主が賃貸人に対して25年リースにより不動産を36,000ポンドで譲渡した場合を想定する。初年度を除くリース期間である24年間は毎年２％の税額減殺が受けられるため，リース手数料のうち48％(＝24年×２％)は所得税の課税対象から除かれる。したがって，課税対象となるリース手数料は18,720(＝36,000×(100％－48％))となる。

　不動産所得に対しては，賃貸部屋控除(rent-a-room relief)が設けられており，主要な居住用住居として家具付き住居を個人的に賃貸する場合，年間賃貸料のうち，4,250ポンドの特別控除が受けられる。なお，家具付き別荘の貸付による収入は事業所得として取り扱われ，年金負担金に関する税額控除の適用対象者には，当該所得は勤労所得として扱われる。

　家具付き別荘の貸付に該当するか否かは，下記項目により判断され，備

付け家具に関しては，キャピタルアローワンス（減価償却）の控除が認められる。

① 課税年度のうち，少なくとも140日以上が別荘として一般大衆に賃貸可能であること

② 長期の独占的な滞在を除いて，課税年度のうち，少なくとも70日貸し付けること

③ 課税年度のうち，155日以上の長期の独占的な滞在ではないこと

第2款　事業所得

　事業所得とは，英国国内において継続して行う事業(trade)または専門的職業(professions and vocations)から生じる収入をいい，1課税年度の基準期間(basis period)における全所得が課税対象とされる。「事業」には，すべての取引，製造業，商業的投機等，事業に関するものが含まれる[12]。原則として，ある者が事業を行う上で稼得した収入はすべて事業所得として取り扱われるが，特定の収入に関しては，その収入の性質によって他の所得区分とされ，税務上の取扱いが大きく異なるため，収入の判別が重要となる。たとえば，出資者の出資金に係る収入等，納税者の事業・職業以外を源泉とする収入は利子・配当所得に該当する。また，資産の取得に関して，その取引が「事業の一環として行われる取引」であるか「投資財の取得・処分を目的とする取引」であるかによって，当該資産の売却により生じた所得は「所得税」あるいは「キャピタルゲイン税」の課税対象となるため，両者は明確に区別されなければならない[13]。1955年の王立委員会(Royal Commission)において，所得区分に関する指標(badges)が公表されたのに伴い，下記①から⑥に示される6つの判断基準が設定された。この基準に基づき，所得税の対象であるかキャピタルゲインの対象となるかの判断が行われる(1955, Cmd, 9474, para.116)。

① 原因・対象(subject matter)となる事象の実現

② 所有期間の長さ

③ 同じ人物による類似取引の頻度・数

④　利得実現への補助的業務・関連性

⑤　実現の要因・状況

⑥　利得発生の動機

　事業所得は不動産所得と同様に，総収入金額から必要経費を控除して算定される。必要経費には，その収入を得るために直接要した費用のみが該当し，資本的支出や家事関連費は含まれない。その一方で，事業に関する費用であれば，収入金額を上回る金額であっても，必要経費として控除が認められ，他の所得と通算することができる。

第3款　給与所得

　給与所得とは，雇用関係において基づき支払われるすべての対価であり，給料(salary)，賃金(wages)，賞与(bonuses)，報酬(fee)，退職金(gratuity)等の給与をいう。また，退職年金，求職者手当，疾病手当，出産手当，出産時の父親手当，長期無資格給付金，在宅介護手当，工業死亡給付のような社会保障的性質を有する手当も広く給与所得に含まれる。判例によれば，給与所得を判別する際の重要な論点は，当該給与が誰から支払われるのかではなく，労務の結果として支給される対価であることである。したがって，雇用者でなく顧客からウェイターに支払われるチップも給与所得にあたると解される[14]。

　さらに，金銭以外の物品またはサービス等の付随的な便益(incidental benefit)も給与所得に該当する。付随的な便益はフリンジ・ベネフィットあるいは「現物給与」(benefit in kind)ともいわれている。「現物給与」としては，たとえば，①資産の貸付け，②住宅の付随的サービス，③自動車・トラック・燃料の個人使用，④その他経済的便益の貸付け，⑤物品・サービス引換券，⑥居住用住居(living accommodation)等が挙げられる。英国の給与所得者は，「現物給与」に対する課税を検討するにあたり，「P11D従業員」(P11D employee)と「低所得従業員」(lower-paid employee)に分けられる。「P11D従業員」は年収8,500ポンド以上の給与所得者であり，多くの場合，法人の役員が該当する。ただし，役員であっても，年収8,500ポンド以下で，かつ，法人株の持分比率が5％以下

の業務主催役員(full-time working directors)は除かれる。「P 11 D 従業員」以外の給与所得者はすべて「低所得従業員」に該当する。上記「現物給与」のうち，①から④は「P 11 D 従業員」のみが課税対象となり，「現物給与」が現金に換金できるか否かにかかわらず，当該給付に要した雇用者負担額(cost to the employer)に課税される。一方，「低所得従業員」は，これらの「現物給与」が現金に換金できる場合に限り，手取金額(second-hand value)に課税される。この8,500ポンド基準を検討する際には，当該給与所得者が「P 11 D 従業員」であるとの想定のもと，まずは手取金額ではなく，雇用者の支出したすべての「現物給与」負担額を給与所得に含めて計算する。勤労年金計画・賃金支払い計画に係る寄附金等の支出控除後の金額が8,500ポンドを超えれば「P 11 D 従業員」となり，8,500ポンド以下であれば「低所得従業員」とみなされる[15]。

　たとえば，年収7,300ポンド，現物給与900ポンド(手取金額500ポンド)の給与所得者の場合，総収入金額は通常の給与と雇用者支出現物給与を合算した8,200(＝7,300＋900)ポンドとなる。この金額は8,500ポンド以下であるから，当該給与所得者は「低所得従業員」に分類され，「現物給与」は手取金額のみ課税対象となる。したがって，7,800(＝7,300＋500)ポンドか課税対象収入金額となる。

　以下では，「P 11 D 従業員」に対する上記①から④の「現物給与」の取扱いを概説する。

　まず，①の個人使用資産の貸付けに関して，雇用者が「P 11 D 従業員」の個人使用のために資産を貸し付ける場合には，当該資産の貸付け日における市場価額の20％相当額が「P 11 D 従業員」の課税対象金額となる。当該資産が後に売却または贈与される場合には，(A)売却・贈与日の市場価額から従業員負担額を控除した金額あるいは当該資産が最初に貸し付けられた日の市場価額から貸付期間に支払った金額，(B)その他の費用で従業員が負担した額を控除した金額のうち，大きい方の金額が追加的に課税対象となる[16]。

　たとえば，2008年4月6日に雇用者が音楽関連装置を400ポンドで購入し，2010年10月6日に「P 11 D 従業員」が50ポンドで買い取るまで貸し付けていた

場合2008年から2010年度の課税年度における課税対象現物給与は次のとおりである。なお，「Ｐ11Ｄ従業員」への売却日における市場価額は120ポンドである。

　貸付期間である2008年度および2009年度は，当該音楽装置購入価額の20％相当額80（＝400×20％）ポンドが課税対象金額となる。売却の行われた2010年度は上記（A）の70（＝120−50）ポンドあるいは（B）の150｛＝400−80−80−40（＝80×6／12）−50｝うち，大きい方の150ポンドに当該年度における売却日までの支払額40（＝80×6／12）ポンドを合算した金額190（＝150＋40）ポンドが課税対象金額となる。次に，②居住用住居における付随サービスに関して，「Ｐ11Ｄ従業員」へ居住用住居を提供する場合には，住居のみならず，暖房・照明装置や修繕費・管理費等付随サービスも課税対象金額に含まれる[17]。

　③の自動車・トラック・燃料の個人使用に関して，「Ｐ11Ｄ従業員」の私用目的で自動車が提供される場合には，自動車価額および二酸化炭素の排出量に応じて課税対象現物給与が算定される。自動車価額は，当該自動車の取得価額に加え，当該自動車を利用可能な状態にするために取得した付属品および利用可能な状態からさらに必要に応じて購入した物品に係る100ポンド程度の支出を合算した金額となる。課税対象現物給与額は，上記自動車価額から従業員負担額を差し引いた金額と80,000ポンドのうち，低い方の金額となる[18]。表2-4には，二酸化炭素排出量に応じた適用割合が示されている。

表2-4　二酸化炭素排出量と適用割合

二酸化炭素排出量	適　用　割　合
1kmあたり75ｇ以下	5％
1kmあたり76ｇから120ｇまで	10％
1kmあたり121ｇから130ｇまで	15％
1kmあたり130ｇ超	1kmあたり5ｇ追加ごとに1％増加

出所：Alan Melville, *Taxation Finance Act 2010 Sixteenth edition*, Prentice Hall, 2011, p. 97, 一部修正。

　なお，課税年度末日から起算して使用期間が15年を超え，課税年度末日の市

場価額が15,000ポンドを超えるような高級車(classic car)は課税対象現物給与算定時の市場価額が自動車価額となる(ITEPA 2003, Sec. 147(1)・(3)・(4))。

　提供される自動車の使用期間が課税年度に満たない場合には，使用期間に応じて課税対象現物給与額が日数按分されるが，使用しない期間が年間を通じて30日間継続されない限り，期間按分の適用は受けられず，自動車価額全額が課税対象となる。たとえば，2010年から2011年にかけて，「P 11D従業員」であるA氏に12,400ポンドの自動車が提供されたと想定する。当該自動車に対するA氏の負担額は10,000ポンドであり，個人使用に伴い，毎年300ポンドを雇用者に支払っている。当該自動車の二酸化炭素排出量が1kmあたり168gである場合の課税対象現物給与は次のように計算される[19]。

　給付された自動車価額はA氏の負担金を控除した金額の11,400(＝12,400－10,000)ポンドとなる。1kmあたり168gの排出量は，130gを38g超過するため，適用割合は7(＝35÷5)％増加する。したがって，自動車価額に22(＝15＋7)％を乗じた金額2,508(＝11,400×22％)から，A氏の年間支払額300ポンドを控除した2,208(＝2,508－300)ポンドが課税対象現物給与の金額となる。

　個人用自動車の提供では，自動車に係る免許・保険・管理等の諸費用を含めた自動車そのものの提供が観念されているのに対し，燃料給付は，社用車への燃料給付であり，個人使用のために給付される燃料に従量税(scale charge)が課される(ITEPA 2003, Sec. 151(2))。燃料税率は，表2-5に示されるとおりである。

表2-5　燃料ごとの適用税率

燃料給付量	重油 (petrol)車	軽油 (diesel)車
1,400cc以下	10ペンス	10ペンス
1,400cc超2,000cc以下	13ペンス	10ペンス
2,000cc超	18ペンス	13ペンス

出所：Alan Melville, *Taxation Finance Act 2010 Sixteenth edition*, Prentice Hall, 2011, p.97, 一部修正。

　課税対象燃料給付額の算定は個人用自動車の場合と同様の二酸化炭素排出量

に応じた適用割合を用いて行われ，一時的に燃料給付を休止した場合には，課税対象現物給与の期間按分も適用される（ITEPA 2003, Sec. 149-153）。

軽トラックが提供される場合には，3,000ポンドの課税対象現物給与が生じる[20]。ただし，軽トラックの使用が自宅から仕事場までの区間に限られるのであれば，課税されない。課税対象現物給与額は，当該トラックの使用期間に応じて按分され，従業員が雇用者に対して使用料を支払う場合には，その支払金額が減額される。さらに，燃料給付を受ける場合には550ポンドの「現物給与」として，給与所得に加算される（ITEPA 2003, Sec. 155 and 156）。

最後に，貸付金に関して，雇用者から従業員に対する無利息貸付または低利息貸付が行われる場合には，公定利率（official rate）に基づく利息と実際に雇用者に支払う利息との差額が「現物給与」として課税される。ただし，正規の貸金業を通じて，一般に行われる貸付期間・貸付条件のもとで行われる貸付や税額控除適用利息（interest qualifies tax relief）に関しても課税関係は生じない。貸付金総額が5,000ポンドを超えない場合には，当該貸付に係る「現物給与」には，課税されない。なお，貸付金が帳消しにされる場合には，当該帳消し相当額は収入金額に算入され，課税対象となる[21]。

たとえば，「Ｐ11Ｄ従業員」であるＢ氏が雇用者から，持家の購入に伴う借入36,000ポンド（年利2.25％），無利息借入2,000ポンド，その他借入2,400ポンド（年利3.25％），業務上必要な道具の購入に伴う借入6,000ポンドを行った場合，公定利率を４％と想定すると課税対象現物給与は次のように計算される[22]。

6,000ポンドは適格貸付のため，課税関係は生じない。その他の借入金は5,000ポンドを超えるため，課税対象現物給与が生じる。無利息貸付である②以外の①・③は低利息貸付であるから，公定利率との差額分に相当する金額，すなわち①は630｛＝36,000×（４－2.25％）}ポンド，②は18｛＝2,400×（４－3.25％）}ポンドが課税対象となる。したがって，②の公定利率相当額80（＝2,000×４％）ポンドを合算した合計金額728（＝630＋80＋18）ポンドが課税対象現物給与となる。

続いて，所得金額および職務上の地位に関係なく，すべての従業員が課税対

象となる居住用住居の取扱いに関して，雇用者が役員(director)あるいは従業員(employee)の被雇用者に対して，社宅やアパート等の住居を提供し，当該住居に係る家賃の全部または1部を負担する場合に，その負担額を被雇用者の「現物給与」とみなして，給与所得金額に算入される[23]。

提供された居住用住居が雇用者の所有物件である場合には，課税見積価額(rateable value)を用いて算定された当該住居の年次価額(annual value)が課税対象となり，雇用者の賃貸物件である場合には，雇用者の負担する賃貸料と当該住居の年次価額のうち，大きい方の金額が課税対象現物給与となる[24]。年次価額には，不動産業者が賃貸業を行うのに必要な税金，料金，費用や家主の支払う修繕費，保険料等の不動産維持費が含まれる(ITEPA 2003, Sec. 110)。

居住用住居に対する雇用者負担額が75,000ポンドを超える場合には，高級住宅に該当するとして給与所得算入額が増額されるが，増額されるべき金額は，75,000ポンド超過額に対して，適正割合(appropriate percentage)，すなわち，課税年度の最初の日における公定利率(official rate of interest)を乗じて算定される。住居価額は不動産取得価額に修繕費等の諸経費を合算し，従業員出資金を控除した金額となる。ただし，雇用者が当該住居を購入してから，従業員に給付されるまでの期間が6年を超える場合には，不動産取得価額は従業員に最初に給付された日の市場価額となる[25]。

たとえば，2010年1月1日より，年次価額5,300ポンドの住居を雇用者から提供されると想定する。当該住居は，2007年に雇用者によって170,000ポンドで購入され，2009年に35,000ポンドで修繕されている。また，当該給付に関して，従業員は毎年3,000ポンドを雇用者に支払っている。適正割合を4％とすると，課税対象現物給与は次のように計算される[26]。

当該居住用住居は，雇用者の負担額が75,000ポンドを超えるため，高級住宅に該当する。したがって，課税対象金額は75,000ポンド超過額に適正割合を乗じて算定されることになり，不動産取得価額170,000ポンドに修繕費35,000ポンドを加算した205,000(＝170,000＋35,000)ポンドのうち，75,000ポンド超過額130,000(＝205,000－75,000)ポンドに適正割合4％を乗じた5,200(＝

23

130,000×4％)ポンドが課税対象増加額となる。最終的な課税対象価額から，従業員負担額を差し引いた7,500(＝5,300＋5,200－3,000)ポンドが課税対象現物給与となる。

　従業員に対するインセンティブ報酬制度として，わが国には，新株予約権（ストック・オプション）の行使による「現物給与」があるが，英国においても，従業員の士気を上げるために複数のインセンティブ報酬が設定されている。代表的なものとして，株式報奨計画(share incentive plans)，適格株式オプション計画(approved share option schemes)，事業経営報奨(enterprise management incentives)が挙げられる。

　株式報奨計画において，従業員は毎年3,000ポンドを上限とする自社株式の無償提供，毎年1,500ポンドを上限とする提携会社の株式取得，取得株式に対してそれぞれ2株ずつの無償割当て等の待遇が与えられる。つまり，適用所得税率が20％の標準税率である従業員は，7,500ポンド相当の株式を1,200(＝1,500×80％)ポンドで取得でき，40％の高税率適用者は900(＝1,500×60％)ポンドで取得することができる。原則として，すべての従業員が株式奨励計画を受けることができるが，勤務先の普通株式を25％以上有する従業員は適用除外となる。

　適格株式オプションには，貯蓄関連ストックオプションと法人ストックオプションがあり，下記に示される各適格オプションの要件がすべて満たされる場合には，当該株式の権利付与時および権利行使時おける課税は行なわれず，最終的な株式譲渡時点においてキャピタルゲイン税が課されるまで課税が繰り延べられる[27]。

　貯蓄関連ストックオプションは，一定期間会社に勤めるすべての従業員が利用可能であり，権利付与された株式は権利行使時まで免税貯蓄計画のもとで貯蓄される。貯蓄金額は毎月250ポンドを上限とされ，貯蓄期間は少なくとも3年から5年継続されなければならない。なお，権利付与される株式価額は，当該権利付与時における株式市場価額の80％相当額でなければならない。

　一方，法人ストックオプション権利行使価額は権利付与時の市場価額を下回

24

ることはない。権利付与から3年間は権利行使できない。また，権利付与後10年以上経過してからの権利行使は認められず，従業員が一度に所有できる株式価額は30,000ポンドが限度とされる。

　事業経営奨励は，主として英国で事業を行い，従業員数が250人以下，総資産が3億ポンド以下の適格法人に対して提供される。適格法人は，1週間当たり25時間以上もしくは労働時間の75％以上を当該法人の勤務に要する従業員に対して株式取得権を付与することができる。ただし，当該法人の普通株式を30％以上所有する従業員は除かれる。法人の任意により，株式取得価額は権利付与時の市場価額より低額に設定するかゼロとすることができる。権利付与時に所得税が課されることはないが，権利行使時は所得税の課税対象となる。

　給与所得は，総収入金額から，必要経費を差し引くことで所得金額が算定され，必要経費は，「概算」ではなく，「実額」で控除される点で，わが国と異なる。必要経費に該当する費用としては，雇用関連費であること，当該給与が英国で課税されること，当該費用が実際に発生していること，当該費用発生年度に雇用されていることを条件に雇用年金負担金，適格専門団体への出資金，寄附金，「業務遂行上必要な旅費・専ら業務のために必要とするその他費用」（以下，「業務遂行必要経費」）が挙げられる（ITEPA 2003, Sec. 336 and Sec. 337-342）。「業務遂行必要経費」に関しては，1988年における基本的規定の改定に伴い，必要経費とするか否かの判断基準が厳密化されており，当該費用が無ければ業務が行えない場合に限り，必要経費として認められる[28]。したがって，自宅から通勤先までの費用は，原則的に，控除が認められない。この規定の基となった代表的な事案として，リケッツ対コルクホウン事案（Ricketts vs Colquhoun）がある[29]。ロンドン在住のR氏はロンドンでバーを経営し，同時にポーツマスで判事として勤めていた。R氏は自宅からポーツマスまでの通勤費を給与所得から控除するよう求めたのに対し，裁判所は次の2点を理由にR氏の要求を却下した。第一に，職場までの通勤はR氏の任務ではなく，たまたまロンドンに住んでいたためにそうせざるを得なかった。第二に，R判事はポーツマスに住むことができ，ロンドンからポーツマスまでの費用は必要に生じたものとは言い

難い。ロンドンに住居を構えるのはR氏の個人的事情であるから，ポーツマスまでの費用も個人的費用であり，「業務遂行必要経費」には該当しない[30]。

　なお，退職金に関しては，30,000ポンドの基礎控除が認められており，30,000ポンドを超える金額のみ課税対象となる。

第4款　貯蓄・投資所得

　前述のとおり，貯蓄・投資所得は，従来，別表Dの事項3・4・5および別表Fに基づいて課税されていたが，ITTOIA 2005の制定に伴い，現在は総合所得の範疇で取り扱われる[31]。貯蓄・投資所得は，主として，預金や個人への貸付け等による利子所得と法人から受け取る配当所得に大別される。

　利子所得には，共同体設立に係る配当その他分配金，オープン型投資法人の収益の分配金，政府公認信託の収益の分配金，海外基金からの収益の分配金，投資社債等，英国国内外に関わらず生じたすべての所得が含まれる。利子所得は，わが国と同様，発生した全収入金額が課税対象となり，その他の所得に設定されている「必要経費」の控除は認められない。利子所得は，年間70ポンドを限度に非課税とされている国家貯蓄銀行(National Saving Bank)への貯蓄および優良有価証券に係る収益を除いて，年間2,440ポンドまで基本税率の10％で課税されるが，課税方法は，分離課税を原則とするため，一般的に，20％の源泉所得税を差し引いた純額で受け取ることになる。そのため，課税標準の算定に際しては，受取金額を総額に直して(groop upして)計算する必要がある。

　配当所得には，内国法人からの配当の他，投資信託からの収益分配金による所得，国外法人からの株式配当が含まれる。内国法人から受け取る配当金あるいはその他の分配金に関しては，受取金額のうち，9分の1の配当控除が認められているため，個人の受取配当金に係る課税対象金額は，受取配当金と配当控除金額の合計額となる[32]。また，利子所得と同様に，配当所得にも分離課税が採られており，総合課税で適用される税率よりも低い税率が設定されている。すなわち，他の所得との合計額が37,400ポンド以下の場合には基本税率(basic rate)の10％，37,400ポンドを超える場合には高税率(higher rate)の32.5％，さ

らに，150,000ポンドを超える場合には追加税率(additional rate)の42.5％の３段階税率（最新税率は表2-7参照）が適用される[33]。

第5款　国外所得

　国外所得は国外で稼得する抵当権・債権からの収入や国外を源泉とする投資・事業に関する収入をいい，納税義務者の区分によって，課税上の取扱いが異なる。すなわち，居住者は国外源泉所得の全てに課税される一方，非居住者は国外源泉所得に課税されることはない。非永住者である居住者は，国外源泉所得のうち，英国に送金された所得のみ課税される。

第3節　所得税減免措置

第1款　所得控除の種類と計算

　英国所得税法においても，わが国の所得税法同様に個人的な生活事情・担税力への配慮から所得控除(personal allowance)・税額控除(tax credit)等の所得税減免措置が設けられている。主要な所得減免措置として，基礎控除(basic personal allowance)，視覚障害者控除(blind person's allowance)等の人的控除と年金控除(personal pension contribution)・寄附金控除(donation allowance)等の救済型控除があり，英国居住者および一定の要件を満たす非居住者に適用される。

　基礎控除は，調整後純所得(adjusted net income)が100,000ポンド〔≒14,800,000円：１ポンド≒148円(2018年７月現在)〕以下の者に対して，6,475ポンドの所得控除が付与される。調整後純所得が100,000ポンドを超える場合には，当該超過額の２分の１相当額を基礎控除標準額6,475ポンドから差し引いた金額が控除額となる[34]。したがって，所得金額が109,000ポンドの納税者に付与される個人控除額は1,975(＝6,475－9,000×1/2)ポンドとなる。この基礎控除標準額は納税者の所得・年齢に応じて増額され，65歳以上の高齢者には9,490ポンド，75歳以上の高齢者には9,640ポンドの所得控除が認められる。ただし，調整後純所得が22,900ポンドを超える高額所得高齢者に対しては，64歳

まで適用される基礎控除額を最小控除限度額として，当該控除限度超過額の2分の1相当額が基礎控除額から減額される[35]。

　したがって，所得金額が109,000ポンドの納税者に付与される個人控除額は1,975(＝6,475－9,000×1/2)ポンドとなる。この基礎控除標準額は，納税者の所得・年齢に応じて増額され，65歳以上の高齢者には9,490ポンド，75歳以上の高齢者には9,640ポンドの所得控除が認められる。ただし，調整後純所得が22,900ポンドを超える高額所得高齢者に対しては，64歳まで適用される基礎控除額を最小控除限度額として，当該控除限度超過額の2分の1相当額が基礎控除額から減額される[36]。視覚障害者控除は，視覚障害者登録者に対して，1,890ポンドの所得控除が認められる。

　年金控除・寄付金控除は，所得税減免措置の中でも「救済型の所得控除」(tax relief)[37]に位置付けられている。この所得控除は，申告書の必須記載項目で内国歳入庁に申告(making claim)を行うことにより付与され，総所得金額から控除される(Taxes Management Act 1970, Sec. 42)。すなわち，適格支払利息，特定の年間支出・特許使用料，慈善団体への株式・有価証券・土地・建物の贈与等の特定支出および個人年金・退職年金への掛金等の個人年金負担金(personal pension contribution)は，給与から天引きされた際に支払った金額が総所得金額から控除される。なお，総所得金額から「救済型の所得控除」が差し引かれた残額を純所得(net income)という（後述される表2-8参照）。

第2款　税額控除の種類と概要

　税額控除には，勤労税額控除(working tax credit)，子供税額控除(child tax credit)，配偶者控除(married couple's allowance)，片務的二重課税控除(unilateral double tax relief：以下，外国税額控除という)が挙げられる。

　配偶者控除は，2000年に廃止され，現在は，経過措置として，夫婦のうちのどちらかの生年月日が1935年4月6日前の老夫婦に限定して配偶者控除が付与される。つまり，配偶者控除は，法的に婚姻を結び，課税年度の一定期間を共に生活していることに加え，配偶者のうちの一方が1935年4月6日前に生まれ

ていることを条件として，6,965ポンドの配偶者控除が適用される。なお，調整後課税対象所得から控除される基礎控除・視覚障害者控除と異なり，配偶者控除は，税額が算定された後，控除金額の10％相当額696.50（＝6,965×10％）ポンドが税額から差し引かれる[38]。2005年12月5日前に結婚した夫婦は，原則として，夫の所得から配偶者控除が行われるが，選択によっては，配偶者のうち，高額所得者の所得から控除することができる。2005年12月5日以後に結婚した夫婦に関しては，高額所得者の所得に対して，配偶者控除が適用される。配偶者控除も基礎控除と同様に，所得制限が設けられており，調整後所得が22,900ポンドを超える者に対しては，2,670ポンドを控除最小限度として，配偶者控除額が減額される[39]。つまり，高額所得高齢者で基礎控除額を減額する場合でも，基礎控除標準額の6,475ポンドを下回ってまで減額されることはない。

　たとえば，2005年12月5日前に結婚した夫婦で，夫が1946年4月12日生まれ（所得無し），妻が1934年8月生まれ（所得29,700ポンド）である場合の基礎控除・配偶者控除は次のように計算される。

　夫は65歳以下であり，6,475ポンドの基礎控除が認められるが，所得が無いため，当該所得控除は適用不能となる。一方，妻は75歳以上であるが，所得金額が限度額22,900ポンドを6,800ポンド上回っているため，当該超過額の2分の1相当額が基礎控除額から減額される。したがって，6,240（＝9,640－6,800×1/2）ポンドの基礎控除額が算出される。ただし，所得限度額を超え，控除額を減額する場合でも，64歳までのことから，妻に対する基礎控除額は6,475ポンドとなる。さらに，妻が1935年4月6日前生まれであることから，配偶者控除が適用される。夫の所得は所得限度額を超えていないため，6,965ポンド全額の配偶者控除が認められる。

　勤労税額控除および子供税額控除は，「2002年税額控除法」（Tax Credits Acts 2002：以下，TCAと略す）において，各種給付手当（benefits）と統合されたのに伴い新規に導入され，一定の要件を満たす者に対して，一定金額が税務当局から給付される（TCA 2002, Sec 1(1)）。つまり，所得税との相殺は行わず，給付額

全額が税務当局から支払われる給付型税額控除が採用されている[40]。

　勤労税額控除は，独身者や１週間に30時間以上労働する者，身体に障害のある者等，個人の生活状況に応じて適用される。最低で1,920ポンドが付与される。表2-6は，勤労税額控除の要件に応じた給付額を示している。

表2-6　勤労税額控除の要件・金額

（単位：ポンド）

要　　　　件	給付金額（年額）
夫婦である場合	最大2,010
片親の場合	最大2,010
１週間あたり最低30時間働く者	最大810
身体に障害のある場合	最大2,970
身体に重大な障害のある場合	最大1,275
子供を認可保育園に入れている場合	子供１人あたり5,880

出所：UK Goverrment HP：〔https://www.gov.uk/working-tax-credit/what-youll-get〕2015年
　　　９月６日訪問・一部修正。

　子供税額控除の要件には労働要件はなく，16歳以上であり，１人以上の子供あるいは適格若者(qualifying young persons)を持つ者を対象に適用される。ここで，「子供」とは16歳以下の者をいい，適格若者とは，16歳から20歳までの若者で，全日制の教育あるいは訓練を受ける者をいう。要件に該当する子供を持つ場合，健常な子供であれば，１人あたり，年間で2,780ポンド給付され，身体に障害を持つ子供には，3,140ポンドが給付される[41]。

　このように，フルタイム就労の促進，配偶者就労の支援に注力した税額給付制度が構築されている。わが国の平成27年(2015年)度税制改正大綱においても，「若い世代が結婚・育児しやすい環境整備」・「子育て支援新制度の拡充」を政策課題として，「配偶者控除」の見直しや妻の年収を問わずに夫の年収から一定額を差し引く「夫婦控除」の検討が行われている。社会保障と租税救済措置の連携を図る政策課題に対しては，英国の「2002年税額控除法」は，参考にな

りえよう。

　なお，配当控除・外国税額控除に関しては，第4章の「配当課税制度の変遷と特徴」・第9章の「国際課税制度の特徴」を参照されたい。

第4節　個人所得税の算定および納付

第1款　3段階累進税率

　表2-7に示されるとおり，英国の個人所得税では，わが国と同様に「垂直的公平」の見地から「累進税率」が採用されている。すなわち，高い担税力には多く課税するために，所得の増加に応じて適用税率も高く設定される。税率は20％の基本税率(basic rate)，40％の高税率(higher rate)，45％の追加税率(additional rate)の3段階に設定され，課税所得が32,010ポンドまでは基本税率，150,000ポンドまでは高税率，150,000ポンドを超える所得には追加税率が適用される[42]。

表2-7　各段階所得適用税率の日英比較

（単位：日本，円／英国，ポンド）

日　　　　　本		英　　　　　国	
課　税　所　得　金　額	税　率	課　税　所　得　金　額	税　率
1,950,000以下	5%	32,010以下	20%
1,950,000超　3,300,000以下	10%	32,010超　150,000以下	40%
3,300,000超　6,950,000以下	20%	150,000超	45%
6,950,000超　9,000,000以下	23%		
9,000,000超　18,000,000以下	33%		
18,000,000超　40,000,000以下	40%		
40,000,000超	45%		

出所：英国の法人税率については，Alan Melville, *Taxation Finance Act 2013 Nineteenth edition*, Prentice Hall, 2014, p.19, David Genders, *Tax GUIDE 2017*, The Daily Telegraph, 2017, p.14を参考に筆者作成。

所得段階(income bracket)の設定方法として，7段階の段階税率を設定するわが国に対し，3段階のみの税率設定に留まる英国では，簡素な税制構築の観点から，3段階税率が長年採用されてきている[43]。高税率帯に着目すると，低所得層の32,010(≒4,737,480円)ポンドから高所得層の150,000(≒22,200,000円)ポンドまで5倍近くの差がある所得帯が同税率で課税されている。このことから，同じ「超過累進税率」を採用する英国ではあるものの，国民の所得分布がそこまで散在してないこと，あるいは，所得税率による累進性がそこまで重視されていないことが推測される。仮に，所得税の累進性を税率設定の観点から重視されるのであれば，各段階所得に適切な税率が用いられる「単純累進税率」が採用されるべきである。それとともに，たとえばわが国の7段階ある税率区分のうち，第1段階から第3段階までの税率区分を統合し，平均年収を超える高所得者層に強く課税されるような税率構造も提案され得る。

　しかしながら，第3節の所得税減免措置の検討から伺える様に，英国では，税額控除制度の利用により，所得再分配を図っている。諸外国で主流となっている所得控除の税額控除化，および，多様な税額控除導入による所得再分配機能の向上に関しては，紙幅の都合上，別の機会での検討課題としたい。

第2款　個人所得税の計算構造と申告方法

　これまで概説した所得税の基本構造を纏めると表2-8のように納付税額が算定される。一連の計算手順としては，まず，各種所得を合算し，総所得金額(total income)の算定を行う。この際，源泉所得税(taxed at source)が課されている賃金・給与，銀行利子・住宅金融利子等の所得は総額(gross)すなわち，源泉税控除前の金額で合算し，最終的な税額が算定された後に，源泉税額が差し引かれる。続いて，総所得金額から税額給付を差し引き，純所得(net income)を計算し，さらに基礎控除等の所得控除を行い，課税所得金額を算定する。課税所得金額に応じて3つの累進税率を適用し，所得税額を求め，源泉徴収等の調整を行い，支払所得税額が確定する。

　従来，英国所得税は，「賦課課税方式」が採られていたが，1996年4月6日

に開始する課税年度より，「申告納税方式」が採用されている。課税年度終了
日から1ヵ月以内に国税庁(HM Revenue and Customs)から申告書が納税者宛て
に送付され，申告書を受領した者は申告期限までに所得税納付義務を負う。給
与所得者に関しては，PAYE(pay as you earn)という源泉徴収により，毎月，
給与から徴収され，雇用者が国税庁に納付する。したがって，当該課税年度の
確定申告により，算定した所得税額と源泉徴収税額との差額を申告期限までに
納付する[44]。

表2-8　英国所得税の計算構造

事業所得		42,410
財産所得		8,479
税引前住宅金融利子		700
総所得金額（total income）		51,589
救済型所得控除（tax relief）	△1,200	
純所得（net income）		50,389
人的所得控除（personal allowance）	△6,475	
課税所得（taxable income）		43,914
所得税（income tax） 　32,010×20% 　11,904×40%		7,480.00 2,605.60
		10,085.60
税額控除（tax reduction）		0
負担税額（tax borne）		10,085.60
源泉徴収税額（tax withheld on payment）		240.00
所得税債務額（tax liability）		10,325.60
支払済税額（tax paid by deduction at source）	△140.00	
所得税支払額（tax payable）		10,185.60

出所：Alan Melville, *Taxation Finance Act 2010 Sixteenth edition*, Prentice Hall, 2011, p.18
　　を参考に筆者作成。

第3款　源泉徴収制度

　第2節第3款の給与所得でも触れたが，源泉徴収義務者である雇用主は，給与支払時に従業員から，所得税・国民保険料を徴収する。雇用主は，徴収額を課税月終了後14日以内に支払う必要がある。上述のとおり，課税年度は毎年4月6日から開始する一年間であり，課税月は，毎月6日から翌月5日までの一か月であるから，源泉徴収税額は，毎月19日までに支払わなければならない。なお，税務負担軽減の見地から，一か月の支払が1,500ポンド以下である小規模事業者に関しては，3ヶ月ごとの年間4回での支払いで済む。

　英国の源泉徴収制度で特徴的なのは，毎年1，2月頃に通知されるタックス・コード(tax code)に基づく税額計算方法である。タックス・コードは，各納税者の課税所得金額の計算上，控除される所得控除額の合計金額上3ケタに，課税内容を表すアルファベットを加えた4文字あるいは5文字で表記される[45]。アルファベットの意味する内容例は，表2-9に示される。

表2-9　タックス・コードに付されるアルファベットの意味

アルファベット	意　　　味
L	基礎控除適用者
P	65歳から74歳対象の基礎控除適用者
BR	基礎税率適用者
NT	税額ゼロの者

出所：Alan Melville, *Taxation Finance Act 2013 Nineteenth edition*, Prentice Hall, 2014, p.93
　　を参考に筆者作成。

　たとえば，4,615ポンドの基礎控除適用者のタックス・コードは，461Lとなる。年齢，家族構成，所得等，タックス・コードを決定するために必要な情報は，雇用主に申告し，それを基に雇用主が税務署に報告する。納税者の状況に変更がない限り，毎年申告する必要はない。タックス・コードに基づき算定された納税通知書には，年金給付額や現物給与額等も記載されており，給与所得以外の所得を得た時に，確定申告を要する負担が回避されている。利子所得や

不動産所得がある場合に，確定申告を必要とするわが国と異なり，英国では，タックス・コードを用いた源泉徴収制度か確定申告を行うかについては，納税者が選択できる。

　英国の源泉徴収制度において，もう一点，注目すべき制度に累積源泉徴収（cumulative withholding）制度がある。ここでの累積とは，納税者に対する支払い（pay），つまり，給与と控除（allowance）が課税年度を通じて累積することを意味している。適用される所得控除額を課税年度の52週または12ヶ月で除して一週間分または一か月分の控除額を算出し，毎週または毎月の所得の変動に合わせて徴収税額が算出される。英国の源泉徴収制度は，国民の所得税を広く効率的に完結するために設計されており，合理的，かつ，効率的な累積源泉徴収制度によって，わが国でいう年末調整の煩雑さが解消されている。

　たとえば，１週あたりの控除額が40ポンドであり，源泉徴収税率を25％とした場合，累積源泉徴収制度の場合は，表2-10のように計算される[46]。１週目の給与160ポンドに40ポンドの控除額を適用すると，課税対象所得が120（＝160－40）ポンドとなり，30（＝120×25％）ポンドの税額が算出される。２週目の給与200ポンドは，１週目に加算されると360ポンドの累積給与となり，累積控除額80（＝40＋40）ポンドの適用により，課税対象給与280（＝360－80）ポンドが計算され，70（＝280×25％）ポンドの税額となる。ただし，前週に30ポンド納税しているため実際の納税額は40（＝70－30）ポンドとなる。３週目の給与がゼロである場合，累積給与は360（＝360＋0）ポンド，控除額は120（＝40＋40＋40）ポンドとなる。

表2-10　累積源泉徴収制度の数値例

週	総給与	累積給与	累積控除額	課税対象給与	税　額	納税額
1	160	160	40	120	30	30
2	200	360	80	280	70	40
3	0	360	120	240	60	－10

出所：Simon James and Christopher Nobes, *The Economic of Taxation：Principles Policy and Practice Twelfth edition 2012／2013*, Fiscical Publications, 2012, p.171.

その結果，課税対象給与240(＝360−120)ポンドに25％を乗じた60ポンドの税額が算出される。しかし，前週に70ポンド納税しているため，今週は10(＝70−60)ポンド還付される。

　このように，累積源泉徴収制度によれば，毎回の所得変動に合わせて，正確に源泉徴収することができる。一方，わが国のように，累積しない方法(以下，累積源泉徴収制度に対して非累積源泉徴収制度という)は，累積する場合と同様の数値例で見ても，累積源泉徴収制度に比して正確性に欠ける[47]。上記の設例において非累積源泉徴収制度を採用した場合，表2-11のようになる。

　１週目，２週目の効果は累積する場合と同様であるが，３週目は控除額40ポンドを使うことができないため，納税額も10ポンド多く徴収される。設例のような，一律の税率ではない場合には，給与が高くなった週には，より高率の所得帯に押し上げられ，課税年度全体としてみた場合に，不適切に超過税額を支払う危険性がある。もちろん，超過税収額は，わが国の年末調整のように課税年度終了時点で適切に計算され，還付されるが，納税者の心理としても，効率良く正確に源泉徴収制度が機能する累積源泉徴収制度の方が好ましいように思われる。

表2-11　非累積源泉徴収制度の数値例

週	総給与	控除額	課税対象給与	納税額
1	160	40	120	30
2	200	40	160	40
3	0	40	0	0

出所：Simon James and Christopher Nobes, *The Economic of Taxation : Principles Policy and Practice Twelfth edition 2012／2013*, Fisical Publications, 2012, p. 171.

〔注〕

1) Bill Pritchard, *Income Tax includes Finance Acts 1987 16th Edition*, hongman Group UK Ltd, 1987.pp. 1-3.

　Stephen W. Mayson and Susan Blake, *Revenue Law-Tenth Edition*, Blackstone Press Limited, 1989, p. 40.

　　D. W. Williams, *Taxation : A Guide to Theory and Practice in the UK*, Hodder and Stoughton, 1992, p. 36.

　　David Collison and John Tiley, *Tiley & Collison UK Tax Guide 2006-07 24th edition*, Lexis Nexis Butterworths, 2006, p. 221.

　　菊谷正人『税制革命』税務経理協会，平成20年，21頁。

2)　佐藤進「ウィリアム・ピットの財政政策とナポレオン戦時の所得税」『武蔵大学論集』第8巻第2号，1960年，21頁。

3)　Stephan Dowell, *A History of Taxation and Taxes in England from the earliest times to the present day Vol. Ⅲ*, Longmans, Green, 1888, pp. 93-94.

　　Arthur Hope-Jones, *Income Tax in the Napoleonic Wars*, Cambridge University Press, 1939, p. 21.

　　Seligman, Edwin Robert Anderson, *The income tax : a study of the history, theory and practice of income taxation at home and abroad*, Macmillan, 1911, p. 79.

4)　Keith M Gordon and Ximena Montes-Manzano, *Tiley and Collison's UK Tax Guide 2009-10 27th edition*, Lexis Nexis, 2009, p. 269.

　　Stephan Dowell, *op. cit.*, pp. 99-101.

5)　Seligman, Edwin Robert Anderson, *op. cit.*, p. 98.

　　Arthur Hope-Jones, *op. cit.*, pp. 20-23.

6)　David Smailes, *Tolley's Income Tax 2009-10 94th*, LexisNexis 2009, pp. 451-452, 807, 1025, 1139.

7)　Keith M Gordon and Ximena Montes-Manzano, *op. cit.*, pp. 267-268.

　　なお，課税期間に関して，わが国の所得税法では，毎年1月1日から12月31日までの1年間に稼得した所得に課税される暦年課税が採用されている。英国の所得税法も同様に，1年間の課税期間が設定されているが，基準となる1年間は暦年ではなく，4月6日から4月5日までの期間となる（Alan Melville, *Taxation Finance Act 2010 Sixteenth edition*, Prentice Hall, 2011, p. 6)。

8)　David Smailes, *op. cit.*, p. 1026.

　　Keith M Gordon and Ximena Montes-Manzano, *op. cit.*, p. 737.

　　David Smailes, *op. cit.*, p. 1331.

9)　*Ibid.*, pp. 1028-29.

　　Keith M Gordon and Ximena Montes-Manzano, *op. cit.*, p. 1045.

　　UK-REITsからの受取配当金は発生基準ではなく，受取額基準（receipts basis）に基づき課税される（Alan Melville, *op. cit.*, p. 56)。

10)　*Ibid.*, p. 56.

11)　*Ibid.*, p. 57.

12)　1881年エリチェン対ラストブレット（Erichsen vs Last Brett LJ）判決によれば，「事業」とは，利益を得ることを目的に習慣的（habitually）に行い，利益を生むために売買あるいは譲渡等の契約を結ぶことである（(1881)8 QBD 414 at 420, 4 TC 422 at 425)。また，ランソム対ヒッグス（Ramsom vs Higgs）判決によれば，事業者が顧

客にある種の物品またはサービスを提供するような商業的活動を行っている場合には，一般に「事業」を行っている事が示される（(1974)3 All ER 949 at 955, per Lord Reid）。

13）　一般的に，投資目的であるか否かの判定は，①当該資産がその値上り益を目的として取得されたこと，②当該資産が一定の期間保有されることを目的として取得されたことという基準を基に行われる。

14）　Alan Melville, *op. cit.*, p.85.
　　Chris Allen, Andrew Radice, David A Heaton, Sarah Bradford, *The CCH TAX Handbook*, Coroner.CCH, 2000, p.274.

15）　なお，勤務先が複数ある場合にも，すべての収入金額が合算される。

16）　Alan Melville, *op. cit.*, p.95.

17）　Keith M Gordon and Ximena Montes-Manzano, *op. cit.*, p.451.

18）　Chris Allen, Andrew Radice, David A Heaton, Sarah Bradford, *op. cit.*, pp.1054−1058.
　　80,000ポンドの限度額の適用は2011年の課税年度より廃止されている。

19）　Alan Melville, *op. cit.*, p.98.

20）　Keith M Gordon and Ximena Montes-Manzano, *op. cit.*, p.464.

21）　*I bid.*, pp.452-456.

22）　Alan Melville, *op. cit.*, p.101.

23）　*I bid.*, pp.91-94.
　　ただし，雇用者あるいは雇用関係者以外の者から支給される引換券は，特別の役務提供の対価として支給される場合を除いて課税対象とされない。

24）　Alan Melville, *op. cit.*, p.93.

25）　Keith M Gordon and Ximena Montes-Manzano, *op. cit.*, p.399.
　　2005年度における公定利率は5％である。
　　David Smailes, *op. cit.*, p.528.

26）　Alan Melville, *op. cit.*, pp.93−94.

27）　控除可能な株式取得価額は，実際に従業員の支払った金額となる。

28）　Keith M Gordon and Ximena Montes-Manzano, *op. cit.*, p.466.

29）　*I bid.*, p.470.

30）　*I bid.*, p.470.

31）　David Smailes, *op. cit.*, p.1339.

32）　*I bid.*, p.1143.

33）　*I bid.*, pp.4-5.

34）　調整後純所得とは，純所得金額から贈与目的の寄附金および年金寄附金の総額を差し引いた金額をいう（Alan Melville, *op. cit.*, p.32）。

35）　*I bid.*, pp.32-33.

36）　*I bid.*, pp.32-33.

37）　「tax relief」は，直訳すると「税額救済」となり，通常，「税額控除」の意味で用

いられる場合が多いが，本論文における「税額救済」は，その説明・計算要素から判断しても，わが国の「所得控除」と同様の効果をもたらすため，「所得控除」と訳すことにする。

38)　David Smailes, *op. cit.*, pp. 14-17.

39)　Alan Melville, *op. cit.*, p. 35.

40)　ブレア政権下で進められた社会保障と税の一体化政策では，社会保障控除（families credit）が廃止され，就労世帯税額控除（working families tax credit）が1999年に導入された。これにより，社会保障上の給付から所得税制度上の給付付き税額控除へと転換された。さらに，2003年度課税年度からは，児童の扶養が要件とされていた就労世帯税額控除および旧子供税額控除（給付なし）が有子要件のない勤労税額控除と就労要件のない新子供税額控除に変更された。これにより，低所得者の就労促進，子供を有する中低所得者への支援が図られた（鎌倉治子「諸外国の課税単位と基礎的な人的控除－給付付き税額控除を視野に入れて－」『レファレンス』2009年，125頁）。
　　　ブレア政権の社会保障と税の一体化政策については，橋本恭之「イギリス税制改革」『総合税制研究』第10号，2002年，137-153頁，森信茂樹「米・英の給付付き税額控除に学ぶ」『国際税制研究』第18号，2007年，32-48頁。

41)　内国歳入庁ホームページ〔https://www.gov.uk/child-tax-credit/what-youll-get〕2015年9月6日訪問。

42)　Alan Melville, *Taxation Finance Act 2013 Nineteenth edition*, Prentice Hall, 2014, p. 20.
　　　David Genders, *Tax GUIDE 2017*, The Daily Telegraph, 2017, p. 14.

43)　Simon James and Christopher Nobes, *The Economic of Taxation : Principles Policy and Practice Seventh edition 2003/2004*, Fisical Publications, 2003, pp. 158-159.

44)　Alan Melville, *op. cit.*, p. 81.

45)　*I bid.*, pp. 92-93.

46)　Simon James and Christopher Nobes, *The Economic of Taxation : Principles Policy and Practice Twelfth edition 2012/2013*, Fisical Publications, 2012, p. 171.

47)　*I bid.*, p. 171.

ビッグベン（Big Ben）
首都ロンドンのウェストミンスター宮殿（英国国会議事堂）に付属する時計台。

第3章　法人所得課税制度の特徴

第1節　法人所得税の概要

第1款　法人税の意義と沿革

　法人所得税とは，法人の所得に対する租税をいい，「所得」が課税対象であることは所得税と共通する(法人税法第5条，所得税法第7条)。個人が獲得した所得には所得税が課され，法人が獲得した所得には法人税が課される。米国において，所得課税(income taxation)は，個人所得税(individual income tax)と法人所得税(corporation income tax)からなり，法人所得税は個人所得税を補完する租税として位置づけられる[1]。法人所得税は，先進国において，個人所得税，付加価値税とともに税制の中心を占めている[2]。

　英国で法人所得への課税が最初に行われたのは，1799年の所得税法の創設から150年以上も経過した1947年のことである。それ以前の法人利潤に係る課税(taxation of corporate profits)は，個人所得税(personal income tax)に統合される形で行われ，戦時増収対策のための特別税(special taxes)として位置づけられていた。軍備調達を主目的に開始された法人所得特別税は，終戦後も定着し，法人自体への課税が正当化されるようになると，特別税率が引き上げられ，所得税から独立した法人所得税が開始された[3]。1947年の税制改正までの経緯をたどると，第一次世界大戦以降の臨時的措置としては，法人に対する所得税とは別に，超過利潤税(excess profits duty)が1918年に導入された。3年後の1921年には，超過利潤税は廃止されるものの，1937年には，法人・非法人の利潤に対して国防税(national defence contribution)が課され，再軍備費等に備えられた。1939年の超過利潤税再導入により，納税者は，国防税・超過利潤税のうち，税額が大きい方の税額を納付する義務を負った。1946年の国防税・超過利潤税の

廃止後，1947年には，利潤税(profit tax)が採用され，以後，1965年に正式な法人税制(system of corporation tax)に関する規定が設けられるまで，法人所得に対しては，所得税・利潤税が課税された[4]。

　現行の法人税法は「2009年法人税法」(Corporation Tax Act 2009：以下，CTA 2009)，「2010年法人税法」(Corporation Tax Act 2010)，「1992年課税利得法」(Taxation Chargeable Gains Act)とされている。英国において，法人税は法人所得(corporate income)およびキャピタルゲイン(capital gains)を合わせた事業利益(profits of companies)に対して課される(CTA 2009, Sec. 2(2))。つまり，第2章で述べた個人所得課税制度における所得とキャピタルゲインには，それぞれ別個の規定に基づき課税されるのに対し，法人の場合には，法人所得・キャピタルゲインを包括して取り扱い，両者を合算した金額に法人税率を用いて課税される。事業利益という文言は，課税所得の形成要素に法人所得・キャピタルゲインの両要素が含有されことを示すために用いられている[5]。

　従来の英国法人所得は個人所得と同様に，別表(schedules)ごとに複数の所得区分を設定する「分類所得制度」が採用されていたが，CTA 2009の制定に伴い，「分類所得制度」は廃止され，現在は所得の区分なしに課税所得金額が算定される。ただし，基本的には，法人の課税所得金額も個人の課税所得金額と同様の方法により算定されるため，課税所得の計算に際しては，所得の源泉・性質が考慮される。

第2款　法人の性質

　周知のとおり，法人税の課税根拠として議論される学説には，「法人実在説」(real entity theory of corporation)と「法人擬制説」(fictional theory of corporation)とがある。「法人実在説」のもとでは，法人の担税力に着目し，法人を独立の課税主体とみなすもので，法人と個人の所得それぞれに課税するクラシカルシステム(classical system)が採用される。「法人擬制説」において，法人は株主の集合体とみなされ，法人税は所得税の前取りであると考えられる。そのため，法人に対する課税とその法人から受け取った配当金に対する個人段

階での課税は二重課税(double taxation)となる。わが国の法人税法では，シャウプ勧告に基づき，「法人擬制説」が採用されているため，法人・個人間の二重課税排除措置として，配当控除が行われる。

1965年に導入された英国の法人税制では，「法人実在説」の思考のもと，クラシカルシステムが採用された。このクラシカルシステムにおいて，法人の租税債務は，個人株主と完全に独立したものとして取り扱われるため，法人税・株主への二重課税に対して配慮されることはなかった。その結果，英国法人は法人税に加え，配当総額に対する所得税の負担を強いられた[6]。

その後，1973年の税制改正では，法人が稼得した利益を配当または留保する場合の税務上の差異を緩和することを目的として，クラシカルシステムから，法人・株主間の二重課税に配慮したインピュテーション方式(imputation system)への転換が行われた[7]。

具体的には，既に法人税を納付している配当支払い法人から配当を受け取る法人への二重課税を排除するため，他の法人から受け取る配当金は，英国法人の課税所得から除外される。このように，課税所得を構成しない配当金を免除投資所得(franked investment income：以下，FII)という。英国法人が免除投資所得を受ける場合には，当該所得に付随して9分の1の税額控除が付与され，当該配当受取額と税額控除額を合算することにより，税引前の配当総額に修正される。たとえば，9,000ポンドの受取配当金を受ける法人のFIIは10,000(＝9,000＋9,000×1/9)ポンドとなり，10,000ポンドの配当金が課税所得から除かれる。

2009年の税制改正に伴い，外国法人からの受取配当金も免税(exempt from corporation tax)されることになった。その結果，2009年7月1日以後に受け取った免税外国配当金には，9分の1の税額控除が付与され，受取配当金と税額控除額を合算した受取配当金がFIIとして取り扱われるようになった。

なお，法人・個人間の二重課税排除措置に関しては，第4章「配当課税制度の変遷と特徴」を参照されたい。

第3款　納税義務者

「法人」とは，共同体(corporate body)またはパートナーシップ，地方自治体・地方公共団体を除く人格のない社団(unincorporated association)，クラブや社団等の有限会社(limited company)をいい，登録慈善団体(registered charities)，農業組合(agricultural societies)，科学研究団体(scientific research associations)，友好団体(friendly societies)，事業団体(trade unions)，登録年金機構(registered pension schemes)および地域のアマチュアスポーツクラブ(community amateur sports clubs)等も法人に含まれる(ICTA 1988, Sec.832)。英国居住法人(UK resident companies：以下，英国法人という)は，英国国内に本店または主たる事務所を持つ法人であり，わが国の内国法人と同様に所得の源泉地に関係なく，すべての課税所得(chargeable profits)に対して法人税が課される。英国法人でない場合でも，恒久的施設(permanent establishment，以下，PEと略す)を通じて行った事業やPEで生じた所得(income)・キャピタルゲインは英国法人税の課税対象となる[8]。

第4款　税務と会計の関係

従来，英国では，「賦課課税制度」が採用されていたため，財務諸表は，税額の算定上，補助的なものにすぎず，会計上の利益と税務上の利益がうまくリンクしていなかった。「1998年の財政法」(Finance Act 1998)において，課税所得の算定は，「一般に公正妥当と認められた会計実務」(generally accepted accounting practice)に基づいて作成された財務諸表を基礎とし，特定の法律・判例法による税務調整を経て行われることとなった。したがって，公正妥当な会計実務に基づく規定および税務上の慣習は，わが国に比して浅い。なお，1998年の改正を受け，内国歳入庁によって発行された通達によれば，収益・費用の認識も会計基準に準拠して行われ，国際基準によって算定された利益も会計上の利益として取り扱える[9]。

第2節　法人所得の種類と計算

第1款　事業所得の計算

　前述のとおり，かつては，所得税法と同様に所得の源泉ごとに所得区分を設定する「分類所得税制」が採用されていたこともあり，法人税においても，所得区分に応じた計算方法の名残がある。課税対象となる課税所得(chargeable profits)には，別表DⅠであった事業所得，別表Aであった不動産所得，別表DⅢであった非事業貸付関連所得(income from non-trading loan relationships)，さらに，無形資産による非事業所得，その他所得(雑所得)，キャピタルゲインがある。それぞれの所得区分ごとに減算できる費用項目が限定されている。

　事業所得は，事業年度に生じた収入金額から，別表DⅠ所得として認識されない非事業所得や控除可能支出(損金項目)を差し引き，控除不能支出(加算項目)を加えた調整済事業所得(adjusted trading profit)である。キャピタル・アローワンス(減価償却)は，所得税の場合とほぼ同様の手法により計算され，損金項目控除後の当該調整済事業所得から控除される[10]。

第2款　不動産所得の計算

　不動産所得に関しても，個人所得税とほぼ同様に計算される。ただし，次の①から③については異なる取扱いがなされる。①賃貸不動産を取得または修繕する場合，法人が支払う貸付利子は貸付関連規則に基づいて取り扱われ，不動産所得の算定上控除されない，②不動産業に伴う損失を控除する損失控除(loss relief)は個人に適用可能な損失とは異なる，③個人に適用される賃貸部屋控除(rent-a-room)は法人には適用されない。なお，総利益の少なくとも75％を不動産所得による英国法人および総資産の少なくとも75％が投資不動産である英国法人は英国不動産投資信託(UK real estate investment trusts：以下，UK-REITsと略す)に該当し，適格UK-REITsの不動産所得には法人税が課されない。また，不動産投資の売却処分により生じたキャピタルゲインも法人税の課税対象外と

なる。このような法人は，課税対象外所得の少なくとも90％を株主に分配しなければならず，その際，基本税率による源泉徴収税が差し引かれるためである[11]。

第3款　非事業貸付関連所得

銀行預金・住宅金融組合預金，銀行当座貸越，国債，社債その他の借入金等，一般的な貸付けに関して，債務者あるいは債権者になる法人は貸付関連法人という。貸付関連所得は，事業に関連するものを除いて，非事業貸付関連所得に分類される。事業性があるものは事業所得に含まれる。

借入金，貸付金，利子等の貸付関連費用に関しても，事業性の有無により，税務上の取扱いが異なる。事業の運転資金に係る借入金等，事業性のあるものは事業用費用として事業所得の計算に組み込まれる。一方，設備・機械を購入する際の借入金利息等，事業に直接関係のないものは非貸付関連所得から控除される損金項目として取り扱われる。非事業貸付関連の債権・債務はすべて合算され，債権額が債務額を上回る場合には，課税所得に算入され，法人税の課税対象となる。債務額が債権額を超える場合には，その債務超過額が多様な方法で救済される。

貸付関連所得および貸付関連費用は発生基準に従ってより計算される。純額による受取額・支出額は総額に調整され，各種所得と合算される。受取額に係る源泉徴収税額は国税庁に還付請求することができ，支払額に係る源泉徴収税額は国税庁に申告する必要がある。

たとえば，2011年3月31日時点で，事業所得：883,000ポンド，不動産所得：14,200ポンド，預金利息総額：6,200ポンド，国債に係る利息総額：28,000ポンド，英国法人からの受取配当等：18,450ポンド，キャピタルゲイン：123,000ポンドのような経営成績である製造会社の課税対象所得を算定する際，非事業貸付関連所得の調整は次のように行われる。なお，2,100ポンドの預金利息は当該年度に発生したものであり，国債は2010年7月1日(利払日：6月末・12月末)に取得されたものとする。

　非事業貸付関連所得である預金利息・国債にかかる利息の課税対象金額は，発生主義により算定されるため，受取金額および利息を合算する必要がある。

表3-1　非貸付関連所得の設例結果　　（単位：ポンド）

事業所得	883,000
不動産所得	14,200
非事業貸付関連所得	50,300
課税対象キャピタルゲイン	123,000
課税対象所得（profits）	1,070,500

　そのため，表3-1に示されるとおり，利息の課税対象金額は8,300（＝6,200＋2,100）ポンドおよび42,000（＝28,000＋28,000×6/12）ポンドの合計額50,300ポンドとなる。

　英国法人からの受取配当等は免除投資所得であり，課税対象利益から除かれる。したがって，課税対象所得は，各所得・キャピタルゲインを合算した1,070,500（＝883,000＋14,200＋50,300＋123,000）ポンドとなる。

第3節　各所得の控除可能費用

第1款　控除可能事業費用と認識基準

　わが国の法人税法において，損金にあたる控除可能費用（allowable deduction）は，原則として，「一般に公正妥当な会計原則」に準拠して計算される。ただし，比較的最近まで「分類所得制度」が採られていたこともあり，所得の種類ごとに規定された控除可能費用が今もなお残る。そのため，課税所得算定の際には，各所得に関する独自の損金経理規定に留意する必要がある。なお，「一般に公正妥当な会計原則」は，英国基準に限らず，国際会計基準に基づく利益も，「会計上の利益」として課税対象所得を算出する際に採用することができる[12]。

事業所得の控除可能費用に関しては，判例が多く存在し，各判決が控除可能費用の判断指針となっている。最も重視される点は，専ら(wholly and exclusively)事業目的のために支出された費用であるどうかであり，事業関連性のある支出に限り控除される(CTA 2009, Sec. 54(1))。

　たとえば，役員給与の損金算入に関して，わが国のような詳細な規定は設けられておらず，専ら事業に従事した結果，支払われる従業員報酬および役員報酬であれば事業所得との相殺が認められる[13]。さらに，事業債権(trade debts)やその他金銭債権以外の債権(non-monetary debts)等の貸倒債権(bad and doubtful debts)に関しても，事業関連性があり，当該貸倒債権の発生が実際に見込まれる(estimated)場合に控除が認められる[14]。なお，控除可能費用として償却された事業債権がその後回収された場合には，回収された事業年度の事業所得に算入され，課税対象となる(CTA 2009, Sec. 94)。

　製品(finished goods)および仕掛品(work in progress)等の棚卸資産(trading stock)に係る期末評価方法には，SSAP 9(Statements of Standard Accaunting Practice, No. 9)およびIAS 2(Interrctional Accaunting Standard, No. 2)に準じて低価法が採用されており，取得価額と正味実現可能価額(net realisable value)のうち，低い方の金額が棚卸資産の評価額となる[15]。

　減価償却の計算は，わが国と大きく異なり，会計上の減価償却費は税務上一切認められない。英国では，税務上の減価償却としてキャピタルアローワンス(capital allowance)という手法が採られているため，会計上の減価償却費は，一端，会計上の利益に全額加算され，キャピタルアローワンス法に基づき算出された減価償却額が調整済事業所得から減算される。詳細は第5章の「産業促進税制としての減価償却制度」で詳述されるが，年次投資償却や初年度償却等の特別償却に該当しない普通償却では，わが国の様に資産の細目ごとに耐用年数は設定されておらず，一般税率区分資産あるいは特定税率区分資産に該当するか否かによって，18%および8％の償却率が適用される。また，原則とし，建物に対する減価償却が認められていないのも英国におけるキャピタルアローワンスの特徴といえる。

　事業用資産の取扱いに関して，わが国と異なる点は，事業用資産に係る減損
(impairment)が認められることである。すなわち，当該資産の帳簿価額(carrying
amount)が回収可能価額(recoverable amount)を上回る場合に，認識される減損
損失が回収不能(irrecoverable)であり，会計上，損益計算書に計上されている
場合には，不良債権控除(bad debt relief)として事業所得から控除することがで
きる[16]。

　2010年の税制改正において，贈与寄附金(gift aid donations)，慈善目的の株
式・有価証券に関する贈与，慈善目的の土地・建物の贈与は，適格慈善寄附金
(qualifying charitable donations)とされ，法人の課税所得の計算上控除されるこ
ととなった。ただし，寄附金は，事業損失のように繰越しが認められないので，
事業損失・繰越事業損失が生じている課税年度においては，寄附金が救済され
ない。適格慈善寄附金は下記の要件をみたす寄附金が該当する。

① 　贈与助成法(gift aid scheme)に基づく法人による寄附金

② 　慈善目的の株式・有価証券の贈与

③ 　慈善目的の土地・建物の贈与

　控除される贈与助成寄附金は，当該年度に支払われた実額となる。付加利子
(accruals)や前払金は考慮されない。同様に，資産の贈与に係る控除金額は当
該年度に確定された市場価額に基づく。事業目的で生じた適格慈善寄附金は，
事業所得の計算過程に組み込まれ，控除される。表3-2は，後述される寄附金
と事業所得の計算例(A)および計算結果(B)を表している。

タワーブリッジ
（Tower Bridge）
ロンドン市内を流れるテムズ
川に架かる跳開橋（1894年完
成）。当時最新の技術である
蒸気機関で水をパイプに通し，
シーソーの原理を利用して開
閉していた。

表3-2　寄附金・事業所得の相殺と繰越控除例および計算結果

(A)

年月日 所得・寄附	2009年3月31日	2010年3月31日	2011年3月31日
事業所得・損失	△78,900	36,300	64,900
預金利息	21,500		
贈与寄附金	1,000	1,000	1,000

(B)

年月日 所得・寄付	2009年3月31日	2010年3月31日	2011年3月31日
事業所得	－	36,300	64,900
事業損失	－	△78,900	△42,600
事業収益	－	0	22,300
非事業貸付関連所得	21,500	－	－
	21,500	0	22,300
適格慈善寄附金	1,000		1,000
課税対象所得	20,500	0	21,300
事業損失	△78,900	△42,600	－
救済不能寄附金	0	1,000	－

　2011年3月31日までの3年間において，表3-2(A)のような経営成績である場合，各課税年度の課税対象所得を計算する。なお，事業損失78,900ポンドは翌年度の事業所得と相殺するために繰り越すこととする。

　まず，2009年3月31日における適格慈善寄附金1,000ポンドは，21,500ポンドの預金利息と相殺され，78,900ポンドの事業損失は繰り越される。

　続いて，2010年3月31日における事業所得36,300ポンドは，繰越事業損失の一部と相殺され，事業損失残額の42,600(＝78,900－36,300)ポンドは繰り越される。

　したがって，当該年度の寄附金は全額相殺不能となる。最後に，2011年3月31日における繰越事業損失42,600ポンドの全額が事業所得と相殺され，残額の事業所得22,300(＝64,900－42,600)ポンドは，さらに，贈与寄附金により減額

され，21,300（＝22,300－1,000）ポンドとなる。

第2款　事業損失の取扱い

⑴　事業損失の繰越控除を行う場合

事業損失の取扱いは，主として次の2つの方法が規定されている。

① 繰越による事業損失の控除

② 総所得金額から減免する事業損失の控除

繰越による事業損失の控除は，発生事業損失を次年度以降に繰越し，将来の同事業所得から控除することをいい，他の税額控除が付与されない場合に限り認められる。事業損失控除の場合は，事業損失の生じた年度における総所得金額と相殺される，あるいは，当該損失が生じた年度の12ヵ月前に繰戻して控除される。繰越事業損失は，次年度以降に所得の発生する最初の年度に限り控除が認められる。

たとえば，2009年3月31日における繰越事業損失が140,000ポンドであり，翌年度・翌々年度の経営業績が表3-3(A)のような場合，①2010年3月31日および2011年3月31日の課税対象所得金額，②適用税率，③2011年3月31日における事業所得が1,850,000ポンドである場合の課税対象所得は，表3-3(B)のように計算される。

2010年3月31日における繰越損失は140,000ポンドのうち，同年度の事業所得相当額110,000ポンドと相殺される。事業損失と他の所得を相殺することができないため，残りの30,000（＝140,000－110,000）ポンドに関しては，さらに翌年度以降に繰り越される。2011年度には，1,850,000ポンドの事業所得が生じているため，当該事業損失と相殺される。

表3-3　事業損失の繰越控除例に係る経営成績および計算結果

(A)

所得・キャピタルゲイン ＼ 年月日	2010年 3 月31日	2011年 3 月31日
事業所得	110,000	1,850,000
非事業貸付関連所得	50,000	60,000
課税対象キャピタルゲイン	125,000	572,000
免除投資所得	0	0

(B)

所得・キャピタルゲイン ＼ 年月日	2010年 3 月31日	2011年 3 月31日
事業所得	110,000	1,850,000
繰越事業損失	△140,000	△30,000
課税事業所得	0	1,820,000
非事業関連貸付所得	50,000	60,0000
課税対象キャピタルゲイン	125,000	572,000
課税対象所得	175,000	2,452,000

(2)　総所得から控除する場合

　事業損失を総所得金額(適格慈善寄附金控除前)から控除する場合には，事業損失の生じた年度末日から 2 年以内に適切な手続きを行う必要がある。事業損失控除を行っても，控除しきれない事業損失が生じる場合には，さらに，当該損失の生じた年度前12ヵ月間における総所得金額から差し引くことができるが，その際には，次の事項に留意する必要がある。

　① 　当該控除は適格慈善寄附金控除前の総所得金額から控除されること。

　② 　複数の会計年度の全部または 1 部が損失の生じた年度前の12ヵ月間にかかる場合には，前会計年度に優先して後会計年度における総所得との相殺が認められる。

　③ 　損失発生年度前の12ヵ月間の 1 部に会計年度がかかる場合には，当該控除金額は期間按分され，一定の12ヵ月間の総所得金額と相殺される。

事業損失控除を適用しない場合には，発生事業損失の全額が翌年度以降に繰り越される。

第3款　その他所得に係る損失

⑴　不動産所得に係る損失

不動産業に係る損失は，当該損失の生じた会計年度における総所得から控除することができる。ただし，不動産損失が下記①・②のいずれかの方法により，救済されない場合に限る。

①　不動産業が継続して行われている翌年度以降の総所得と相殺する。

②　グループリリーフにより救済される。

⑵　非事業貸付関連所得に係る損失

非事業貸付関連所得に関して生じている純損失(net debits)は，次の①から③の3つの方法により控除される。

①　当該欠損の生じた会計年度の総所得と相殺される。この場合の総所得とは，繰越事業損失控除後，当該年度の事業損失・適格慈善寄附金控除前の金額をいう。つまり，同年度の事業損失・適格慈善寄付金に優先して控除される。

②　グループリリーフにより救済される。

③　前12ヵ月間に生じた非事業貸付関連所得と相殺される。この適用を受ける法人は，欠損の生じた会計年度末日から2年以内に手続きを行わなければならない。適用を受ける場合には，当該欠損は自動的に繰り越され，翌年度以降の非事業貸付関連所得と相殺される。

このように，事業所得以外の所得は，原則として，同所得ではなく，一括して総所得から控除される。

なお，上記②のグループリリーフとは，一定の要件を満たすグループ企業間であれば，損益の振替えが自由に行える英国の企業集団税制をいう。グループリリーフについては，第6章の「企業集団税制（グループリリーフ制度）の仕組みと特徴」を参照されたい。

第4節　法人税法におけるキャピタルゲインの取扱い

第1款　課税対象キャピタルゲイン

　前述のとおり，英国では，「課税利得法」というキャピタルゲインに係る独立規定が設けられているため，法人税法においても，キャピタルゲインは，最終的に他の所得と合算されるまでは，分離して計算される。法人税の課税標準（basis of assessment）となるキャピタルゲインとは，土地・建物，設備・機械等固定資産の売却処分により得た所得をいう。ただし，自動車，6,000ポンド以下の有形資産・流動資産，予測耐用年数が50年までの動産，優良有価証券・適格法人社債は，キャピタルゲイン課税対象資産から除かれる。

　課税対象キャピタルゲインは，資産の売却処分利益から当該資産の取得価額，資本的支出（enhancement expenditure），売却付随費用等の控除可能費用（allowable expenditure）と後述される物価調整控除（indexation allowance）を差し引いた金額であり，算定された課税対象キャピタルゲインは同事業年度のキャピタルロスあるいは過年度のキャピタルロスと相殺することにより減額される[17]。控除可能損失が売却処分利益を上回る場合には，売却処分利益はゼロとなり，損失は次年度以降に繰り越される。なお，法人のキャピタルゲイン（第8章参照）に対しては，個人のキャピタルゲイン課税で認められるような年次免除（annual exemption）は適用されない[18]。

第2款　物価調整控除

　物価調整控除は，インフレによる物価上昇部分に対する課税の排除を目的として1982年に導入され，取引ごとの支出額に対して，下記算式により求められた物価指数（indexation factor）を乗じることにより，控除可能支出が算定される（TCGA 1992, Sec. 54）。この物価調整控除は，個人のキャピタルゲインには，18％の低率分離課税が導入された際に廃止されている。

54

$$物価指数 = \frac{RD\text{-}RI}{RI}$$

RD：資産売却月の小売物価指数
RI：売却資産に係る支出が生じた月の小売物価指数

　上記算式におけるRDとは，当該資産売却月の小売物価指数(retail price index：以下，RPI)であり，RIは，当該資産に係る支出が生じた月のRPIをいう。つまり，資産取得時の小売物価指数と資産売却時の小売物価指数から，売却益の中に含まれているインフレの影響額を算出し，キャピタルゲインから控除されることにより，最終的な課税対象キャピタルゲインが算出される。

　たとえば，RPIが174.4である2001年7月に機械を1,200ポンドで取得し，RPIが224.8である2010年8月に3,350ポンドで売却した場合，物価調整控除額はRDとRIの差額をRIで除した347$\{=(224.8-174.4)\div174.4\}$ポンドとなり，物価調整前キャピタルゲインから物価調整控除額を差し引いた1,803($=2,150-347$)ポンドの課税対象キャピタルゲインが表3-4のように算出される。

表3-4　物価調整を伴う資産売却の計算例

内　　　容	金　　額
売却価額	3,350
取得価額	△1,200
物価調整前利益	2,150
物価調整控除	△347
課税対象キャピタルゲイン	1,803

　資産取得月から売却月までの間にRPIが下落する場合には，当該資産に係る支出額に対する物価調整控除は適用されない。また，資産売却時の付随費用に対しても物価調整控除は適用されない。適用可能な物価調整控除額は物価調整前キャピタルゲインを限度とし，キャピタルロスが乗じる場合には，物価調整控除は適用されない。

　たとえば，2002年2月(RPI 173.8)に課税対象資産5,000ポンドで取得し，2011年1月(226.8)に(a)9,000ポンド，(b)5,500ポンド，(c)4,800ポンドで売却処

分した場合，それぞれ課税対象キャピタルゲイン・控除可能損失は次のように算定される。(a)，(b)，(c)のうち，キャピタルゲインの生じている(a)・(b)に物価調整控除が適用される。ただし，適用可能な物価調整控除額は発生キャピタルゲイン額を限度とするため，物価調整控除額$1,525$｜$=(226.8-173.8)\div173.8$$\times5,000$｜ポンドのうち，(b)に対しては500ポンドに限り適用される。(c)はキャピタルロスが生じているため，物価調整控除は適用されない。表3-5は，売却価額(a)・(b)・(c)ごとの計算結果を示している。

表3-5　物価調整控除を適用した場合のキャピタルゲイン・ロスの計算結果

事項　　　　　　　　　　ケース(a)・(b)・(c)	(a)	(b)	(c)
売却価額	9,000	5,500	4,800
取得価額	5,000	5,000	5,000
物価調整前利益・損失	4,000	500	(200)
物価調整控除	1,525	500	0
課税対象キャピタルゲイン・控除可能損失ロス	<u>2,475</u>	0	<u>(200)</u>

第3款　1982年3月31日保有資産の再評価

　1982年3月31日前取得資産を売却処分した場合には，1982年3月31日以後に生じたキャピタルゲインに限り課税される。その際，課税対象キャピタルゲインは「再評価額」（rebasing）によって算定される。ただし，1982年3月31日前取得資産の売却のつど「再評価額」を適用する個人や法人の場合であっても，「再評価額」により確定した金額が当該資産の取得価額を下回らない限り，「再評価額」は適用されない。

　たとえば，1980年に2,000ポンドで取得した資産を2010年5月に12,500ポンドで売却したと想定する。1982年3月31日の市場価額が(a)4,200ポンド，(b)500ポンドである場合の「再評価額」の取扱いは下記のとおりである。

　まず，(a)に関して，取得原価に基づく保有期間全体の物価調整前利益は10,500（＝12,500－2,000）ポンドであるが，「再評価額」に基づく場合には，

8,300（＝12,500−4,200）ポンドとなる。したがって，取得価額基準の金額より低い「再評価額」に基づく金額が適用される。一方，(b)は「再評価額」に基づく金額12,000（＝12,500−500）ポンドは取得価額基準の10,500ポンドを上回るため，「再評価額」金額は適用されない。

　1982年3月31日保有資産のキャピタルゲインに対する物価調整控除の算定には，1982年3月時および売却処分月のRPIが用いられ，1982年3月前の物価変動に関しては一切考慮されない。「再評価額」に基づく場合も取得価額に基づく場合も，物価調整控除は，取得価額および1982年3月31日の市場価額より大きい金額となる。上述のとおり，1982年3月31日前売却資産に係る課税対象キャピタルゲインは，「取得価額基準」および「再評価基準」により算定された金額のうち，低い方の金額とされたが，キャピタルロスが生じる場合にも，「取得価額基準」および「再評価基準」により算定された金額のうち，低い方の金額が控除可能損失となる。「再評価基準」のもとでは損失が生じ，取得価額のもとでは利益が生じる場合には，ノーゲイン・ノーロス（no gain・no loss）規定により，課税対象キャピタルゲインも控除可能損失も発生しない。

　たとえば，1979年に取得した課税対象資産の取得価額および1982年3月31日（RPI 79.44）の市場価額が，それぞれ(a)3,500・4,000ポンド，(b)750・850ポンド，(c)10・1,050ポンドであり，2010年12月（RPI 226.4）に2,800で売却処分したと想定する。各ケースの計算結果は，表3-6に示される。

　(a)　に関して，「再評価基準」により計算された損失1,200（＝2,800−4,000）ポンドが取得価額基準により算出された損失700（＝2,800−3,500）ポンドを上回るため，控除可能損失は700ポンドとなり，物価調整控除は適用されない。

表3-6　ケース(a)・(b)・(c)における取得価額基準・再評価額基準の相違

価額・損益　　　　　基　準	取得価額基準	再評価基準
ケース(a)における取得価額基準・再評価額基準の相違		
売却価額	2,800	2,800
取得価額	3,500	
市場価額		4,000
控除可能損失	700	1,200
ケース(b)における取得価額基準・再評価額基準の相違		
売却価額	2,800	2,800
取得価額	750	
市場価額		850
物価調整控除前利益	2,050	1,950
物価調整控除	1,573	1,573
課税対象利益	477	377
ケース(c)における取得価額基準・再評価額基準の相違		
売却価額	2,800	2,800
取得価額	10	
市場価額		1,050
物価調整控除前利益	2,790	1,750
物価調整控除	1,943	1,750
課税対象利益	847	0

　次に(b)に関して，再評価基準による利益1,950（＝2,800−850）ポンドが取得
価額基準による利益2,050（＝2,800−750）ポンドを下回るため，再評価基準が
適用され，1,573｛＝(226.4−79.44)÷79.44×850｝ポンドの物価調整控除後の
課税対象キャピタルゲイン377（＝1,950−1,573）が算定する。
　最後に(c)に関して，物価調整控除適用後の課税対象キャピタルゲインが取得
価額に基づく場合は発生するが，再基準による場合には課税対象キャピタルゲ
インが生じないため，課税対象キャピタルゲインも控除可能損失も発生しない。

第4款　株式・有価証券の売却に係る特例

　個人の株式・有価証券の売却処分に適用される配分調整規則(share matching rules)と同様に，法人による株式・有価証券の売却処分は，第104条保有(Section 104 holding)に区分される。取得日と売却日が同日である株式のもしくは一端売却され，30日以内に再取得される株式には，特例が設けられている。

　第104条保有に該当する株式に係るキャピタルゲインには，物価調整控除・控除可能支出の特例が設けられている(TCGA 1992, Sec.108)。

　取得日と売却日が同じ株式あるいは取得してから売却までの日数が9日以内である株式は第104条保有株式に算入されない。1982年4月1日以後取得の株式は，当該売却処分に用いられる物価調整割合が取得日によって異なり，第104条保有対応株式でない場合には，1982年4月1日以後取得の株式に係る取得日・取得価額を詳細に記録することで，物価調整控除が全額適用される。記録事項としては，①当該区分における株式総数，②総取得価額，③総取得価額および最近の施行日(operative event)までの物価調整控除の合計額であり，第104条保有の調整価額は下記のように算出される。

　1985年4月1日区分の株式数および取得価額は合計される。1985年4月1日区分の調整価額は取得価額合計と当該区分を形成する各株式に対応する物価調整控除額を合計した金額となる。この場合における物価調整控除額は，取得日と1985年4月におけるRPIを用いて算出される。

　後の執行日における当該区分の調整価額は前の執行日以降あるいは1985年4月以降のRPIに基づき計算されるため，増額する。当該区分は下記のように調整される。

　株式が取得される場合，取得株式数が当該区分に加算され，取得価額・物価調整額も増加する。株式が売却される場合，当該区分から売却株式数が差し引かれる。当該区分の取得価額・調整価額の配分額が控除される必要がある。厳密にいえば，株式売却価額・残りの株式価額に分けるための売却割合を用いて配分されなければならない。しかし，このような場合，大半は，売却株式の各株式売却価額は残りの各株式価額と同額になる。したがって，当該区分から控

除されるべき取得価額・調整価額は売却株式数に基づいて算定される。

　当該区分の株式売却から生じる物価調整前利益は，異なる方法によって算出された売却価額および売却により当該区分から控除される金額によって計算される。売却処分に係る物価調整控除は当該区分から控除される金額と当該区分から控除される調整価額と異なる。たとえば，表3-7のように普通株式を取得し，これら株式のうち，500株を2010年7月8日(RPI 224.4)に売却したと想定する。2010年7月8日における第104条保有株式の取得価額・小売物価指数は表3-7のとおりである。

　1985年4月6日後の執行日における物価調整控除は少数第3位に四捨五入する。2010年7月売却の株価は同日あるいは9日前取得の株式と一致しないため，第104条保有株式に基づき計算される。保有株式10,000株のうち500株が売却されることから，当該区分の20分の1相当が売却され，当該区分の20分の1に相当する価額・調整価額が控除される。株式売却価額は725ポンドであり，調整価額は1,517となるため，物価調整控除は792(＝1,517－725)ポンドとなる。一連の計算結果は，表3-8に示される。

表3-7　株式取得と小売物価指数

取得日	株式数	取得価額	RPI
1983年7月1日	5,000	6,300	85.30
1984年8月2日	2,000	2,500	89.94
1997年2月2日	1,200	2,300	155.0
2003年7月4日	1,800	3,400	181.3

表3-8　株式取得と小売物価調整の計算結果

事　項 ＼ 取得株式・物価調整額	株式総数	取得価額	調整価額
1983年7月1日取得	5,000	6,300	6,300
1984年8月2日取得	2,000	2,500	2,500
1985年4月までの調整			699
1985年4月5日時点の第104条保有株式	7,000	8,800	9,634
1997年2月までの調整			6,121
1997年2月3日取得	1,200	2,300	2,300
1997年2月3日時点の第104条保有株式	8,200	11,100	18,055
2003年7月までの調整			3,064
			21,119
2003年7月4日取得	1,800	3,400	3,400
2003年7月4日時点の第104条保有株式	10,000	14,500	24,519
2010年7月までの調整			5,829
			30,348
2010年7月8日売却	(500)	(725)	(1,517)
2010年7月8日時点の第104条保有株式	9,500	13,775	28,831

　したがって，たとえば，売却価額が(d)1,800ポンド，(e)1,000ポンド，(f)700ポンドであった場合の課税対象キャピタルゲインあるいは控除可能損失は，表3-9のように計算される。(d)について，売却価額から取得価額を控除し，物価調整を行った結果，283（＝1,800－725－792）ポンドのキャピタルゲインが生じる。(e)について，同様に，売却価額から取得価額を控除し，物価調整を行うと，調整前キャピタルゲイン275（＝1,000－725）ポンドが調整額792ポンドを下回るため，調整後課税対象キャピタルゲインはゼロとなる。最後に，(f)について，売却価額が取得価額を25（＝725－700）ポンド下回り，キャピタルロスが生じる。

表3-9　ケース(d)・(e)・(f)の設例結果

事　項　　　　　　　ケース(d)・(e)・(f)	(d)	(e)	(f)
売却価額	1,800	1,000	700
帳簿価額	725	725	725
調整前利益・損失	1,075	275	(25)
物価調整控除	792	275	0
課税対象キャピタルゲイン・控除可能損失	283	0	(25)

第5款　実質的保有株式免税の強制適用

　海外からの国内投資を助長する政策として，オランダで導入されている資本参加免税は，一定の持分割合があれば当該株式の売却利益は非課税となり，配当も非課税となる。英国においても，多国籍企業の持株会社を誘致し，投資を誘発する手段として実質的保有株式免税(substantial shareholding exemption)という特例がある。

　次の要件を満たせば，実質的保有株式の売却で生じた全部または一部の利益は，法人税の課税対象から強制的に除かれる。同様に，当該売却により生じた損失は控除することができない。したがって，当該株式に係る譲渡益は益金不算入となり，譲渡損は損金不算入となる。一定の要件とは，(a)実質的保有株式の売却を行う法人は，株式を投資会社において売却日前2年以内の期間で12ヵ月間保有すること，(b)投資会社は事業法人あるいは事業グループの株式を保有し，少なくとも10％以上の持分を有することである。

第6款　相殺可能なキャピタルロス

　法人税法におけるキャピタルロスも所得税の場合と同様に取り扱われる。すなわち，第一に，同会計年度のキャピタルゲインと相殺され，第二に，次年度以降のキャピタルゲインと相殺される[19]。キャピタルロスは，他の所得との相殺は不能であり，グループリリーフ制度も適用できないため，キャピタルロス

が生じる資産を売却する際には，緻密なタックスプランニングが必要となる。

第5節　法人租税債務の計算

第1款　法人課税対象所得の計算

表3-10は，法人税の計算構造・計算手順を表している。

表3-10　法人税の計算構造・計算手続

事業所得	XXX	
繰越事業損失	XXX	XXX
不動産所得		XXX
非事業貸付関連所得		XXX
無形資産による非事業所得		XXX
その他の所得		XXX
キャピタルゲイン	XXX	
キャピタルロス	XXX	XXX
		XXX
不動産事業損失	XXX	
非事業貸付関連負債	XXX	
事業損失	XXX	
適格寄附金控除	XXX	XXX
法人税課税対象所得		XXX

出所：Alan Melville, *Taxation Finance Act 2010 Sixteenth edition*, Prentice Hall, 2011, p.341.

　第1節から第3節のように，法人税の課税対象所得は，大きく分けて事業所得，不動産所得，非事業貸付関連所得，その他所得(雑所得)，キャピタルゲインがある。表3-10からも判明するように，原則として，各所得を合算した総所得金額から各所得に係る損失・負債が控除される。

ただし，繰越事業損失が生じている場合には，当該事業年度の事業損失に優先して事業所得から控除されるため，他の所得と合算する前に当該年度の事業損失と繰越事業損失の相殺が行われる。また，一定の手続きを行えば，事業損失を総所得金額（適格慈善寄附金控除前）から控除することもできる。キャピタルゲインは，他の所得と別に計算されるため，キャピタルロスは，他の所得との相殺が認められない。キャピタルロスが生じる場合には，当該年度のキャピタルゲインから控除するか次年度以降に繰越して将来のキャピタルゲインと相殺する必要がある。

第2款　適用税率

英国の法人税率は，所得金額に応じて2段階に設定されており，「比例税率」により課税される[20]。2010年財務年度における標準税率（main rate）は28％，軽減税率（small profits rate）は21％である。適用税率の決定には，課税対象所得（chargeable profits）と免除投資所得を合算した増加所得（augment profits）が用いられる[21]。増加所得が軽減税率適用限度額の300,000ポンド以下であれば軽減税率が適用され，300,000ポンドを超える場合には，標準税率が適用される。なお，この軽減税率適用限度額は，12ヵ月の課税期間を前提に設定されているため，課税期間が12ヵ月以下である場合には，その期間に応じて減額される。ちなみに，増加所得は，上限額（upper limits）1,500,000ポンド以下であれば，限界控除（marginal relief）を適用することにより，減額することができる。この上限額も軽減税率適用限度額と同様に12ヵ月以下の課税対象期間に応じて減額される。納付法人税額の算定手順は下記のとおりである。

たとえば，2011年3月31日までの12ヵ月間における増加所得が500,000ポンドである場合には，増加所得が300,000ポンドを超え，1,500,000ポンド以下であるので，28％の標準税率が適用され，納付税額は限界控除により減額される。

次に，2010年11月30日までの6ヵ月間における増加所得が1,000,000ポンドである場合を想定する。6ヵ月間の会計年度全期間が2010年財務年度（2009年4月1日から2010年3月31日）に対応するため，2010年度の税率が適用される。6ヵ

月間に期間按分された最小・最大限度額は150,000（＝300,000×6/12）ポンド・750,000（＝1,500,000×6/12）ポンドとなり，増加所得は最大限度額を超えるため，標準税率が適用され，限界控除の適用はない。

　最後に，2008年12月31日を決算日とする法人の増加所得が100,000ポンドである場合を想定する。2007年1月1日から2008年12月31日の期間において，最初の3ヵ月は2007年財務年度に該当する。3ヵ月間の増加所得25,000（＝100,000×3/12）は期間按分された最小限度額75,000（＝300,000×3/12）を下回るため，当該増加所得に対しては20％の軽減税率が適用される。一方，残りの会計年度9ヵ月間は2008年財務年度に該当し，残りの増加所得75,000（＝100,000－25,000）は，期間按分された最小限度額225,000（＝300,000－75,000）を下回るため，当該増加所得に対しては，21％の軽減税率が適用される。

第3款　限 界 控 除

　上述のとおり，軽減税率適用限度額の300,000ポンドを超える課税対象増加所得には，標準税率が適用されるが，増加所得が上限額1,500,000ポンド以下の場合には，下記算式により算定された限界控除により，納付法人税が減額される。なお，Fは限界控除率，Uは上限限度額，Aは増加所得，Nは非増加所得（課税所得）を示しており，2008年から2010年財務年度における限界控除率は7/400とされている。

$$限界控除額 = \frac{N}{A}F \times (U - A)$$

　たとえば，2011年3月31日を決算日とする法人の課税対象所得975,000ポンド，受取配当金45,000ポンドである場合の納付法人税は次のように計算される。

　会計年度は2010年財務年度に一致しているため，増加所得・各限度額の期間按分の必要は生じない。FIIは受取配当金と当該配当に付与される税額控除額を合算した金額であるから，50,000（＝45,000＋45,000×1/9）ポンドとなる。したがって，1,025,000（＝975,000＋50,000）ポンドの増加所得が算定され，こ

の金額は最小限度額以上，最大限度額以下であるため，標準税率・限界控除が適用される。その結果，法人税額273,000(＝975,000×28％)から限界控除額7,907,01(＝7/400×(1,500,000−1,025,000)×975,000/1,025,000)ポンドを差し引いた265,092.99(＝273,000−7,907,01)ポンドの納付法人税額が算定される。

第4款　税額控除

　法人に対する税額控除としては，研究開発税額控除が挙げられる。研究開発費の生じる小規模・中規模法人(small or medium-sized companies)は，当該支出額の175％の税額控除を要請できる。ここに言う小規模・中規模法人とは，EUによって推奨されている法人をいい，一般的に，従業員数が500人以下，売上高が10,000ポンドを超えない，あるいは資産総額が8,600万ポンドを超えない法人をいう。また，大法人(large companies)は適格支出の130％の税額控除が付与される。ただし，各プロジェクトにおいて，控除できる金額は7,500,000ポンドの上限が設けられている。ただし，次の①から③の要件を満たす必要がある[22]。

① 当該支出額は資本的性質を帯びているものではなく，適格な法人事業であること。

② 適格支出には，従業員費用，消耗品費，下請会社への支出，エネルギー・燃料・水に関する費用を含むこと。

③ 会計期間において，適格研究開発費が最低10,000ポンド発生していること。

第6節　法人税制の新たな展開

第1款　マーリーズ報告書による改革論

　キャメロン政権における法人税改革は，投資先国として，「魅力的」，かつ，「競争的」な法人税制の構築に一貫している。その一方で，同政権下では，所

得税の最高税率の引下げと消費税の引上げを合わせても行っている。ドイツにおいても，法人税率を引き下げる一方で消費増税の対応が採られているように，諸外国では，こうした法人税と他税目との組合せである「タックスミックス」の見直しが改革の主流となっている。この「タックスミックス」の見直しの中で，将来を見据えた税制改革論も主張されており，たとえば，中立的な法人税制として，キャッシュフロー課税が提案され，英国では，1978年の『ミード報告』（正式には，『直接税の構築および改革』(The Structure and Reform of Direct Taxation)）以来，キャッシュフロー課税が抜本的法人税改革の基礎となっている。『ミード報告』の後継と位置づけられる『マーリーズ報告書』においても，最適課税論の中で，法人税の課税ベースをキャッシュフローで捉える有用性が説かれている。そこで，新しい法人税のあり方として，キャッシュフロー課税の有用性を検討することとする。

第2款　キャッシュフロー課税の有用性

キャッシュフロー課税は，個人所得課税の支出税化を説く『ミード報告』において，個人の支出税を補完するものとして，法人税のキャッシュフロー化が提案されたことに起源する。なお，支出税導入論の代表的な報告書には，1977年のアメリカにおける『基本的な税制改革のためのブループリント』(Blueprints For Basic Tax Reform)，1976年にスウェーデンで『累進支出課税への代替可能性』(Progressive Expenditure Tax-an Alternative ?)という題目で公表された『ロディン報告』も挙げられる。

支出が課税ベースとして着目されたのは，総合所得課税のもとで生じる様々の問題が消費に課税することで回避できると考えられたからである。すなわち，消費課税にシフトすることで，ある年度における消費の原資が勤労所得であろうと株式の売却益であろうと，所得税の場合に懸念される課税ベースの算定は問題とならない。

たとえば，人の人生が若年期・老年期で構成されるものと考え，若年期に2,000万円の所得があるAとBのうち，①Aは若年期に全額消費する，②Bは

若年期に所得の半分を貯蓄したと仮定する。利子率は10％であり，税率が20％の総合所得課税が施行されている場合，Aの税負担は，400（＝2,000×20％）万円となるが，Bは，貯蓄に回した分の利子に対して老年期に課税されることになる。したがって，可処分所得1,600（＝2,000－400)万円の半額800（＝1,600×1/2）万円を貯蓄した結果，老年期の利子80（＝800×10％）万円に対して20％の税率が課されるので，生涯を通じて見た場合に，BはAよりも16（＝80×20％）万円多く所得税を納付することになる。

　次に，消費に課税する場合を考える。若年期に2,000万円を消費してしまうAの税負担は，400（＝2,000×20％）万円である。一方，Bは，若年期に200（＝1,000×20％）万円の税負担が生じ，老年期の貯蓄は10％の利子がつくので1,100（＝1,000×1.1）万円となる。結果的に，Bは，若年期に200万円，老年期に220（＝1,100×20％）万円の税負担が算出され，Bの負担額420（＝200＋220)万円がAの負担額を上回るように思われる。しかし，利子率10％に着目すれば，老年期の1.1円と若年期の1円は等価であるから，老年期の220万円は，若年期の200万円と同じであると解することができる。したがって，消費課税のもとでは，AとBの税負担は同一になる[23]。

　このように，消費を課税ベースとする支出税は，所得税より簡明，かつ，生涯所得の観点からも公平性を保つことができることから，税制改革の一つの方向性として，1970年代後半から上述の報告書等を中心に多く議論された。その過程において，支出税への移行の際に問題となる法人税に関しては，課税ベースのキャッシュフロー化を図ることで対処しようという議論が進められたのである。キャッシュフロー法人税は，人件費や原材料等の経常的支出と資本財の購入費に区別を設けないことを原則としており，資産の売却額を含めた財・サービスの売上げから費用を控除した金額が課税ベースとなる。したがって，課税ベースに経常的な支出，資本財への投資支出，売上を含めるあらゆる受取額が算入されるため，単純明快な課税ベースを構成することになる。

　『ミード報告』では，取引を実物，金融，資本に分け，実物取引に金融取引も含めた課税方式の検討が行われている[24]。企業の資金運用に関しては，表

3-11に示されるとおりである。表3-11は，全体として，左側の源泉（inflows）と右側の使途（outflows）に大別し，それぞれの取引内容に応じた資金流入手段・資金流出手段を表している。実物取引による資金の源泉Rは，売上と資産売却であり，その使途 $\underline{R}$ は，経常費用と投資費用となる。金融取引による源泉Fは，借入れ，金融資産の売却，受取利子によって構成され，その使途 $\underline{F}$ は，借入金の返済，金融資産の取得，支払利子である。さらに，資本取引は，新株の発行・配当の受取りが資金流入金額Sを構成し，自社株の取得・配当の支払いが資金流出額 $\underline{S}$ となる。

　Rベースのキャッシュフロー課税は，実物取引によるネットの流入金額であり，固定資産や棚卸資産の取得等，その効果が翌期以降におよぶ支出を資産として認識することなく，すべて即時費用化し，売上等の収益は現金主義で認識する。

表3-11　企業の資金運用

源　　　泉	使　　　途
実物取引　R 売上＋資産売却額	実物取引　$\underline{R}$ 経常費用＋投資費用
金融取引　F 借入れ＋金融資産の売却＋受取利子	金融取引　$\underline{F}$ 借入れの返済＋金融資産の取得＋支払利子
資本取引　S 新株発行＋受取配当	資本取引　$\underline{S}$ 自社株取得＋支払配当
租税負担の軽減　T 税額控除	租税負担　$\underline{T}$ 租税支払額
総取引 　　　　$R+F+S+T = \underline{R}+\underline{F}+\underline{S}+\underline{T}$	

出所：野口悠紀雄編著『税制改革の新設計』日本経済新聞社，1994年，105頁一部修正。

　R＋Fベースのキャッシュフロー課税は，Rベースの課税ベースに，借入れ・貸付け，受取利息・支払利息等の金融取引を加え，より広範な課税ベースを想定したものである[25]。

R＋Fベースのキャッシュフロー課税では，支払利子の損金算入を認める一方で，借入れ額は課税ベースに組み込まれるため，大きな投資に伴い，多額の借入れを行った場合でも，両者が相殺し合うため，課税ベースの変動は，Rベースの場合よりも小さくなる[26]。Rベースにせよ，R＋Sベースにせよ，キャッシュフロー法人税を採用すれば，償却資産に対する物価調整の必要がなくなるため，煩雑な物価調整会計を懸念する立場からも望ましい税として評価されている[27]。

第3款　法人税のキャッシュフロー化

わが国の法人税法第21条によれば，法人税の課税ベースとなる「課税標準額」は，各事業年度の所得の金額であり，当該事業年度の「益金」から「損金」を控除した額とされている。差額概念の「所得」，つまり，収益から原価，費用，損失を差し引いた金額が課税標準となっているが，ここで問題となるのが，当該事業年度の「益金」の額と「損金」の額が同一価格水準で比較・対応されて算定された「所得金額」は，果たして実質的な処分可能利益に相当するかどうかということである。「益金」は，概ね当該事業年度の価格（時価）と連動するとしても，「損金」には，給料，賃金，その他費用のように支出時点で計上し得る費用もあれば，有形固定資産の減価償却費のように，取得原価を当該事業年度における価値費消に応じて配分する費用もあるため，現在的価格である「益金」と過去の歴史的原価に基づき配分される費用を含む「損金」とを一概に比較・対応させることは適切ではない。長期所有を目的とする有形固定資産等の価格変動を想定した場合には，同期間的・同質価値的な費用・収益対応による利益計算は困難である[28]。

　キャッシュフロー法人税を採用すれば，投資資産に係る取得原価は，即時費用計上できるため，価格変動による課税ベースの歪曲は回避される。有形固定資産の真の経済的償却率や資産再評価への配慮が必要なくなる点がキャッシュフロー課税の最大の利点と言える。ただし，純粋なキャッシュフロー課税を採用した場合，大規模な設備投資を行った事業年度では，大幅なマイナスとなり，

黒字転換されるのは将来的であるため，マイナス年度における還付や繰延べの問題も生じる点は留意しておきたい。

『マーリーズ報告書』では，キャッシュフロー課税を採用した場合に生じる様々な課題をふまえ，キャッシュフロー課税と「税等価」な手法，すなわち，純粋なキャッシュフロー課税ではないが，キャッシュフロー課税と同様の経済効果をもたらす課税の実現が検討されており，その一例として，近年注目されているのが法人株式控除(allowance for corporate equity：以下，ACE)である。ACEは，前述のR＋Fベースのキャッシュフロー課税と税等価な制度である[29]。

たとえば，投資額200とした場合に，即時償却した事業年度では，200の損金算入が可能となる。取得年度に償却せず，翌事業年度に償却する場合には，ACEの理論に基づけば，残存している200の資本から発生する費用は，200にみなし収益率を乗じた金額となる。みなし収益率を r とすると，翌事業年度には，$200r$ の費用が発生したことになる。この年に償却をすると，損金算入額は，$200r + 200 = 200(1+r)$ となる。

次に，2年目と3年にそれぞれ100の償却を行った場合を想定する。上記の算式を参考にすると，当該投資額200に対する2年目の損金算入額は，$200r + 100$ となる。3年目の資本残額は，100であるから，3年目の損金算入額は，$100r + 100$ となる。2年目・3年目における損金算入額の現在価値は，$(200r + 100)/(1+r) + (100r + 100)/(1+r)^2 = 200$ となり，即時償却した場合と同様の効果をもたらす。したがって，ACEを採用する場合には，異なる償却率を採用しても，損金算入金額の現在価値は，即時償却の場合と同様になる[30]。

さらに，ACEは，投資に対して中立的な手法としても注目されている[31]。詳細については配当課税制度を参照されたい。

法人税改革の世界的潮流は，法人税減税に伴う課税ベースの拡大，合わせて「タックスミックス」の観点から，他税目の増税による税収中立性に配慮した税制の構築である。わが国の高い法人税率は，企業の海外進出・海外への所得移転に拍車をかけるばかりでなく，海外からの投資を阻害する要因ともなって

いる。企業活動の活性化を目指すアベノミクスの政策により，わが国においても，漸く世界と競争的な法人税率の設定が検討されつつある。ただし，今後の法人税制を設計する過程で注視すべきは，法人税改革を租税制度全体の中で捉え，所得税・消費税等の改革も念頭に進めることであり，適切な課税ベースの設定と経済の国際化への対応という視点から，俯瞰的・大局的視野で議論を重ねる必要がある。このような観点からは，主要四分野における改革により，一貫して「魅力的」，かつ，「競争的」な法人税制の構築に注力する傍ら，法人税のキャッシュフロー化という根幹的な改革案も唱える英国の動向は，模倣に値する。

　キャッシュフロー課税によれば，投資資産に係る取得原価の即時費用化が可能となり，価格変動による課税ベースの歪曲は回避されるため，現在的価格である「益金」と過去の歴史的原価に基づき配分される費用を含む「損金」との非対応性への懸念は解消され，実質的な処分可能利益に対する課税が実現される。

　また，純粋なキャッシュフロー課税によらずともキャッシュフロー課税と「税等価」な効果をもたらすACEは，画期的で現実的な手法であった。わが国においても，小手先理論に留まらず，20年，30年後を見据えた改革の視点を持てば，キャッシュフロー法人税制への転換も一つの選択肢となり得よう。

〔注〕
1)　吉田精司「企業課税の理論と課題」『企業課税の理論と課題』税務経理協会，平成19年，5頁。
2)　金子宏『租税法第十四版』弘文堂，平成21年，242頁。
3)　J. A. Kay and M. A. King, *The British Tax System Fifth Edition*, Oxford University Press, 1990, p. 164.
4)　Juliana Watterston, *Corporate Tax 2009／10*, Bloomsbury Professional Ltd, 2009, p. 1.
　　鶴田廣巳「イギリスにおける法人税改革とインテグレーション（上）」『関西大学商学論集』第49巻第1号，2004年，72頁。
　　この利潤税は，配当を抑制し，留保を促進することを目的として導入され，当初，留保利潤よりも配当利潤に対して高税率で課税されていた。しかし，留保利潤が巨

額になるにつれて所得税の累進負担を免れる額が大きくなると，配当・留保の差別税率を設定する必要性がなくなり，1958年には，法人税率は一本化された。

　1965年度以前のイギリスの法人課税制度の詳細については，山崎広明「イギリスの証券税制」『証券研究』第10巻，1964年，34-49頁を参照されたい。

　なお，英国の法人税制は，経済・社会状況や政権交代による政府方針の変更等に応じて断続的に改変されており，主要な税制改正には1958年，1965年，1973年，1984年の改正が挙げられる。とりわけ，1984年の改正は同年に公表された米国の1984年財政法（Treasury 1984）に多大な影響を及ぼす抜本的な改正であった。すなわち，包括的所得課税（comprehensive income tax）を基礎とする課税ベースの拡大が図られた結果，減価償却や特別償却等の損金項目の縮小・廃止が加速し，その一方で法人税率が52％から32％へと大幅に低減された（J. A. Kay and M. A. King, *op. cit.*, p. 164）。

　特別償却に関して，設備・機械に対する初年度償却（initial allowance）は100％の償却率から1984年には75％となり，1985年には50％まで低減され，最終的には1986年に廃止に至った。同様に，建物に対する初期償却も1981年時点で75％の償却率から25％ずつ低減された後，1986年には廃止されている（Butterworths, *Simon's Taxes Third edition*, Butterworths, 1983, pp. 441 and 751）。

5)　Keith M Gordon and Ximena Montes-Manzano, *Tiley and Collison's UK Tax Guide 2009-10 27 th edition*, Lexis Nexis, 2009, p. 1178.

6)　LexisNexis, Simon's Taxes, Butterworth, 1994, p. 105.

7)　J. A. Kay and M. A. King, *op. cit.*, p. 158.

8)　Alan Melville, *Taxation Finance Act 2010 Sixteenth edition*, Prentice Hall, 2011, p. 339.

9)　佐藤穣治・金保仁・山田祐介「英国における法人税制と企業会計の乖離と法人体系」『租税研究』第672号，2005年，135-136頁。

10)　Alan Melville, *op. cit.*, p. 342.

11)　*I bid.*, p. 349.

12)　1998年の税制改革を受け，1999年に内国歳入庁から発行された通達により，収益・費用の認識時期は，会計上の取扱いに準じて行われることとなった（佐藤穣治・金保仁・山田祐介，前掲稿，136頁）。

13)　Stott and Ingham vs Trehearne, 1924, 9 TC 69.
　　Earlspring Properities Ltd vs Guest, 1995, 67 TC 259, 1995 STC 479.

14)　David Smailes, *Tolley's Income Tax 2009-10 94th*, LexisNexis 2009, p. 1360.

15)　Juliana Watterston, *op. cit.*, p. 123.

16)　*I bid.*, p. 88.

17)　*I bid.*, p. 542.
　　キャピタルロスの繰戻し，グループ法人間の振替え（surrender），他の所得との相殺は認められていない。

18)　個人のキャピタルゲイン課税における物価調整控除は1998年４月に廃止され，漸

減控除(tapper relief)が導入されている(Juliana Watterston, *op. cit.*, p. 540)。

19) 法人に対しては年次免除が設けられていない。

20) 英国の所得税法では，各段階所得に応じて段階税率を適用する「累進税率」が採用されている。なお，2008年税制改正おいて，標準税率は30％から28％へと下げられ，軽減税率は20％から21％へと上げられたが，適用税率算定基準となる最小・最大限度額は長年変更されていない。

21) なお，法人のFIIには，国外からの非課税配当金に付与される税額控除込の価額となる。
　ここで注意されるべきは，免除投資所得は法人税の課税対象外所得ではあるが，免除投資所得も適用法人税率の決定基準となる増加所得に合算される点である。

22) Alan Melville, *Taxation Finance Act 2011 Seventeenth edition*, Prentice Hall, 2012, p. 344.

23) 宮島洋編著『消費課税の理論と課題』税務経理協会，平成15年，34-35頁。

24) J. E. Meade(ed.), *The Structure and Reform of Direct Taxation*, Institute for Fiscal Studies, 1978, pp. 230-245.

25) 田近栄治・油井雄二「法人税と課税の中立性」野口悠紀雄編著『税制改革の新設計』日本経済新聞社，1994年，105頁。

26) 同上書，106頁。

27) J. A. Kay and M. A. King, *op. cit.*, p. 164.

28) なお，菊谷教授は，カレントな価格である「益金」と古い取得価額・恣意的な損金経理に基づく「損金」による所得計算の弊害を回避する方法として，「売上収入税」が提案されている。法人の収益(売上高)を課税標準とする「売上収入税」は，法人が事業活動により，行政から受ける受益に応じて負担すべきであるとする「応益負担の原則」(benefit principle)に基づいている。売上げを外形基準とする法人税は，赤字法人も含めて，各事業活動の規模に応じて「広く薄く公平に」租税負担を分担できる(菊谷正人『税制革命』税務経理協会，平成20年，59-60頁)。

29) 佐藤主光，「法人税改革について－他税目を含む税収構造の見直しと経済成長を支える税制への転換」『租税研究』第755号，2014年，180-181頁。

30) 田近栄治「日本の法人税をどう設計するか－課税ベースの選択と国際化への対応－」『ファイナンシャル・レビュー』第102号，平成23年，114-115頁。

31) 投資に中立的なACEのしくみに関しては，(酒井翔子「英国における配当課税制度の特徴」『租税実務研究』第1号，2013年)において，配当課税制度と合わせて検討しており，本章では，その内容を一部修正して以下に論述することとする。

第4章　配当課税制度の変遷と特徴

第1節　英国の法人概念と配当課税制度の変遷

　第3章でも触れたとおり，英国では，1947年に所得税から独立した法人所得課税が開始され，1965年の税制改正において，本格的に法人税(corporation tax)が法人税法のもとで正式に導入されるまで継続された[1]。配当課税に関しては，1842年のピール内閣における所得税の再導入から1965年税制改正までの約120年間は，法人・株主間の二重課税排除措置が採られていた。

　すなわち，法人が配当を行った場合には，配当を行う際に徴収した所得税相当額を法人側で留保し，既に納付済の配当に係る所得税を回収することにより，二重課税の調整が行われた。株主は，税引後の配当金額を税引前の金額にグロスアップして総所得に加算し，総所得から他の人的控除を差し引いた金額に税率を適用して所得税額を算出する。算出された税引前の配当については，源泉徴収額を差し引くことで二重課税の調整を行った。なお，1947年に利潤税が導入されると，法人は，法人所得に対する所得税と配当利潤に対して高税率で課税する利潤税の納付義務を負うことになる[2]。法人に対する所得税は株主に対する配当所得に対する二重課税に配慮されたが，この利潤税については個人の受取配当に適用される配当控除は認められなかった[3]。

　1965年導入の法人税制では，法人の内部留保を促進することに加え，海外投資抑制による国内の資本貯蓄強化に注力するため，法人を独立の課税主体とみなす「法人実在説」(real entity theory of company)に基づくクラシカル・システム(classical system)が採用された。すなわち，法人所得税・利潤税の一本化により，法人税制が創設された結果，配当所得は，新設された別表F所得として扱われ，配当時に標準税率で所得税を源泉徴収して納付する一方，法人所得へ

の法人税と株主に対する所得税も相殺されることなく完全な二重課税方式が採用された[4]。

　企業が資金調達をする手法には，主として利益留保，株式発行，借入れ等があるが，このうち，利益留保または株式発行による資金調達を選択した場合の株主側の課税に注目すると，利益留保をして投資に充てれば当事業年度の配当課税を免れることができる。一方，発行株式に係る配当に対しては，法人段階で法人税が課され，株主段階では法人税課税済みの配当所得に対して所得税が課される。つまり，法人税の課税のみで済む利益留保に対して，配当所得には法人税および所得税の二重課税が生じることになる[5]。

　この二重課税への懸念から，1973年の税制改正は，法人が稼得した利益を配当または留保する場合の税務上の差異を緩和することを目的として，クラシカルシステムからインピュテーション方式（imputation system）への転換が行われた。インピュテーション方式は，法人を株主の集合体とみなす「法人擬制説」（fictional theory of corporation）を基礎に考案されており，この概念のもとでの法人税は所得税の前取りと考えられる。具体的には，法人の租税債務の一部を株主に帰属（impute）させ，その帰属させた金額を税額控除（tax credit）として株主の所得税から差し引くことにより，配当に係る二重課税を解消する方法である[6]。なお，法人・個人間の二重課税を排除する措置としては，(a)法人税および所得税を統合することにより，同所得に対する1回課税を目指す方法と(b)法人所得のうち，配当に充てた部分に係る税額に関して，法人段階あるいは株主段階で控除する方法とがある。(a)には，組合方式（partnership method）・カーター方式（Carter method）が該当する。組合方式は，法人税を完全に廃止し，法人所得が配当もしくは内部留保されるかに関わらず，法人の収入・支出を個人株主に按分することにより，所得税を課す方式である。カーター方式は，1967年にカナダの税制改革委員会によって提案された。カーター方式のもとでは，法人税率・所得税率の最高税率は同率に設定され，すべての法人所得が持株数に応じて株主に按分される。当該按分額を含めた所得に対する所得税を算出した後，按分額に係る法人税相当額が控除される。

　一方，(b)には，インピュテーション方式，支払配当損金算入方式(dividend-paid deduction method)，受取配当控除方式(dividend-received credit method：以下，受取配当等益金不算入方式という)等が挙げられる。支払配当損金算入方式は，法人所得のうち，配当に充てた金額を損金算入することにより，法人税の課税対象から除外する方法をいう。さらに，受取配当等益金不算入方式は，受取配当額の一定額を所得税額から控除する方式であり，わが国で採用されている。

　英国のインピュテーション方式は二重課税排除の有効な手段として，英国の配当課税制度において20年以上に亘り継続採用された[7]。しかし，1997年にブレア(T. Blair)労働党内閣が確立すると，インピュテーション方式は廃止され，わが国と同様の受取配当等の益金不算入方式が採用された[8]。この転換は，ブレア政権が当時の欧州裁判所(European Court of Justice：以下，ECJ)の採る姿勢に協調する形で行われたように思われる。というのも，インピュテーション方式は英国法人が英国の株主に対して支払う配当のみを対象としており，内国法人から外国株主への配当および外国法人から国内株主への配当に関しては，税額控除が認められない制度となっている。ECJは，EC加盟国間の二重課税を巡る事案の中で，こうした制度が国内投資を優遇しており，EC条約(EC Treaty)の要求する資金移動の自由に反しているとの見解を示していた[9]。

　第3章第5節でも触れたように，2010年に発足したキャメロン政権下において，公表された『マーリーズ報告書』では，配当課税に関する新しい方向性も示されており，企業の資金調達方法のうち，株式による場合と負債による場合の不公平性を言及している[10]。そこで，本章では，資金調達方法と課税に対する公平性を1つの軸として，配当課税に関する従来型・現代型の論点整理と適切な課税制度の検討を試みる。

第2節　従来型見解に基づく配当課税制度の仕組みと課題

第1款　インピュテーション方式の概要

　前述のとおり，英国では，法人・個人間の二重課税排除措置としてインピュテーション方式が1973年に導入された。インピュテーション方式とは，受取配当金に対する法人税額に相当する金額を個人株主の所得に合算し，この合算された所得を基礎として算出された所得税額から加算した法人税額を控除する方式をいう[11]。この方式は法人税額の全額を株主に帰属させる完全インピュテーション方式と一部を株主に帰属させる部分的インピュテーション方式に大別される。英国では部分的インピュテーション方式が採用され，独特な手法により二重課税の排除が行われる。英国法人が配当を行う際，支払配当金額の一部を予納法人税(advance corporation tax：以下，ACT)として納付する義務が生じる[12]。ここで注意されたいのが，このACTは法人税の一部ではなく，個人の配当所得に対する課税の前取りとしてみなされることである。本来の法人税額となるACT控除後の最終的な法人税額をACTに対して主要法人税(main stream corporation tax)という[13]。個人株主はACT金額を所得税額から控除することができ，法人株主が配当を受け取る場合は，配当支払法人の納付するACT額を自身の支払う法人税相当額から控除することにより，当該配当金額に係る二重課税の解消が可能となる[14]。このインピュテーションシステムの仕組みについて数値例を用いて示すと表4-1のとおりである[15]。

　ある事業年度に4,000ポンドの利益を上げたA社は2,000ポンドの配当を支払った。S氏はA社の発行済株式100株のうち1株を所有している。なお，法人税率は32％，S氏の不労所得に対する累進税率は65％，ACT金額は支払配当の4分の1相当金額とする。

　英国の法人税法において，配当は適格配当(qualifying distribution)と非適格配当(non-qualifying distribution)に分けられ，それぞれ定義規定が設けられている。英国法人が適格配当を行った場合，ACTの納付義務が生じるが，このACT額

表4-1　インピュテーションシステムの仕組み

(単位：ポンド)

A　　　　社		S　　　　氏	
当期利益	4,000	受取配当金	20
法人税（4,000×32%）	1,280	ACTに関する税額控除	5
処分：		課税所得	25
ACT（2,000×1/4）	500	課税所得の60%	15
主要法人税	780	（控除）税額控除	△5
法人税総額	1,280	最終所得税額	10

菊谷正人『英国会計基準の研究』同文舘出版，1988年，144頁，一部加工。

と株主に対する税額控除額は一致するように設定されており，支払配当の4分の1に相当する金額である[16]。表4-2に示されるように，この税額控除およびACT課税割合は頻繁に改定されている。

　配当金額と配当に伴うACTの合計額は免除支出(franked payment)と称される。英国法人が配当を行うことにより，支払うべきACTは免除支出の20%相当額とされる。この免除支出金額は，支払配当金額に100／80を乗じた金額に等しくなる。

表4-2　配当税額控除・ACT課税割合の変遷

配当支払い日	配当税額控除・ACT課税割合
1979年4月1日～1986年3月31日	3／7
1986年4月1日～1987年3月31日	29／71
1987年4月1日～1988年3月31日	27／73
1988年4月1日～1993年3月31日	1／3
1993年4月1日～1994年3月31日	9／31
1994年4月1日～1999年4月5日	1／4
1999年4月6日～	1／9

Cina Antczak, *Tolley's Corporation Tax 2005-06*, LexisNexis, 2006, p.4.

また，英国法人からの受取配当金額および税額控除金額を合算した所得を免除投資所得(franked investment income)といい，免除支出額との相殺が認められる。法人の免除支出額が免除投資所得を超える場合に限り，ACTを納付する義務が生じるため，免除投資所得はACT納付額を直接的に減額する重要な要素である。免除投資所得が免除支出金額を超える場合にはACT債務は生じず，免除投資所得残額が翌年に繰り越される[17]。

　たとえば，1999年3月を決算日とする事業年度において，支払配当金8,000ポンド，英国法人からの受取配当金6,500ポンドを有する法人のACT額は，次のように計算される。

　まず，免除支出額は支払配当金額100／80を乗じた額であるから，10,000(＝8,000×100／80)ポンドの免除支出額が算出される。続いて，受取配当金と税額控除額の合計額である免除投資所得を計算する。1999年4月6日前における税額控除金額は配当の4分の1相当額であるため，免除投資所得は8,125(＝6,500＋6,500×1／4)ポンドとなる。この場合，免除支出額が免除投資所得額を上回るため，両者を相殺した1,875(＝10,000－8,175)の20％相当額の375(＝1,875×20％)ポンドが納付すべきACT額となる。

　原則的に，1999年4月6日前に終了する事業年度において支払われたACT額は法人租税債務の前払税として取り扱われ，課税所得金額の20％を限度として法人税額との相殺が認められている[18]。

　たとえば，1999年3月末を決算日とするS法人の当該事業年度における課税所得金額および支払配当金額がそれぞれ100,000ポンドおよび28,000ポンドであると仮定した場合，当該事業年度に納付すべきACT額の計算は以下のとおりである。

　ACT額7,000(＝28,000×20／80)ポンドは課税所得の20％相当額であるACT控除限度額20,000(＝100,000×20％)内であるため，7,000ポンドは全額控除される。しかし，仮に支払配当が28,000ポンドではなく，88,000ポンドであった場合のACT納付金額は22,000(＝88,000×20／80)ポンドとなり，控除限度額20,000ポンドを超過する。そのため，22,000ポンドのACT額のうち

20,000ポンドに限り当該事業年度の法人税額から控除され，残額の2,000ポンドは余剰(surplus)ACT額として翌期に繰り越される。繰越余剰ACT額は余剰残額が無くなるまで翌事業年度以降の法人税額と相殺される。

1997年のインピュテーション方式廃止に伴い，ACT制度は1999年4月6日を以って廃止され，英国法人は同年4月5日後の配当に係るACT納付義務は生じないため，これ以降の事業年度におけるACT債務は存在しない。ただし，1999年4月6日時点で法人が未消化のACT余剰額を有する場合には，将来にわたる法人税額との相殺が認められる。1999年4月6日以降のACT額は改定後(shadow)ACT規定に基づき，以下のように取り扱われる[19]。

(1) ACTの控除限度額はそのまま引き継がれ，課税所得金額の20％を限度とする。

(2) 免除支出額に対して20％のACT率を乗じた額を改定後ACT額とする。

(3) 1999年4月6日以降の配当税額控除割合が1／4から1／9へ引き下げられたことに起因して，ある事業年度における改定後ACTを算出する際に用いる免除投資所得の金額は当該事業年度における免除投資所得に9／8を乗じた額とされる。

(4) 改定後ACTが控除された後の事業年度においてACT控除余裕額がある場合には，1999年4月6日前から繰り越された余剰ACTを差し引く。

(5) 改定後ACTがACT控除限度額を超える場合には，以下のように取り扱われる。

① 当該事業年度における余剰ACTの控除は行われない。

② 改定後余剰ACT額が改定後ACTの控除しきれなかった年(最高6年)まで繰り戻される。ただし，繰戻し可能年度は1999年4月6日以後の年をいう。

③ 改定後余剰ACTの繰戻額は改定後余剰ACTの生じた事業年度末日から24ヵ月以内に開始する事業年度において控除される実質的余剰(real surplus)ACTと置き換えられ，当該実質的余剰ACTに対する納税義務が生じる。

④　改定後余剰ACT残額は繰り越され，翌年以降の改定後ACTとして取り扱われる。

(6)　上記(1)から(5)の手続きは1999年4月6日前から繰り越された余剰ACT残高が全額解消されるまで継続される。

(3)に関して，たとえば，1999年4月6日前の受取配当金720ポンドは900ポンドの免除投資所得に等しくなるが，1999年4月6日以後に同額の配当金を受け取った場合の免除投資所得はわずか800ポンドとなる。そこで，1999年4月6日以後の免除投資所得は当該事業年度の800ポンドに9/8を乗じることにより，4月6日前の900（＝800×9/8）ポンドに換算し直す必要が生じる。以下では1999年4月6日以降のACTに関する計算手続きを示すこととする。

たとえば，P法人が1999年4月6日前からの繰越余剰ACTを80,000ポンド有しており，2011年3月末を決算日とする事業年度の課税所得金額，支払配当金額，受取配当金額がそれぞれ200,000ポンド，60,000ポンド，36,000ポンドである場合，当該事業年度にける繰越ACT控除額は次のように計算される。

まず，ACT控除限度額は課税所得金額の20％相当額であるため，40,000（＝200,000×20％）ポンドとなる。ACT制度が廃止されなかった場合には75,000（＝60,000×100／80）ポンドの免除支出額が算出されACTの計算工程に用いられる。免除投資所得の金額は受取配当金と税額控除額の合計額であるため，40,000（＝36,000＋36,000×1／9）ポンドの免除投資所得が求められるが，これを1999年4月6日前の金額に換算し直す必要があるため，算出された40,000ポンドに対し，さらに9/8を乗じた45,000（＝40,000×9/8）ポンドが正確な免除投資所得金額となる。免除支出額の免除投資所得超過額30,000（＝75,000－45,000）ポンドにACT率20％を乗じて算出された6,000（＝30,000×20％）が改定後ACTとして，初めにACT控除限度額から控除される。改定後ACTを差し引いた後も控除余裕額が生じる場合には，当該控除余裕額と繰越余剰ACT額との相殺が可能となる。したがって，控除余裕額34,000（＝40,000－6,000）ポンドを限度として繰越余剰ACTが減額され，残額の46,000（＝80,000－34,000）ポンドが繰越余剰ACT額として翌年に繰り越される。

第2款　インピュテーション方式の問題点

ACT制度に関して，その計算過程には複雑な制度設計が為されている印象を受ける。また，個人および法人の両視点から見た場合に以下のような問題点が挙げられる。

まず，第一に，インピュテーションシステムの本質が株主の受取配当に対して，基本税率(basic rate)によって配当課税を支払ったとみなされる点である。

周知のとおり，企業の利益には法人税が課され，配当は課税済み利益から支払われるが，インピュテーションシステムのもとでは，受け取った配当金額から既に一定の率で所得税が支払われているとみなされ，配当受領額に当該みなし所得税額を合算した配当所得を基礎として株主の所得税額が算出される。この場合における一定の率はインピュテーション率(rate of imputation)と称され，英国では常に所得税の基本税率に等しく設定されている[20]。そのため，株主はその限界所得税率(marginal rate)が基本税率より高い場合，所得税を追加徴収され，限界所得税率が基本税率を下回る場合には，内国歳入庁から還付(refund)を受ける[21]。以下では具体的数値を用いて説明する[22]。

A株主が100ポンドの配当を受け取った場合，すべての株主が基本税率による課税を受けるのであれば，適正に二重課税が排除され，特に問題は生じない。しかし，株主の中には，その限界税率が基本税率よりも高い者もいれば，低い者も存在するため，株主の限界税率が基本税率と異なる場合には，株主段階での課税に対して，さらなる調整が必要となる。基本税率を30％と仮定すると，基本税率で課税される者が税引き後に100ポンドの配当を受け取るためには，143(＝100÷0.7)ポンド配当される必要がある。この143ポンドはA株主の受け取った配当総額であり，そのうちの43(＝100÷0.7−100)ポンドがA株主の支払ったとみなされる所得税となる。したがって，A株主が100ポンドの配当を受け取る際には，当該配当金額に課された所得税前取り相当額である43ポンドの税額控除が付与される。納税申告書を提出する際には，配当所得の欄に143(＝100＋43)ポンドと記入し，他の所得と合算するが，配当所得に対して既に43ポンドの所得税を納付しているとみなされるため，この43ポンドを総所得税

額から控除することが認められる。株主の税率が基本税率であることを前提とされるならば，配当所得への税額と控除額が相殺されるため，特に問題は生じない。しかし，仮にA株主の限界税率が60％であった場合，A株主の配当に対する所得税額は86（＝143×60％）ポンドとなるので，86ポンドから43ポンドを控除した残額の43ポンドが追加徴収される。これに対して，株主が慈善団体や年金基金である場合には，配当の受け取り段階での課税は行われないため，内国歳入庁による43ポンドの還付が行われる。

このように，インピュテーションシステムが複雑な制度となっているのは，第一に，インピュテーション率が基本税率と等しく設定されている一方で，株主の限界税率は累進的な税率が採られているため，株主によって追加課税あるいは還付を受けたりと，異なる税務上の取扱いが行われることに起因する。また，基本税率に基づくインピュテーション率の設定は，他の所得との課税バランスに不均衡を生じさせる要因と成りかねない。すなわち，所得税率の引上げが行われた場合，税率の上昇に伴い勤労所得に対する税負担も当然大きくなるが，基本税率の株主は，配当所得に対する所得税の増加とともに税額控除額も増加するため，配当所得に係る税負担に変化は生じない。しかも，株主が非課税対象者となる場合は，基本税率の上昇によってむしろ有益となる。

インピュテーションシステムの第二の問題点はACTの制度構造に起因する。企業は配当を行う際，配当に係るACTを納付する必要があり，このACTは企業の主要法人税額から差し引くことができる。しかし，1970年代から1980年代の初めにかけて，英国は経済成長の低迷やインフレの慢性化に悩まされ，多くの企業は法人税を納付しない事態が生じた[23]。その結果，ACTは未回収となり，内国歳入庁はACT相当額の税額分を徴収できない状態が長らく続いた。インピュテーションシステムは，法人税の一部を株主の受取配当に対する課税の前取りとみなすことを原則としており，この原則に基づき，企業のACT納付義務が生じる。しかし，企業が法人税を納付しないのであれば，株主の配当に対する税額控除を行う根拠もなくなる。したがって，多くの企業が法人税を支払わなくなるような状況下では，インピュテーションシステムは円滑に機能

しないといった問題が生じるのである[24]。

第3款 受取配当等の益金不算入制度の概要と導入経緯

1999年にACT制度が廃止された結果，法人の配当に係る二重課税排除措置は受取配当等の益金不算入方式が採用されている。「2009年法人税法」(company's tax act 2009)によれば，英国法人から他の英国法人に対して配当が行われた場合，当該受取配当金は課税対象から除かれる。ただし，所得税法においてはインピュテーション方式が継続採用されているため，個人株主は，従来どおり，受取配当金と配当税額控除の合計額を課税所得に合算し，算定された所得税額から配当税額控除金額が差し引かれる。

一方，法人の受取配当金は，課税所得金額に算入されないが，支払法人税額は受取配当金も加味して算定される。そのため，受取配当金は直接的に法人税額を増額することは無いものの，課税所得金額に対する法人税率を上昇させる要素となる[25]。ここでいう法人税率とは限界税率(marginal rate)を意味している。英国の法人税法において，法人税率は課税所得金額300,000ポンドを基準として2段階の税率が設定されている。すなわち，課税所得金額が300,000ポンドまでの小規模法人(small company)に対しては21％の軽減税率が適用され，300,000ポンドを超える法人に対しては28％の法人税率が課される。ただし，課税所得金額が300,000ポンドから1,500,000ポンドの法人には，下記算式により求められる限界控除(marginal relief)が認められている。受取配当金は限界控除金額の算定に用いられ，下記算式の所得金額に合算されるため，結果として受取配当金額の大小により間接的に法人税額を増額することになる[26]。

限界控除金額＝7/400×(1,500,000－所得金額)×(課税対象所得÷所得金額)

たとえば，A法人の課税所得が700,000ポンドであり，9,000ポンドの配当金を受け取っている場合，支払法人税額は次のように計算される。

まず，課税所得金額が300,000ポンドを超えるため，28％の税率が適用され，196,000(＝700,000×28％)の法人税額が算出される。次に，限界控除額を求める。限界控除の算式には「総配当」の金額が用いられるため，受取配当金額に

配当控除割合100/90を乗じた10,000(＝9,000×100/90)ポンドと課税所得金額の合計額が所得金額となる。その結果, 13,630[＝7/400×(1,500,000-710,000)×(700,000÷710,000)]ポンドの限界控除金額が算出され, 法人税額から限界控除金額を差し引いた182,370(＝196,000-13,630)ポンドが支払法人税額となる。

　わが国の法人税法では, 確定決算主義が採用されているため, 企業会計により確定された当期利益に税務上の益金または損金を加算・減算することにより課税対象所得金額が算定される。受取配当金は課税所得を構成する益金に算入しないことにより二重課税の排除が実現される。具体的には, 関係法人からの受取配当等に関しては全額益金不算入が認められており, 連結法人株式あるいは関係法人株式のいずれにも該当しない株式に係る配当に関しては, 50%を限度として益金不算入が認められている。

　1999年年の税制改正により, 英国でも受取配当非課税方式が導入されたが, このインピュテーションシステムから受取配当非課税方式への転換には, ECJの判断が大きく影響している。以下では, EC加盟諸国の配当課税に関して, ECJで争われた事案を概説する。

　1986年に欧州委員会とフランスとの間で争われた事案は, ECJが所得課税に関する問題を最初に取り扱った事案として著名である。本事案では, フランスのインピュテーションシステムにおける配当税額控除が争点とされた。「フランス法」(French law)によると, 配当税額控除はフランス法人からフランス保険会社あるいはフランス子会社への配当に対し, 適用可能であるが, フランス法人から外国保険会社のフランス支店への配当には適用が認められなかった。この配当税額控除適用の差異に関して, フランスは次の2つの理由に基づき, 正当性を主張している。第一に, 非居住者は課税上, 居住者とは異なる立場にあり, その他の税務上の優位は居住者に適用されない。第二に, 課税権の分配は両国の租税条約に委ねられるべきである。国際的二重課税の排除措置として, フランスは領土内課税方式(territorial system)を採っており, 国外で発生した事業所得は課税対象から除外される。フランス法人も外国法人の子会社もフラン

ス国内源泉所得にのみ課税されるため，ECJは本事案において，前者には適用可能な税額控除が後者対しては適用されないのは差別的であるとの判決を下した。さらに，当該配当は支店の運営する同一国において行われているのだから，国内源泉所得の取り扱いに関して租税条約を引き合いに出すのは不適切であると付け加えた[27]。

　他方，1997年に判決が下された事案では，フランス法人の支店に対するドイツの法人課税が問題とされた。ドイツでは，ドイツ法人が国外から配当を受け取る場合，租税条約に基づく受取配当非課税方式や外国子会社の支払税額に対する間接税額控除等を適用することにより，国際的二重課税の排除が行われる。本事案はドイツ法人には認められる二重課税排除措置が恒久的施設(permanent establishment)には適用されなかったことが問題とされた。ドイツの主張によれば，①ドイツの居住法人には全世界所得課税が課されるのに対し，非居住法人には国内源泉所得課税が課される点で両者は別の取扱いがなされていること，②国外から配当を受けるドイツ法人に対する課税の譲歩は当該法人の株主に対する配当に制限されるべきであり，ドイツ支店からフランス本店への送金やドイツで課税されるべき外国法人からの配当にまでおよぶ必要がないこと，③問題となる所得は外国所得であるため租税条約に基づき課税権の分配が行われるべきであることを理由に挙げ，ドイツの行った措置はECJの主張する差別的措置には当たらないと説明した。これに対し，ECJは，EC加盟諸国は租税条約に基づき，各国の課税権を自由に分配できるが，1度分配された課税権の行使は差別的であってはならないと言及した。したがって，EC条約に矛盾しないためには，ドイツ法人に付与される課税の譲歩は外国法人のドイツ支店にまで拡張されて然るべきであるとして，ドイツの主張を却下した[28]。

　国内および国外の納税義務者を同等に扱うべきとの姿勢を見せるECJの判断はEC加盟諸国の租税政策上，大きな影響を与えている。とりわけ，配当税額控除の対象が国内源泉所得に係る税額に限定されるインピュテーションシステムは経済的二重課税の軽減措置としては不十分であり，インピュテーションシステム採用国はインピュテーションシステムから受取配当等益金不算入方式

への変更を余儀なくされている。

　このような周辺諸国の動向に同調する形で，英国においても受取配当等益金不算入方式が導入され，同方式は2009年の税制改正において，外国を源泉とする配当等に対しても適用されることとなった。

第3節　現代型見解に基づく配当課税制度の課題と対策

　インピュテーション方式にしても，受取配当等の益金不算入方式にしても，従来の配当課税制度における論点は，①法人・株主間における二重課税排除，②配当または内部留保を行う場合の課税中立性の確保に関するものであった。

　これに対して，近年議論の中心とされているのは，企業が資金調達を行う際，株式(equity)によるか負債(debt)によるかにおける課税の中立性である。出資に対する配当は経費として扱われないが，借入金に係る利子は経費として損金算入が認められるため，資本を過少にし，借入金を過大にするといった租税回避(tax avoidance)が画策される。こうした租税回避行為は，主として企業が海外投資を行う際に問題とされてきた。海外子会社は親会社からの借入金を多くする一方，資本をできるだけ過少にすることで，借入金に係る支払利子を損金算入し，所得の圧縮が可能となる。このような租税回避行為に対し，英国では，国際取引を対象とする過小資本および利息配分規制(thin capitalization and interest allocation rules)によって対処されてきた[29]。

　一方，わが国では，過少資本による国際的租税回避を防止する方策として，平成4年(1992年)に過少資本対策税制が創設され，外資系の内国法人が国外支配株主等に負債の利子を支払う場合，国外支配株主に対する負債についての平均負債残高が国外支配株主等の保有する自己資本持分の3倍を超えるときは，その超過額に係る支払利子は損金算入されない[30]。さらに，平成24年(2012年)税制改正において，過大支払利子税制が創設されたのは記憶に新しい。本制度は，所得金額に対し，過大な利子を関連者間で支払うことによる租税回避を防止するために導入された。過少資本税制との調整としては，過大支払利子税制

と過少資本税制の双方の損金不算入額がある場合には，いずれか多い金額が損金不算入とされる。ただし，過大支払利子税制における損金不算入額が多い場合であっても，適用除外基準である①事業年度の関連者純支払利子等の額が1,000万円以下である場合，あるいは，②関連者支払利子等の額の合計額が総支払利子等の額の50％以下である場合に該当するときは，過少資本税制が適用される。

　しかし，金融取引の国際化や規制緩和等の進展に伴い，多様な金融商品の開発が進むと，国内取引においても配当と支払利息との課税上の相違を利用した租税回避行為を規制する必要が生じた。デリバティブ(derivatives)商品に代表されるハイブリット(hybrid)商品は，主として利子，配当，キャピタルゲイン等の混合金融収益により成り立っており，組成内容を容易に転換できる特徴を有している。そのため，利子，配当，キャピタルゲインに対する課税に関して，ある種の金融所得を優遇するような制度が存在する場合，法人がその経営活動に関係なく，より税負担の軽い所得区分へ積極的に投資をするインセンティブが働く[31]。こうした課税の歪み(distortion)の是正のため，『マーリーズ報告書』では，負債と自己資本である株式に対する課税の中立性が検討されている。

　負債または株式による資金調達において，課税の中立を図る手段は，株式に対して負債と同様の恩典を与える方法と負債による資金調達を行う場合に付与される恩典を廃止する方法とに大別される。前者は負債に対する利息の控除をこれまでどおり認める一方で，株式に係る「機会コスト」(opportunity cost)相当分の所得控除(tax relief)を認めるといった法人株式控除(allowance for corporate equity：以下，ACE)の導入を試みる方法である。後者は1992年にアメリカ財務省の報告書である『個人及び法人税制度の統合，事業所得に対する一回課税』(*Integration of the Individual and Corporate Tax Systems, Taxing Business Income Once*)において提案された包括的事業所得税 (Comprehensive Business Income Tax：以下，CBIT)の概念に基づくもので，企業の資金調達方法が株式によるものであろうと負債によるものであろうと支払利子等の控除は認めず，全法人所得に課税を行う方法である[32]。

CBITも投資に対する中立的な税制として，ACEとほぼ同時期に提案されているが，CBITを実際に導入している国はない。これに対して，ACEは，イタリア，ベルギー，オーストリア等で既に導入され，理論研究のみならず，導入国における実態分析も進められている。

1992年当時，クラシカルシステムを採用する米国では，法人所得は法人所得税の課税対象とされ，法人段階で課税済みの配当・キャピタルゲインはさらに株主段階で個人所得税の課税対象とされた。これに対して，法人の借入れに係る利子は支払利息として課税対象所得から控除することができ，個人段階の1回課税で済むため，法人の資金調達は株主資本によるよりも借入れによる方が税務上有利に扱われることになる。さらに，株主のキャピタルゲインに対する個人所得税はキャピタルゲインの実現時まで繰り延べられるため，発生キャピタルゲインに対する実効税率は配当に対する個人所得税率よりも低く設定され，株式のキャピタルゲインを留保した方が現物配当等の新株発行による資金調達よりも税務上優遇される。このようなクラシカルシステムのもとでは，法人ではなく非法人形態で事業を遂行した方が賢明であるとともに，資金調達も借入れの方が有利であることから，法人の経営方針が税法により歪められる問題が指摘されていた[33]。

CBITでは，すべての事業が課税対象となり，CBITが課される事業体(以下，CBIT事業体という)に対しては，支払利子の控除が認められない。その一方で，CBIT事業体から収受する利子所得および配当所得は，受け取り側がCBIT事業体であるか否かに関わらず課税対象から除外される。つまり，個人がCBIT事業体に対して，投資あるいは貸付けを行う場合には，事業体段階で支払利子控除なしの課税標準が課税対象となり，事業体から支払われた利子・配当に関しては，個人株主段階で非課税となる結果，CBITは受取配当非課税方式による配当二重課税を排除すると同時に，支払利子の控除を認めないことにより，株主資本・借入れの両資金調達方法に対する課税の公平を実現する[34]。

キャピタルゲインに関しては，配当再投資計画(dividend reinvestment plan：以下，DRPと略す)の選択適用が提案されており，株主が非課税対象の配当を受

け，それを再投資したとみなして取り扱われる。DRPにより，株式の取得価額は内部留保されたものの，分配後に再投資されたとみなされる「みなし配当」(deemed dividend)額だけ引き上げられる。そして，株式売却時において，法人段階で課税された留保所得を反映するキャピタルゲインに関しては，課税を回避することができる。したがって，DRPの選択により，新株発行と内部留保の中立性が確保される[35]。個人の限界税率に関わらず，配当と利子の両所得に法人税率が適用されるため，配当・利子所得に係る課税の公平性の見地からも優れている[36]。さらに，CBITは原則として，1部の例外を除く全ての法人に課されることが予定されていることから，法人の選択に税務が介入することなく，業務遂行上の理由によって事業形態を選定することができる[37]。

　一方，ACE制度は1991年に財政学研究学会の資産課税研究員(Institute for Fiscal Studies Capital Taxes Group)によって提案された。ACE制度における「機械コスト」とは，ある資金を市場で運用する際に得られる平均的な利回りに相当する。すなわち，投資家が企業に出資する場合に求める最低限の利益であり，出資を受ける企業の側からすれば，投資家により最低限支払いを迫られる「資金調達コスト」となる。借入れに係る利息の控除を認める一方で，「資金調達コスト」相当額の株式控除額を差し引くことにより，借入れ・株主資本における課税上の公平を目指すのがACE制度の特徴である。具体的には，平均的利回りとして設定された名目上の金利(nominal interest rate)を「資金流入金額」から「資金流出金額」を差し引いて算出された前期末株主基金(shareholder's funds for tax purpose)に乗じることで株式控除(equity allowance)金額が計算される[38]。名目上の金利はリスクの生じない金利を前提として，原則的に中期の優良債金利(medium-term gilt)が最も適切な指標として用いられる[39]。

　この株式控除を採用するACT制度の下では，株主資本と内部留保に対する中立性も確保される[40]。たとえば，企業が1,000のキャピタルゲインを得て，それを1年目に実現するか，2年目に実現するかを選択する場合，1年目から2年目にかけての資産の運用収益率を10%と仮定する[41]。現行の法人税では，企業が1,000ポンドのキャピタルゲインを生み出した場合，それを実現すれば

35％の法人税が課され，手元に650(＝1,000－350)ポンド残る。これを１年間運用すれば10％の収益が得られ，65(＝650×10％)ポンドの収益が発生するため，この65ポンドに対し課税が行われる。その結果，２年間の総収益は692.25(＝650＋65×65/100)ポンドとなる。一方，１年目に企業がキャピタルゲインを実現させない場合には，２年目の収益は1,100(＝1,000＋1,000×10％)ポンドとなり，これに35％の法人税が課される。その結果，２年目の総収益は715(＝1,000－1,100×35％)ポンドとなり，１年目にキャピタルゲインを実現しない方が得である。一連の計算内容は，表4-3に示される。

表4-3　キャピタルゲインに対するACEの効果

(単位：ポンド)

事　項	制　度	現　行　制　度		ACE 制度	
		実　現	未実現	実　現	未実現
１年目	キャピタルゲイン	1,000	1,000	1,000	1,000
	課税所得金額	1,000	0	1,000	0
	支払税額（×35％）	350	0	350	0
	株主基金			＋650	0
２年目	現金／資産価額	650	1,100	650	1,100
	現金収入	65	0	65	0
	課税所得金額	65	1,100	65	1,100
	株式控除			65	0
	支払税額（×35％）	22.75	385	0	385
	収益	692.25	715	715	715

IFS Capital Taxes Group, *Equity of Companies : A Corporation Tax for the 1990s*, Institute for Fiscal Studies, 1991, p.30.

　これに対して，ACE制度では１年目にキャピタルゲインを実現する場合も実現しない場合も共に同額の利益となる。株式控除の計算に用いられる名目上金利を収益率と同じ10％とする。１年目にキャピタルゲインを実現する場合は

35％の法人税が課されるものの，代わりに株主基金に650（＝1,000－1,000×35％）ポンドが計上される。2年目には収益65に対して株式控除が65（＝前期の650×10％）ポンドが使えるため，課税所得はゼロとなる。その結果，2年間の総収益は715（＝650＋65）ポンドとなる。一方，1年目にキャピタルゲインを実現しない場合は2年目の収益が1,100（＝1,000＋1,000×10％）となるものの，株式控除もゼロとなるため，1,100そのものに35％の法人税が課される。その結果，2年間の総収益は715（＝1,100－1,000×35％）となり，1年目にキャピタルゲインを実現する場合と同じ結果となる。

　ACE制度の適用により，資金調達に係る課税の中立性を保持する一方で，さらに，個人所得税において，二元的所得税（dual income tax）を導入することにより，法人・個人の事業形態の選択や恣意的な所得転換へ対処している。所有と経営が分離していない同族会社では，経営者の裁量により利益の分配が可能であり，税務上の理由から給与等の勤労所得を配当等の不労所得への自由な転換を意図して法人事業形態を選択するといった経営行動に税制が歪みを与える。そこで，英国型二元的所得税（UK dual income tax）は，個人所得の区分を勤労所得と不労所得の2区分とし，支出型個人所得税（consumption-based personal tax）を念頭に置いた場合，法人段階のACE制度と同様に，個人段階においても貯蓄性所得から正常利益（normal return）を控除する。支出型個人所得税は，個人の利子所得を課税対象外とし，株主に対しては，課税前の配当・キャピタルゲインから帰属正常利益（imputed normal return）の控除を認めることにより達成される。さらに，法人化されていない事業体の経営者に対しても法人に付与されるACE制度と同様に，事業所得から帰属利益（imputed normal return）の控除を認める[42]。

　このように，資本所得に対する正常利益の損金算入を認めるACE制度と同様に，個人段階における資本所得に対しても，正常利益への課税を除外することにより，事業形態の選択に関する税法の介入を防ぐことができるとともに，二元的所得税を前提とする資本所得の低率分離課税により，所得転換の誘因に対応することが可能となる。

第4節　英国における配当課税制度の特徴と今後の方向性

　従来，法人・個人間の二重課税の排除措置として採用されてきたインピュテーション方式は，国際的資本移動が頻繁に行われ，法人税・個人所得税の負担者が一致しない開放経済では機能しない。

　『マーリーズ報告書』では，借入金に係る支払利息の控除を廃止し，利息控除前，減価償却後の法人所得に対して課税するCBITにより，資金投資に係る正常利益を課税対象に含めた上で負債または株式に対する課税の公平性が実現されるが，単に支払利息の控除可能性を廃止するだけでは，法人税に関する他の諸問題の解決には至らないと指摘されている[43]。しかも，支払利息に対して税務上の救済措置を施さない場合，借入れ・貸付け業務を遂行するような銀行および他の金融業者の対して多額の増税を要することになるため，銀行等の金融業者に関しては，利子所得に対してのみ支払利息の控除を認める方法が提案されている。その際，利子所得が支払利息を超える場合には，両者の差額である純利子所得から支払利息が控除され，支払利息が利子所得を超える場合には，当該支払利息の控除が認められない[44]。このように，正常収益・超過収益の区別なく法人資本所得に対して，漏れのない課税を実行するCBITは，制度の仕組みからも明らかなように，法人税の課税ベースを引き上げるため，何らかの調整措置が講じられる必要がある[45]。

　支払利子および株式調達コストの控除を認めるACEも方法は異なるものの，利子・配当・キャピタルゲイン等，資本所得課税に対して中立的である制度としてはCBITと共通する。しかし，閉鎖的経済では，株主資本に係る収益は法人段階で源泉課税される一方で，借入れにより生じた収益は個人レベルで課税されるべきであるという歴史的見解からすれば，課税上の不合理を法人段階のみで解決するCBITよりも，法人・個人の各段階において資本課税の問題に対処するACEは評価され得る[46]。

　企業の資金調達方法として，負債によるか，自己資本によるかの選択に対し

ては，CBITもACEも中立的に働くが，CBITが正常利潤・超過利潤の両方に課税するのに対して，ACEは超過利潤のみに課税するため，投資の意思決定に対しても中立的である。企業は，その国の環境，経済情勢，租税制度等も含め，最も利益率の良い場所に立地を求める。たとえば，インフラ整備が整っている地域では，そうでない地域に比べて利益率が高まるように，超過利潤は，立地場所や経済特性に起因する。したがって，超過利潤には，企業が享受する行政サービスからの受益が反映されており，転嫁もされにくいため，真の受益と負担が一致することになる。ACEは，その超過利潤に限った課税を可能とするのであるから，投資への歪みを是正し，応益原則の面からも望ましい制度といえる[47]。

　翻って，わが国の所得税法(昭和40年法律第33号)は「包括的所得概念」に基づく「総合所得課税」を原則としているが，税制改正や租税特別措置法の制定に伴い，「分類所得課税」へと移行してきたきらいがあり，所得区分に応じて課税所得の計算に大幅な差異が生じている。資本所得は勤労所得や他の所得に比して著しく低率で分離課税され，資本所得内でも取扱いが異なることから，課税の中立性が歪められており，こうした制度の不備が恣意的な所得区分の転換を引き起こす。企業活動・経済活動の国際化に伴い，多様な形態による所得転換が今後も深刻化することに鑑みれば，わが国においても，課税の中立性という観点から，配当所得をはじめ，投資所得に対する課税制度の充実化および適正な所得区分に向けた新たな所得分類基準が考案される必要があるといえよう。

〔注〕

1)　J. A. Kay and M. A. King, *The British Tax System Fifth Edition*, Oxford University Press, 1990, p. 164.
2)　山崎広明「イギリスの証券税制」『証券研究』第10巻，1964年，72頁。
3)　鶴田廣巳「イギリスにおける法人税改革とインテグレーション(上)」『関西大学商学論集』第49巻第1号，2004年，73頁。
4)　森　恒夫「イギリスの証券税制‐1965年および1973年の改革を中心にして‐」『証券研究』第49号，1976年，29-30頁。
5)　J. A. Kay and M. A. King, *op. cit.*, p. 164.

6) *I bid.*, p. 158.

7) 1973年のインピュテーション方式導入経緯・詳細は，Prest. A. R, Public Finance in Theory and Practice 5thed, 1975, pp. 379-380に詳しい。

英国のほかにインピュテーション方式を採用していた国には，主として，フランス，ドイツ，カナダが挙げられる。1975年にECの委員会が法人税の統合に関して，次の(1)から(3)の指令案(draft directive)を作成したことも影響し，欧州諸国でのインピュテーション方式の採用が進んだ。

(1) 加盟国は45％から55％の間で法人税率を設定するとともに，インピュテーション方式の採用により，配当に係る法人税額の45％から55％を軽減する。また，配当に係る税額控除額が所得税額を上回る場合には，当該超過額を還付する。

(2) 非課税所得が配当される場合には，補充税を課す。

(3) 法人間の配当に関して，配当が留保されることなく，株主に分配され得るのであれば，インピュテーションによる優遇措置が付与させる。

フランスでは，1965年にインピュテーション方式が採用され，慈善・教育機関(charitable and educationa institutions)を除くフランス居住株主(resident shareholder)が内国法人から配当を受け取る場合には，受取配当の50％相当額を株主所得に合算し，算出された税額から当該受取配当50％相当額を税額控除(avoir fiscale)として控除することが認められた。当時のフランスの法人税率は50％であったため，配当に係る法人税額の2分の1相当額が株主段階で控除された。また，領土主義(territorial principle)を採用するフランスでは，法人の国外所得に対して課税されない。この非課税措置(tax exemption)が個人におよぶのを防ぐため，法人が国外源泉所得を配当する場合には，前払所得税(precompte mobilier)が課される。前払所得税は，国外源泉所得のほかに，法人税の負担が50％未満である所得，5年以上内部留保されていた所得が配当される場合にも課され，配当額の3分の1相当額である。

ドイツでは，1953年に二重税率制度(split-rate system)が導入されるまではクラシカルシステムが採用されていた。1977年にインピュテーション方式と二重税率制度(split-rate system)を併用する方式が採用された。法人税の基本税率は56％であったが，配当に対しては36％の軽減税率となる。株主は，受取配当に64分の36を乗じた金額を加算し，算出した所得税額から当該加算額を控除することにより，二重課税の排除が行われた。非課税所得から配当される場合には，フランスの前払所得税に相当する補充税(supplemental payments)の納付義務が生じる(Charles E. McLure, *Must Corporate Income Be Taxed Twice?*, The Brooking institution, 1979, pp. 51-73)。

8) Keith M Gordon and Ximena Montes-Manzano, *Tiley and Collison's UK Tax Guide 2009-10 27th edition*, Lexis Nexis, 2009, pp. 1178 and 1225.

9) Michael J. Gretz and Alvin C. Warren, *Common Market Law Review*, "Divident taxation in Europe：When the ECJ makes tax policy", Kluwer Law International, 2007, pp. 1580-1584.

10)　Institute for Fiscal Studies, *Dimention of Tax Desigh : The Mirrlees Review*, Oxford University Press, 2008, p. 19.

11)　金子宏『租税法［第14版］』弘文堂，2009年，247頁。

12)　配当の際に支払いが義務づけられていたACTは，1999年に廃止され，現在は，本文にもあるとおり，受取配当等の益金不算入方式が採用されているため，多くの場合，ACTを支払うことはない。しかし，一定の状況下では，今もなお，ACT制度が適用される場合がある(Alan Melville, *Taxation Finance Act 2013 Nineteenth edition*, Prentice Hall, 2014, p. 392)。

13)　菊谷正人『英国会計基準の研究』同文舘出版，1988年，144頁。

14)　Juliana Watterston, *Corporation Tax 2009/10*, Bloomsbury Professional, 2009, p. 468.

15)　菊谷正人，前掲書，144頁。

16)　Alan Melville, *Taxation Finance Act 2010 Sixteenth edition*, Prentice Hall, 2011, p. 403.

17)　*I bid.*, p. 406.

18)　*I bid.*, p. 406.

19)　*I bid.*, p. 407.

20)　J. A. Kay and M. A. King, *op. cit.*, p. 168.
　　　個人所得税の税率は3段階に分けて設定されている。課税所得金額が37,400ポンドまでの者は20%の基本税率(basic rate)で課税され，112,000ポンドから150,000ポンドまでの者は40%の高税率(higher rate)が適用される。さらに，課税所得金額が150,000ポンドを超える者に対しては，50%の追加税率(additional rate)が適用される。配当課税に関して，基本税率，高税率，追加税率の適用者に対し，それぞれ10%，32.5%，42.5%の配当課税が行われる(Alan Melville, *op. cit.*, pp. 19 and 26)。

21)　J. A. Kay and M. A. King, *op. cit.*, p. 166.

22)　J. Aケイ・M. Aキング著田近栄治訳『現代税制の経済学－イギリスの現状と改革』東洋経済，1989年，141-142頁。

23)　J. A. Kay and M. A. King, *op. cit.*, p. 168.

24)　J. Aケイ・M. Aキング著＝田近栄治訳，前掲書，143-144頁。

25)　Keith M Gordon and Ximena Montes-Manzano, *op. cit.*, 2009, pp. 1178 and 1225.

26)　Juliana Watterston, *op. cit.*, pp. 37-38.

27)　Michael J, Graetz and Alvin C, Warren. JR, *op. cit.*, p. 1592.

28)　*I bid.*, pp. 1593-1595.

29)　James Mirrlees(ed.), *Dimensions of Tax Design*, Oxford University Press, 2010, p. 871.

30)　菊谷正人『多国籍企業会計論』創成社，2002年，293頁。

31)　James Mirrlees(ed.), *op. cit.*, p 859.

32)　*I bid.*, p 878.

主要国の国内取引において，支払利息の控除を廃止している国は無いが，国外投資に伴う支払利息の控除には上限を設ける国は多く存在する。これは，主として，高税率国の子会社が低課税国の子会社から借入れを行い，控除可能な支払利息を支払うことで，全世界所得に対する支払税額の軽減を図る多国籍企業への対応策である(James Mirrlees(ed.), *Tax by Design*, Oxford University Press, 2011, p 426)。
　　なお，CBITに関しては，岡村忠生「アメリカにおける包括的事業所得税構想について(資料)」『税法学』第509号，1993年を参考されたい。

33)　岡村忠生，同上稿，2-11頁。
　　赤石孝次「法人・個人所得税統合論の現段階－財務省報告92を中心として－」『経済学研究』第70巻第2・3合併号，2003年，95頁)。

34)　原則として，CBITはすべての事業利益に対する1回課税の方針を堅持するため，事業体段階で課税されなかった所得に対しては，何らかの措置を施すことにより，課税を確保する必要がある。そこで，非課税分配勘定(Excludable Distribution Account：以下，EDA)を設け，事業体段階で課税済みの利子・配当所得を把握し，EDAからの配当に関しては，株主段階での非課税が担保されることになる(岡村忠生，前掲稿，7-8・11頁)。

35)　赤石孝次，前掲稿，113-114頁。
　　U. S. Department of Treasury 1992, pp. 17-25, pp. 81-88.

36)　水野忠恒「法人税改革－法人税と所得税の統合」『現代の法8　政府と企業』岩波書店，1997年，199頁。

37)　ただし，年収が100,000ドル未満の零細法人はCBIT適用法人から除外される。零細法人は資本所得と労働所得とを分けて申告するのが困難であり，CBITとして法人税率で課税することは低所得層における労働所得に対する超過課税となり得るためである(同上稿，199・200頁)。

38)　「資金流入額」は株式控除，課税収益，他社からの受取配当，新株発行により構成され，「資金流出額」は税額，支払配当，他社の新株取得により構成される(IFS Capital Taxes Group, *Equity of Companies：A Corporation Tax for the 1990s*, Institute for Fiscal Studies, 1991, p. 27)。

39)　*I bid.*, p. 27.

40)　*I bid.*, pp. 28-30.

41)　*I bid.*, pp. 28-30.

42)　James Mirrlees(ed.), *Dimensions of Tax Design*, Oxford University Press, 2010, p 917.

43)　James Mirrlees(ed.), *Tax by Design*, Oxford University Press, 2011, p 425.

44)　*I bid.*, p 426.

45)　対照的に，ACEを適用する場合には，課税ベースの縮小を伴う。

46)　James Mirrlees(ed.), *op. cit.*, p 427.
　　開放経済では，法人税が企業の投資に影響するのに対し，個人所得税は個人の貯蓄に影響することから，法人課税と個人課税は別個に検討されるべきであり，法人

の投資行動には，個人課税ではなく法人課税が影響する(Sorensen, Peter Brich, "Can Capital Income Taxes Survive?And Should They?", *CESifo Economic Studies*, Vol.53No.2, 2007, pp.172-228)。したがって，企業の投資促進に配慮した資本所得課税制度としても，インピュテーション方式等，個人段階の調整よりも，法人段階で配当を自己資本調達コストとみなして正常収益分を非課税とするACEが望ましい。法人段階・個人段階の株式投資に対する課税に関しては，鈴木将覚「実効税率の引き下げに向けて」『マーリーズ・レビュー研究会報告書』財団法人企業活力研究所，平成22年において詳細に分析・検討されている。

47)　佐藤主光「法人税改革について － 他税目を含む税収構造の見直しと経済成長を支える税制への転換」『租税研究』第778号，2014年，180-181頁。

ロンドン市街：石造りの美しい建造物が並ぶ。
14世紀頃（ゴシック時代）に英国の高度な石造技術が達成された。
チューダー様式，エリザベス様式等，時代ごとの建造物が今もなお各地に残る。

第5章　産業促進税制としての
減価償却制度

第1節　英国における減価償却制度の沿革

　近代所得税法の母国である英国では，所得税法における課税所得を計算する
際，資本的性質を有する支出(expenditure of a capital expenditure)の控除や固定
資産の減価償却(depreciation on fixed asset)は一切認められなかった[1]。

　現在，英国では，減価償却費に代わるものとしてキャピタル・アローワンス
(capital allowance)という「所得控除」(deduction from income)が認められる[2]。
固定資産の投資に対する所得控除(以下，英国の減価償却を総称してキャピタル・ア
ローワンス称す)は，「1878年関税・内国税収法」(Customs and Inland Revenue
Act 1878：以下，CIRA 1878)において初めて考案された。具体的には，事業目的
のために使用される機械または設備に関して，使用および摩耗(wear and tear)
による減価を合理的に証明できる場合には，取得資産の帳簿価額から当該減価
分の控除が認められることとなった[3]。CIRA 1878によれば，英国最初の減価
償却概念は固定資産の「経済的減価償却」(economic depreciation)を基礎として
いるように捉えることができる。しかし，当時の世界情勢はドイツやアメリカ
等の後発工業国による経済的追い上げが目覚ましいものであったことから，減
価償却制度の根拠として国内産業の更なる活性化という政策的側面が大いに
あったように思われる[4]。

　そもそも，石造りの建造物が数世紀にわたり多く残される英国では，建物等
の固定資産が減価するという概念が皆無に等しく，減価償却の正当性が否定さ
れている[5]。そのため，減価償却概念が初めて議論されてから130年以上経過
した現在においても，「政策的に特別な場合」を除いて固定資産の減価償却は

認められない。この「政策的に特別な場合」という観点からキャピタル・アローワンスが実際に条文化されたのは，第2次世界大戦後の1945年のことである。すなわち，「1945年所得税法」（Income Tax Act 1945：以下，ITA 1945）において，第二次大戦後の経済復興策として初年度償却（initial allowance）制度が導入された[6]。初年度償却制度では，工業用建物・構築物，設備・機械，鉱泉・油井，農業用土地・建物，研究開発費，浚渫，特許権に関する資本的支出（capital expenditure）に対する償却が認められ，このうち，特許権を除く資産に関する規定は修正が重ねられた結果，「1968年キャピタル・アローワンス法」（Capital Allowances Act 1968：以下，CAA 1968）として統合されている[7]。

　特定資産の即時償却または加速償却を可能にするキャピタル・アローワンスは企業の設備投資を喚起する機能を有し，英国の景気対策上，投資促進手段として重要な役割を果たしてきた。戦後，国家政策の柱として掲げられた完全雇用の達成には，年次償却（annual allowance）という企業助成政策が上手く機能したことで，雇用の創出に繋がったように思われる[8]。当初，単なる民間投資刺激政策として利用されていた英国の減価償却政策は，戦後の復興期を経て，英国・英連邦諸国の経済状況が変化するに伴い，次第に景気安定政策としての役割も期待されるようになった。すなわち，物価上昇時には，インフレの影響を減殺するために初年度償却の償却率が引き上げられ，国内需要の拡大時には，有効需要に対して収縮的な措置を施すため，初年度償却は一端停止されている[9]。

　その後も経済情勢に応じて償却率，償却対象の改廃が弾力的に行われている。とりわけ，「1971年財政法」（Finance Act 1971：以下，FA 1971）および「1984年財政法」（Finance Act 1984：以下，FA 1984）は，設備・機械の償却制度に関する重要な改正である。FA 1971の規定は，1970年10月28日後に生じた支出に対して適用され，この「1970年制度」（1970 system）を境に，それ以前の制度を「旧制度」（old system）と称される[10]。「1970年制度」に修正を重ね，制定されたのが「1990年キャピタル・アローワンス法」（Capital Allowances Act 1990）であり，現行法は「2001年キャピタル・アローワンス法」（Capital Allowances Act 2001：

以下，CAA 2001)として再訂されている[11]。

　1984年の税制改正は，1973年のEC加盟が大きく反映された改正である。すなわち，サッチャー(M. Thatcher)政権において行われたEC加盟により付加価値税(value added tax)が導入されると，それを契機として財政安定化が進み，法人税率が52％から35％へと大幅に引き下げられた。それに伴い，課税ベースの拡大を図るため，1986年を目途とする100％初年度償却(first year allowance)の逓減が講じられている。その結果，設備・機械に対する初年度償却は100％の償却率から1984年には75％となり，1985年には50％まで低減され，最終的には1986年に廃止に至った。同様に，建物に対する初期償却も1981年時点で75％の償却率から25％ずつ低減された後，1986年には廃止されている[12]。

　1997年に発足したブレア(T. Blair)政権下では，再び初年度償却が導入され，小・中規模事業者(small or medium sized business)に限り50％初年度償却が容認されたものの，翌年には40％の償却率へと引き下げられた。後の財政法(Finance Act)において，時限立法が設けられ，小規模事業者に対してのみ50％初年度償却が再度認められた[13]。

　ブラウン(G. Brown)政権における2008年の税制改正では，法人税の法定税率が30％から28％に引き下げられた。これに伴い，現在のキャピタル・アローワンス制度も全体として縮減の傾向にある。設備・機械全般に対する減価償却率が25％から20％に改正され，後述される建物用減価償却および40％初年度償却の廃止，さらには年次投資償却(annual investment allowance)限度額の引下げも予定されている[14]。

　1945年に導入されて間もなく，「可変的」な初年度償却が提案されているように，英国税法における減価償却制度は，政権交代・経済政策の方向性に応じて変更される政策的要素の強い制度である[15]。本章では，英国における減価償却制度の沿革および現行制度の仕組みを検討し，わが国の制度との比較を行うことで，政策的観点から，わが国の減価償却制度の精緻化に向けた提言を試みる。

第2節　設備・機械に関する減価償却

第1款　設備・機械に関する減価償却の特徴

英国では，会計と税務の分離主義が採られており，会計上の減価償却費は一旦否認され，税法独自の手法で減価償却費が算出される。したがって，確定決算主義を採用するわが国のように，償却超過額の加算手続きは行われない。CT 600という申告書の控除項目において，課税所得から税務上の償却費全額が控除される[16]。

設備・機械には定率法が適用され，下記の適格支出(qualifying expenditure)が減価償却の対象となる[17]。

① 　建物断熱材に関する支出

② 　運動場の安全規則に基づき生じた支出

③ 　防犯・安全装置のために必要な支出

④ 　コンピューター・ソフトウェアに対する支出額

⑤ 　設備・機械の設置のために要する建物修繕費および付随費用

ただし，②については，2013年4月6日以降に生じた運動場の安全規制に基づく支出は，適用されない。

また，原則として，建物・構築物に対する費用は，設備・機械費用に含まれないが，表5-1に示されるように，建物の一部であっても特定の資産に限り，例外的に設備・機械の範疇として減価償却が認められる(CAA 2001, Sec. 23(2))。

表5-1　普通償却の対象となる設備・機械

設備・機械の具体例
工業用建物に備え付けられた火力断熱材
運動競技場の指定安全装置
運動競技場の規定安全スタンド
その他の運動競技場の安全装置
個人用防犯装置
2008年4月1日以後に生じたソフトウェ・ソフトウェア所有権とそれに関する付属品

適格事業活動の特定要件を満たすガス・下水設備，適格事業活動のために使用される機械・設備に役立つガス・下水設備

2008年4月1日前支出で，電気装置（照明装置を含む）および適格事業活動の特定要件を満たす冷水装置

2008年4月1日前支出で，換気扇や冷房装置あるいは空気清浄器，こうした設備を備えた床・内装等の暖房・温水装置

製造または加工装置，保管（冷暗装置を含む）：展示設備，カウンター，機械点検等，これらに類する設備

調理器具，洗浄機，食洗機，冷蔵庫，洗面器，流し台，浴槽，シャワー，サニタリー製品，家具および備付け家具

2008年4月1日前支出で，昇降機，エレベーター，エスカレーター，動く歩道

適格事業における特定要件を満たす防音装置

コンピューター，電気通信，監視システム（これらの電気配線，連絡線を含む）

冷凍・冷却装置

火災報知器：スプリンクラーやその他の火災・鎮火装置

侵入者警報装置

銀行の金庫や公共建物の安全装置

適格事業を行うための可動式間仕切り

大衆向けのホテル，レストラン，これらに類する事業の娯楽のための装飾用資産

看板，展示物，これらに類する広告用看板

プール（飛び込み台，滑り台，これらの取り付けられた構築物を含む）

植物を育てるための必要な環境を自動的に提供する総合設備を構成する温室設備

地下倉庫

休暇中に賃貸するためのキャラバン

屋内で航空機エンジンの起動を点検する場合の建物

適格事業を遂行するための移動式仮設建物

機械・設備の設置だけを目的とした土地の改良費

陸上の埠頭

機械・設備の運搬を主目的に建設された桟橋やこれに類する構築物

公共の運営を主目的とする輸送管，通気管，トンネル等

灯台

水道処理工事用貯水池，住宅地域，その他特定の地域に水の供給用貯水池

一時的保管のためのサイロ，貯蔵用タンク

採掘場や牧草山

魚用タンクまたは魚用貯水池

電車や市街電車のためのレール，枕木，砂利の設置

娯楽施設や展示場における乗り物の設置するための構築物，資産

動物園の固定檻

出所：Juliana Watterston, *Corporation Tax 2009/10*, Bloomsbury Professional, 2009, pp. 140-143参照。

しかし，税法上，設備・機械の定義は設けられていないため，償却対象の設備・機械に該当するか否かは判例法(Case Law)に基づいて判断されるのが一般的である。なお，設備に関する定義が最初に明示された判例は，1887年のヤーマウス対フランス事案(Yarmouth vs France)である。この判例は，「1880年雇用者責任法」(Employer's Liability Act 1880)に基づいて議論されており，設備とは，「事業者が事業を継続して行うに当たり，使用する器具全般であり，売買取引において棚卸資産となるものではないが，すべての人的財産，固定資産または動産，使用中または使用済資産である[18]」と判示されている。つまり，事業を継続するために必要な資産が設備に該当する。表5-2に示されるように，ヤーマウス対フランス事案の他にも，償却対象設備・機械の判断を巡る裁判が多数存在している[19]。

表5-2　判例法に基づく設備・機械

年　号	事　　　案	対　象　資　産
設備・機械として認定されたもの		
1969年	CIR対バークレークール	船舶の修理および管理用埠頭
1975年	スコフィールド対R&Hホール社	穀物用倉庫
1977年	ムンバイ対フューーロング	弁護士の使用する六法
1982年	IRC対スコティッシュ・ニューキャッスルブレウェリーズ社	ホテルの照明，記念品，壁掛けの絵
設備・機械として認定されなかったもの		
1974年	セントジョンズスクール対ワード	仮設式学校用建物
1979年	ベンソン対ヤードアームクラブ社	レストランとして使用する停泊船
1979年	ハンプトン対フォーテスオートグリル社	電気配線を隠すための改装天井
1988年	ウィンペイインターナショナル社対ワーランド	レストランの雰囲気演出のための改装天井，舞台下，踊場，装飾された場所，壁タイル

出所：Alan Melville, *Taxation Finance Act 2013 Nineteenth edition*, Prentice Hall, 2014, p.151を参考に筆者作成。

　一連の判決において共通するのは，償却対象資産の検討が事業に対する積極的要素(active function)を基準に行われていることである。この積極的要素という文言には，当該資産を欠くことで，事業が成立しないといった意味が内包されているように思われる。

　このように，設備・機械に該当するか否かの判断は事業との関連性を重要な軸として極めて柔軟に行われている[20]。その一方で，同じ資産を有する事業者の状況に応じて取扱いが大きく異なるため，予測可能性を欠く危険性がある。

　租税法律主義のもとでは，法的安定性や予測可能性の確保は不可欠な要素であるが，取引の多様化に伴って，税法関連規定の一般化・抽象化を防ぐことは困難であり，規定の意義を巡る疑義や見解の相違が多発している問題は否めない[21]。そのため，法律上の設備・機械をある程度の規範としつつも，個々の取引事例に応じて，償却対象資産の識別に幅を持たせている判例法に基づく手法は評価できよう。

第2款　普通償却の特徴と計算方法

　英国税法における普通償却(writing down allowance)は，一般的な設備・機械に対して適用される減価償却方法である。普通償却の対象資産は，「一般税率区分資産」(main pool)あるいは「特定税率区分資産」(special rate pool)のどちらに該当するかによって適用償却率が異なる[22]。償却率は，2012年4月6日以後のものであり，それ以前は，「一般税率区分資産」20％，「特定税率区分資産」に10％の償却率が適用されていた[23]。表5-3には，区分資産の具体例が示されている。

表5-3　税率区分別適用対象資産

一般税率区分資産（償却率18%）	特定税率区分資産（償却率8%）
① 車両 ② 機械・設備全般 ③ 自動車 　・排ガス130g/1km以下のもの 　・2013年4月6日前取得の場合は，160g/1km以下のもの 　・2009年4月6日前取得で12,000ポンド以下のもの	① CAA 2001に限定列挙されている資産 ② 建物断熱材や太陽光熱材 ③ 耐用年数25年以上の資産で当該資産に企業が年間100,000ポンド以上支出する場合 ④ 自動車 　・排ガス130g/1km超のもの 　・2013年4月6日前取得の場合は，160g/1km超のもの

出所：Alan Melville, *Taxation Finance Act 2013 Nineteenth edition*, Prentice Hall, 2014, p.152-153を参考に筆者作成。

　工場の機械や事務所施設等の設備・機械全般に加え，軽トラック，オートバイ，トラック等の車両は「一般税率区分資産」として区分される。自動車に関しては，原則1km当たりの排ガスが130g以下（2013年4月6日前に取得した場合には160g以下）のものおよび2009年4月6日前に取得した自動車のうち12,000ポンド以下のものに18%の償却率が適用される。

　一方，「特定税率区分資産」には8%の償却率が適用され，下記の4項目に該当する場合に「特定税率区分資産」として取り扱われる。

① 自動車で1km当たりの排ガスが130g超（2013年4月6日前に取得した場合には160g以下）のもの

② CAA 2001に列挙されている資産（電気・水道設備，冷暖房設備，エレベーター，エスカレーター，動く歩道，外接の日よけ）

③ 建物断熱材や太陽光熱材

④ 耐用年数が25年以上の資産（年額100,000ポンド以上の支出に限定）

以下では普通償却の計算手続きを概説する。

　たとえば，毎年7月31日を決算日とする事業者が2009年8月1日に事業を開始し，表5-4のような取引を行った場合を想定する。この場合の2010年・2011年決算日における減価償却費は次のように計算される[24]。

表5-4　自動車の売買取引

取引内容	日　付	取　引　資　産	価　額
取　　得	2013年4月8日	a自動車（排ガス1kmあたり130g）	8,600ポンド
取　　得	2013年10月27日	b自動車（排ガス1kmあたり120g）	10,400ポンド
売　　却	2014年7月31日	a自動車	6,400ポンド
取　　得	2014年7月31日	c自動車（排ガス1kmあたり145g）	14,200ポンド

出所：Alan Melville, *Taxation Finance Act 2013 Nineteenth edition*, Prentice Hall, 2014,
　　　p.154を参考に筆者作成。

　まず，a自動車およびb自動車はともに一般税率区分資産であるため，一般
税率区分投入額19,000(＝8,600＋10,400)ポンドに18%の償却率を乗じた3,420
(＝19,000×18%)ポンドが2014年4月5日における減価償却額となる。

　次に2015年決算日における減価償却額を計算する。一般税率区分投入額の未
償却残高15,580(＝19,000－3,420)ポンドのうちb自動車を6,400ポンドで売却
しているため，残額の9,180(＝15,580－6,400)ポンドに18%を乗じた1,652
(＝9,180×18%)ポンドが一般税率区分資産償却額となる。c自動車は特定税
率区分資産に該当するため，特定税率区分資産の償却額1,136(＝14,200×8%)
が計上され，合計2,768(＝1,652＋1,136)の減価償却額が算出される。

　このように，設備・機械の普通償却制度は減価償却額を個別資産ごとではな
く，一般区分または特定区分への投入金額ごとに把握する特徴を有している。
また，b自動車のように期中取得された場合でも，わが国のように月数按分に
よる減価償却額の算出を行わないため，新規取得資産に対する支出額は当該資
産の取得日に関係なく，全額がその事業年度における減価償却の対象として認
められる。一連の計算手順を図式化したものが表5-5である。上述の取引例に
おけるa自動車のように，期中に区分資産を売却した場合，その売却価額は該
当区分の未償却残高から控除されるが，その際の売却処分価額は，①公開市場
で売却された場合には売却価額，②市場価額よりも低い価額で売却・処分され
た場合，売却・処分日における市場価額，③廃棄または破壊された場合には，
廃棄価額または賠償金受取額となる。

表5-5　普通償却費の資産区分別計算方法

（単位：ポンド）

	一般税率区分資産	特定税率区分資産	減価償却額
2014年4月5日			
区分残高（8,600＋10,400）	19,000	－	－
減価償却額（18%）	3,420	－	3,420
未償却残高	15,580		
減価償却額合計			3,420
2015年4月5日			
期首区分残高	15,580		
新規取得資産		14,200	
売却処分資産	△6,400		
期末区分残高	9,180	14,200	
減価償却額（18%）	1,652		1,652
（8%）		1,136	1,136
未償却残高	7,528	13,064	
減価償却額合計			2,788

出所：Alan Melville, *Taxation Finance Act 2013 Sixteenth edition*, Prentice Hall, 2014, p. 154
　　一部修正。

　英国では，設備・機械を売却処分した場合，残額控除(balancing allowance)あるいは残額加算(balancing charge)という特殊な手法が採用される[25]。売却処分価額が当該資産の取得価額を超える場合には，取得価額が区分資産残高から控除され，売却処分益はキャピタルゲイン課税の対象となる[26]。また，売却処分価額が当該価額控除前の区分残高(未償却残高)を超える場合には，当該区分資産の減価償却額はゼロとなり，区分残高超過額と同額の残額加算が生じる。残額加算は「負の減価償却」(negative capital allowance)として（事業）所得に加算され，結果として課税所得を増額する。減価償却は未償却残高から売却処分価額控除後の金額を基礎に行われるため，ある区分資産を売却処分したことにより，区分残高がマイナスとなる場合には，そのマイナス金額は益金として加算

される。

したがって，ある課税年度末の区分残高が3,200ポンドである設備・機械を4,020ポンドで売却した場合，区分残高超過額の820(＝4,020－3,200)ポンドは残額加算として，益金に算入される[27]。

なお，売却処分価額は，減価償却対象金額の計算過程において，最終段階で区分残高から控除されるので，事業者は，年次投資償却や初年度控除を選択しないことにより，負の減価償却を回避あるいは極力少額に抑えることが可能となる。

第3款　年次投資償却の特徴と計算方法

年次投資償却は，自動車以外の一般設備・機械に対する支出額のうち毎年最初の25,000(2012年4月6日前は100,000)ポンドの即時償却を可能とする手法であり，小規模事業者(smaller businesses)に対する簡便措置として2008年に導入された[28]。なお，年次投資償却の限度額は，2010年4月6日以後，50,000ポンドから100,000ポンドに引き上げられ，2012年4月6日以後は25,000ポンドへと引き下げられた。なお，時限措置として，2013年の1月1日から2014年の12月31日の2年間は，控除限度額が10倍に増額され，250,000ポンドの年次投資償却が認められている[29]。この年次投資償却額の引上げは，2011年に公表された「成長戦略」(The Plan for Growth)の一環として取り組まれたものである。

この年次投資償却を利用する事業者は権利付与される年次投資償却全額を請求する必要はなく，自由裁量により支出項目間に年次投資償却額を配分することができる。そのため，大多数の事業者は普通償却の減価償却率が低い「特定税率区分資産」へ優先的に年次投資償却額を配分する[30]。

たとえば，ある課税期間(12ヵ月間)の設備・機械に対して，支出した金額のうち，20,000ポンドが「一般税率区分資産」に対する支出額であり，10,000ポンドが「特定税率区分資産」に対する支出額である場合を想定する。

普通償却を行う際の「特定税率区分資産」は8％の償却率であるのに対し，「一般税率区分資産」の場合は18％の償却率が適用される。そのため，表5-6

に示されるように，当該課税期間の年次投資償却を最大限に利用するためには，「一般税率区分資産」の区分残高が大きくなるように「特定税率区分資産」へ優先的に年次投資償却額を配分する。

表5-6　年次投資償却の配分と普通償却の適用

(単位：ポンド)

	一般税率区分資産	特定税率区分資産	合計金額
当期投入金額	20,000	10,000	30,000
年次投資償却利用額	15,000	10,000	25,000
区分残高	5,000	0	10,000
普通償却率	18%	8%	―
減価償却額	900	0	900
未償却残高	4,100	0	4,100

　つまり，「特定税率区分資産」と相殺するために10,000ポンドを「特定税率区分資産」へ配分し，残りの15,000ポンドを「一般税率区分資産」へ配分する。これにより，25,000(＝10,000＋15,000)ポンドが年次投資償却として即時償却され，一般税率区分残高の5,000(＝20,000－15,000)ポンドに対しては「一般税率区分資産」の償却率18%が適用されるため，結果として当該課税期間の控除額が最大となる。

　なお，個人事業者の場合は課税期間を12ヵ月に制限されないため，25,000ポンドの年次投資償却限度額は12ヵ月以上または未満の課税期間に応じて増減される。したがって，課税期間が15ヵ月である場合には，25,000ポンドに15/12を乗じた31,250ポンドが年次投資償却限度額となる。設備・機械に対する支出であっても年次投資償却を要請しない場合や償却対象支出額が年次投資償却限度額を超える場合，その超過額は適切な資産分類に区分され，普通償却あるいは初年度償却が適用される。

　ここで，年次投資償却限度額が課税期間に応じて増加する場合の具体例を示しておく[31]。

　2012年7月1日に事業を開始し，毎年3月31日を決算日とする個人事業者A
が2013年3月末までに，設備6,000ポンド，自動車(1kmあたりの排ガス142g)
8,400ポンド，機械13,000ポンドを取得したと仮定した場合，2013年決算日に
おける減価償却額は，表5-7のように算出される。

　まず，年次投資償却に関して，償却限度額は9ヵ月(2012年7月1日から2013
年3月31日)の課税期間のうち，2013年1月1日前の課税期間では25,000ポンド
であり，1月1日以後の課税期間では250,000ポンドとされるため，75,000(＝
25,000×6/12＋250,000×3/12)ポンドとなる。年次投資償却の適用対象外と
なる自動車を除いた設備・機械に対する全支出額19,000(＝6,000＋13,000)ポ
ンドの即時償却が可能となる。

　次に，自動車に対して普通償却または初年度償却を検討する。1kmあたり
142gの排ガス車は普通償却の一般区分資産に該当するため，18％の償却率が
適用される。したがって，1,134(＝8,400×18％×9/12)ポンドの普通償却額
が算出され，年次投資償却額と合わせた20,134(＝19,000＋1,134)ポンドの償
却が可能となる。

　わが国においても，事務手続煩雑さを解消するべく，少額資産の損金算入制
度が設けられており，取得価額が100,000円未満の資産は一時に損金算入が認
められる。また，取得価額が300,000円未満の事業用資産に対して，年間
3,000,000円までの損金算入が認められる中小企業者等の特例が設けられてい
る。しかし，年次投資償却の場合，設備・機械の支出額に対し，毎年25,000
(≒3,700,000円)ポンド，2013年から2年間に限っては，250,000(≒
37,000,000円)ポンドを上限に即時償却が可能となるため，投資促進措置とし
て遥かに有効性を帯びているように思われる[32]。表5-7は，一連の計算手順を
まとめたものである。

表5-7　課税期間に応じた年次投資償却限度額の増加と普通償却の適用

（単位：ポンド）

事　　　項	年次投資償却	一般税率区分資産	減価償却額
当期投入金額		8,400	
減価償却額（×18%×9/12）		1,134	1,134
年次投資償却対象金額	19,000	−	
年次投資償却限度額	75,000	−	
年次投資償却額	19,000	−	19,000
未償却残高		7,266	
減価償却合計額			20,134

出所：Alan Melville, *Taxation Finance Act 2013 Nineteenth edition*, Prentice Hall, 2014, p.158一部修正。

第4款　初年度償却の特徴と計算方法

　初年度償却は，対象資産が取得された期間に償却額を増加させることによって，償却対象設備・機械への投資促進を図る目的で導入された。2008年4月に年次投資償却が導入されるに伴い，初年度償却は一端廃止されたが，「2009年財政法」（Finance Act 2009）において再導入されている[33]。初年度償却は，わが国における特別償却に相当し，取得課税期間における適用対象資産に対する100％の即時償却を可能にする。

　現在，初年度償却を利用する場合には，100％の償却率のみ設定されている[34]。一方，100％初年度償却に関しては，償却対象資産が限定列挙されており，下記のような環境保全目的の設備・機械に対して適用が可能である[35]。

① 2013年3月31日以前に生じた1km当たりの排ガス110g以下の自動車に係る支出

② 2013年3月31日以前に生じた天然ガス，バイオガス，水素燃料を燃料とする乗物を使用する設備・機械に対する支出

③ 省エネや水利用効率の高い設備・機械

さらに，新規取得の非排ガス貨物用車両に係る支出に対しても初年度償却の

導入が予定されている。初年度償却は2010年から2015年までの課税年度におい
て生じた支出に対して有効となる。

　初年度償却を行う場合も年次投資償却と同様に，支出額全額に対する初年度
償却を行う必要はない。そのため，初年度償却を適用しない場合には，「一般
税率区分資産」あるいは「特定税率区分資産」のうち，適正な資産区分に判別
され，普通償却の対象となる。

　たとえば，毎年12月31日を決算日とし，2012年12月31日における「一般税率
区分資産」の設備・機械未償却残高116,250ポンドを有する事業者Bが2013年
1月1日に開始する課税期間において，表5-8のような取引を行った場合，減
価償却最高額は，表5-9のように計算される[36)]。

表5-8　設備・自動車の売買例

取引内容	日　付	取　引　資　産	価　　額
取　　得	1月3日	a設備（特定税率区分資産）	225,800ポンド
取　　得	5月5日	x自動車（排ガス1kmあたり90g）	12,700ポンド
取　　得	7月17日	b設備（一般税率区分資産）	76,950ポンド
売　　却	8月25日	c設備（2012年度に11,000ポンドで購入）	12,500ポンド
取　　得	10月31日	y自動車（排ガス1kmあたり133g）	14,000ポンド

　はじめに，250,000ポンドの年次投資償却限度額を適用対象資産であるa設
備・b設備の302,750（＝225,800＋79,950）ポンドに配分する。その際，a設備
に対して優先的に配分される。a設備は，特定税率区分資産に該当するため，
年次投資償却後の残額に適用される償却率が8％であり，減価償却額を最大に
するには，償却率の高いb設備の未償却残高を多くすればよい。

表5-9　年次投資償却・初年度償却を適用する場合の各種償却額の算出方法

(単位：ポンド)

	年次投資償却 初年度償却	一般税率 区分資産	特定税率 区分資産	減価償却費
期首未償却残高		116,250		
当期投入金額		52,750	14,000	
売却処分額		△　11,000		
当期区分残高		158,000	14,000	
償却費（×18％）		28,440		28,440
償却費（×8％）			1,120	1,120
未償却残高		129,560	12,880	
年次投資償却対象資産	302,750			
年次投資償却限度額	250,000			
年次投資償却額	250,000			250,000
年次償却後残高 （一般税率区分資産加 算金額）	52,750 52,750			
100％初年度償却額	12,700			12,700
未償却残高	12,700	129,560	12,880	
減価償却合計額				192,260

出所：Alan Melville, *Taxation Finance Act 2013 Nineteenth edition*, Prentice Hall, 2014, pp. 159-160一部修正。

　したがって，a設備と相殺後の年次投資償却残高24,000（＝225,800－250,000）ポンドをb設備取得価額から控除し，未償却残高52,750（＝76,950－24,200）ポンドが前年の一般税率区分設備・機械の未償却残高116,250ポンドに加算さる。売却処分されたc設備の所得価額11,000ポンドを控除した158,000（＝116,250＋52,750－11,000）ポンドが一般税率区分資産における普通償却の対象となる。

　次に，初年度償却額が算出される。1kmあたりの排ガスが110g以下であるx自動車は100％初年度償却が認められるため，12,700（＝12,700×100％）ポ

ンドの初年度償却額が算出される。

　最後に，普通償却額が検討される。一般税率区分資産償却額28,440（＝158,000×18％）ポンドおよび特定税率区分資産に該当するy自動車の普通償却額1,120（＝14,000×8％）を合算した29,560ポンドが普通償却額となり，減価償却額の総額は292,260（＝250,000＋12,700＋29,560）ポンドとなる。上記設例に関する各償却額の計算手順は，表5-9に示されるとおりである。

第5款　短期性資産の非区分措置

　原則的に年次投資償却や初年度償却を適用しない場合，当該資産の未償却価額は一般区分資産または特定区分資産に加算され，普通償却の対象となる。しかし，技術系の資産のように，継続的に取り替えられる短期性資産(short-life assets)に関しては，普通償却の資産区分に加算せず，個別に償却を行うことが認められる。「短期性資産」とは，取得事業年度末日から8年以内に売却処分される資産，すなわち，耐用年数が9年以下の資産である[37]。短期性資産の取扱いを受ける場合には，当該資産に係る支出が生じた課税期間末日から2年以内に届け出を行わなければならない(CAA 2001, Sec.83(b))。

　耐用年数期間内に短期性資産の売却処分を行い，その売却処分価額が未償却価額を超過する場合には，超過相当額が益金に加算され，売却処分価額が未償却価額よりも低い場合には，その下回った金額分が残額控除として減価償却される[38]。

　確定決算主義を採用するわが国において，減価償却の目的は，あくまで適正な費用配分であり，適正な損益計算を行う企業会計の減価償却概念に準拠している。そのため，詳細な耐用年数にわたって資産の給付能力減少額が原価配分される一方，特別償却としての減価償却は臨時的な措置として，租税特別措置法や時限付特例法に基づき実施される。

　これに対して，会計と税務の分離主義を採用し，税法独自の手法で減価償却費を算定する英国では，年次投資控除，初年度償却等の政策的即時償却制度を一般法の中で規定するとともに，設備投資の早期回収という観点から即時償却

117

を一般化している。

第3節　建物に関する減価償却

第1款　建物に関する減価償却資産の範囲

　前述のとおり，英国では建物全般が石造りであり，建物は半永久的に使用可能であるという概念が根強く残っている[39]。そのため，労働者雇用の創出や産業活性化等の政策的観点から特定の建物に限り償却が認められている。

　償却対象建物には，工業用建物および例外的に工業用建物として取り扱われる特定のホテル（以下，適格ホテル(qualifying hotel)），さらに特定事業区域(enterprise zone)の建物が該当し，定額法により償却される[40]。本章では，適格ホテル・特定事業区域の建物を工業用建物に対し「商業用建物」として呼称・分類する。なお，建物用減価償却の計算手順は商業用建物と工業用建物の区別なく，同様の手法が採られるため，工業用建物償却において概説する。

第2款　商業用建物償却の特徴と計算方法

　商業用建物の減価償却は，「1978年財政法」(Finance Act 1978)により導入され，工業用建物と同様に，初年度償却および普通償却が併用されていた。表10に示されるように，適格ホテルに対しては，導入当初の20％初年度償却に加え，4％の普通償却が認められていたが，初年度償却制度は廃止されているため，現在，適格ホテルに対しては普通償却のみが適用される[41]。

　適格ホテルの償却対象は産業促進事業区域における建物用減価償却に比べ，より詳細に規定されており，次の3つの要件を満たすことを条件とされている[42]。すなわち，①一般大衆の利用可能な賃貸部屋を10部屋以上有し，一定の客に1ヵ月以上占有されないこと，②朝食や夕食などの食事や清掃等のサービス提供があること，③4月から10月の間に最低4ヵ月間は利用可能であること等を条件に償却が適用可能となる。このように，適格ホテルの事業性が認められるためには，ある程度の人的役務が提供され，一定の客に長期占有を許すよ

うな不動産所得との区別が明示されなければならない。

表5-10は，商業用建物に対する初期償却率・普通償却率の変遷をまとめたものである。

表5-10　商業用建物償却率の変遷

支出発生年度	初期償却率	普通償却率
1978年4月11日以後	20%	4%
1986年4月1日以後	0%	4%
1992年11月1日以後	20%	4%
1993年11月1日以後	0%	4%
2008年4月6日以後	0%	3%
2009年4月6日以後	0%	2%
2010年4月6日以後	0%	1%
2011年4月6日以後	0%	0%

出所：Gina Antczak and Kevin Walton, *Tolley's Corporation Tax 2006-2007*, Lexis Nexis Butterworths, 2006, pp.136 and 144参考・修正。

　産業促進指定地域における建物減価償却(enterprise zone allowance：以下，産業促進指定地域建物減価償却という)は，その名称どおり産業促進指定地域における商業用の建物に対して100%の初年度償却および25%の普通償却を認める制度であり，サッチャー政権下における「1980年地方行政・計画および土地法」(Local Government, Planning and Land Act)の制定に伴って導入された[43]。同法は，産業促進指定地域内の活性化・公共投資の集中による英国の都市再生を目的として制定され，1981年から1993年までの13年間で約31の地域が産業促進指定地域に認定されている。

　具体的には，産業促進指定地域内で建物を取得した場合，当該建物取得価額は取得した課税期間に全額損金算入することが認められた。全額を損金算入しない場合には，帳簿価額を普通償却の対象として，25%の償却が認められる。なお，産業促進指定地域建物減価償却は当該建物の使用を開始した日の価額に基づいて計算される[44]。

第3款　工業用建物償却の特徴と計算方法

　工業用建物減価償却の導入は，ITA 1945において工業用建物に対する初年度償却が認められたのを起源とする。導入当初の償却率は10％とされ，2％(1962年11月6日以降は4％)の普通償却と併用されてきた。表5-11に示されるように，初年度償却の償却率は，経済情勢に応じて最小5％から最大75％までの間で弾力的に改変され，1986年には廃止されている[45]。

　初年度償却は，事業開始年度に付与されるため，事業開始前に取得または構築した工業用建物に係る支出は，取得または構築年度ではなく，事業開始年度に生じたものとして取り扱われる。たとえば，1991年に建物の建設を開始したが，事業開始日の1992年11月1日の時点で未完成であり，建設に要した支出状況が1991年2月28日：30,000ポンド，1991年9月30日：20,000ポンド，1992年4月30日：120,000ポンド，1992年6月30日：20,000ポンド，1992年11月30日：40,000ポンドの場合，初年度償却額は，次のように計算される。

　上記の支出状況によれば，1991年2月28日以後に生じたすべての金額が事業開始日後に生じた支出として初年度償却対象額となる。そのため，合計金額230,000(30,000＋20,000＋120,000＋20,000＋40,000)ポンドに25％(表5-11参照)を乗じた57,500(＝230,000×25％)ポンドが初年度償却額となる。さらに，当時は普通償却も併用されていたため，230,000ポンドに4％(表4-11参照)を乗じた9,200ポンドも合算し，66,700(＝57,500＋9,200)ポンドの建物減価償却が可能となる[46]。

　近年は4％の普通償却のみ適用されてきたが，この普通償却も2011年4月6日を以って廃止された。償却率は2008年度まで4％，2008年度から2009年度において3％，2009年度から2010年度において2％，2010年度から2011年度において1％が適用されている。

　工場関連施設には，①工場および原料・製品貯蔵用倉庫等の工場付随建物，②従業員食堂などの福利厚生を目的とする建物，③工場以外の事業に携わる従業員の福利厚生のために設けられたスポーツ観覧席などがある。建物の一部が工業用以外の目的で使用される場合は，工業用以外に用いられる部分が25％を

表5-11　工業用建物減価償却率の変遷

支出発生年度	初年度償却率	普通償却率
1944年4月6日以後	10%	0%
1946年4月6日以後	10%	2%
1952年4月6日以後	0%	2%
1953年4月15日以後	10%	2%
1954年4月7日以後	0%	2%
1956年2月18日以後	10%	2%
1958年4月15日以後	15%	2%
1959年4月8日以後	5%	2%
1962年11月6日以後	5%	4%
1966年1月17日以後	15%	4%
1970年4月6日以後	30%	4%
1972年3月22日以後	40%	4%
1974年11月13日以後	50%	4%
1981年5月11日以後	75%	4%
1984年3月14日以後	50%	4%
1985年4月1日以後	25%	4%
1986年4月1日以後	0%	4%
1992年11月1日以後	20%	4%
1993年11月1日以後	0%	4%
2008年4月6日以後	0%	3%
2009年4月6日以後	0%	2%
2010年4月6日以後	0%	1%
2011年4月6日以後	0%	0%

出所：Gina Antczak and Kevin Walton, *Tolley's Corporation Tax 2006-2007*, Lexis Nexis Butterworths, 2006, pp.136-137参考・修正。

超えないことを条件に当該建物全体に対する工業用建物減価償却が認められた。

　工業用建物減価償却は償却の対象となる建物に関する適格支出を基礎として

行われ，この適格支出は，償却対象建物の最初の使用者が支出する下記のような費用をいう[47]。

(a)　使用者が建物を建設した場合におけるその建設費用

(b)　建設業者から未使用の建物を購入した場合におけるその建物購入価額

(c)　建設業者以外の第三者から未使用の建物を購入した場合におけるその建物購入価額と建物建設費のうち，いずれか低い金額

上記のいずれの場合においても土地の価額は除外されるが，整地に係る費用や設計者に支払う報酬は建物取得価額に含めることができる。

たとえば，建設業を業としない事業者Aが建物pを建設するための敷地を100,000ポンドで購入し，建物pを建設した後，当該建物を土地代120,00ポンドを含め，1,000,000ポンドで事業者Bへ売却した場合を想定する。なお，建物pを建設する際の土地整備費，設計者報酬金額，建設費用がそれぞれ95,000ポンド，50,000ポンド，650,000ポンドずつ生じていると仮定する。

上記(a)によれば，事業者Aの建物適格支出は土地代100,000ポンドを除く795,000($= 95,000 + 50,000 + 650,000$)ポンドとなる。一方，事業者Bは上記(c)のケースに該当するため，建物pの取得価額1,000,000ポンドあるいは建物建設費795,000ポンドのうち，低い価額である795,000ポンドが適格支出となる。ただし，事業者Bが事業者Aではなく，建設業者から建物pを購入した場合には，建設業者に支払った金額全額が償却対象となるため，1,000,000ポンドが適格支出となる。

工業用建物減価償却は，当該償却を請求する課税期間末に使用する建物を対象に認められ，建物適格支出に償却率を乗じることにより算出される。工業用建物償却を請求できるのは，建物からの実質的利益(relevant interest)を享受する実質的所有者である。

したがって，建物の売却によって所有権が移転する場合には，減価償却請求権も新規取得者へと移ることになる。これに対し，建物が賃貸される場合には，実質的所有権は移転しないとの判断により，不動産業者ではなく地主に対して減価償却が付与される。ただし，地主・不動産業者が長期賃貸(賃貸期間が50年

超で売買処理扱いとなる賃貸）を選択する場合には，不動産業者に対して減価償却が付与される。工業用建物減価償却の償却費は定額法により算出され，課税期間が複数の課税年度に跨る場合，当該建物償却費は各課税年度ごとに日数按分される[48]。

　たとえば，2009年4月6日に事業を開始し，毎年12月31日を決算日とする事業者Cが2009年5月12日に工場を250,000ポンドで新規取得した場合，2009年決算日および2010年決算日までの工業用建物償却費は次のように算出される。

　まず，建物取得年度である2009年は事業開始日から決算日までが9ヵ月であるため，取得価額の250,000ポンドに償却率2％および9/12を乗じて7,500ポンドが算出される。

　次に，2010年度末における償却費であるが，2010年12月31日に決算日を迎える課税期間は2つの課税年度に跨っている。そのため，償却率が2％である2009年4月6日から2010年4月5日までの課税年度と償却率が1％である2010年4月6日から2011年4月5日までの課税年度のうち，課税期間と合致する日数で按分する必要がある。したがって，取得価額250,000ポンドに2％および95（2010年1月1日から2010年4月5日までの日数）/365を乗じた金額と取得価額250,000ポンドに1％および270（2010年4月6日から12月31日までの日数）/365を乗じた金額の合計額3,151ポンドが算出される。

　償却可能な建物の耐用年数は使用目的の如何にかかわらず，使用開始日から25年とされている。使用開始当初は非工業用建物として利用されていた建物が後に工業用建物として用いられる場合には，残存耐用年数に基づいて減価償却される。非工業用・工業用の両目的で使用される建物には，特徴的な手法である「名目上の償却」（notional allowance）が行われる。すなわち，非工業用建物は工業用建物として使用を開始されるまでの期間における減価償却が認められないが，その代替処理として「名目上の償却」が適用される[49]。

　たとえば，4月5日を決算日とする事業者Dは2006年7月1日に200,000ポンドで取得した建物を直ちに工業用建物として事業に供したが，2008年10月1日からは工業用に使用するのを一端停止し，2010年3月1日に再び工業用建物

として使用を開始した場合を想定する。このような場合における，2011年4月5日までの工業用建物減価償却費の計算は以下のとおりに行われる。

まず，2008年決算日までは償却率4％の減価償却が適用可能となるため，取得価額200,000に償却率4％を乗じた8,000ポンドの減価償却費が計上される。

次に，2009年決算日における償却費に関して，当該建物は2008年10月1日から2010年2月28日まで非工業用建物として使用されているため，減価償却が認められない。ただし，「名目上の償却」が認められることから工業用建物減価償却費と同額の名目上償却費が未償却残高から減額される。したがって，2008年決算日の未償却残高184,000（＝200,000－8,000×2年）から2009年度の名目上の減価償却費6,000（＝200,000×3％）ポンドを減額した178,000ポンドが2009年決算日時点の未償却残高となる。2010年・2011年の課税期間では再び工業用建物として使用されているため，各課税年度における償却率が適用され，2010年の減価償却費4,000（200,000×2％）ポンドと2011年の減価償却費2,000（＝200,000×1％）ポンドが計上される。なお，工業用建物減価償却は2011年4月6日以降には廃止されるため，当該建物の償却不能額として，172,000ポンドが残ることになる。

表5-12は一連の計算順序をまとめたものである。

工業用建物を25年の耐用年数期間内に売却する場合，建物の売手側は当該建物売却課税期間における減価償却が認められない。これに対し，買手側は当該建物の残存支出額（residue of expenditure）を残存耐用年数で除した金額に一定の比率を乗じて算出された金額を減価償却費とする[50]。

建物購入者に対する償却率は，2008年度以前の償却率100％から毎年25％ずつ低減され，2011年度以降は0％となる。工業用建物減価償却率と同様に，課税期間が複数の課税年度に跨る場合は各課税年度に重複する期間を日数按分し，適用償却率を用いて計算される[51]。

表5-12　工業用建物減価償却の計算方法

(単位：ポンド)

	建物帳簿価額	減価償却費
2008年4月5日		
取得価額	200,000	
減価償却費（4％×2年）	16,000	16,000
未償却残高	184,000	
2009年4月5日		
名目上減価償却費（3％）	6,000	なし
未償却残高	178,000	
2010年4月5日		
減価償却費（2％）	4,000	4,000
未償却残高	174,000	
2011年4月5日		
減価償却費（1％）	2,000	2,000
償却不能残高	172,000	

出所：Alan Melville, *Taxation Finance Act 2010 Sixteenth edition*, Prentice Hall, 2011, p.168 一部修正。

表5-13は建物購入者に対する償却率を示している。

表5-13　建物購入者に対する償却率

課　税　年　度	購入者用償却率
2008年度以前	100%
2008年－2009年	75%
2009年－2010年	50%
2010年－2011年	25%
2011年後	0%

出所：Alan Melville, *Taxation Finance Act 2010 Sixteenth edition*, Prentice Hall, 2011, p.168参考。

たとえば，12月31日を決算日とする事業者Eが2005年2月21日に建物150,000ポンドを購入し，ただちに事業の用に供していたが，2008年8月21日に当該建物を事業者Fへ売却したと仮定する。

　この場合，2007年12月31日までは毎年6,000（＝150,000×4％）ポンドの償却費が事業者Eによって計上され，売却時点の帳簿価額は132,000（150,000－6,000×3％）ポンドとなっている。建物売却課税期間において，売手側の減価償却は一切認められないため，2008年1月1日以降では買手側の事業者Fによって減価償却費が計上されることになる。買手側による建物減価償却の基礎価額は，残存支出額を残存耐用年数で除した6,140（＝132,000/21.5）ポンドとなる。2008年4月5日前後の中古建物償却率にはそれぞれ100％・75％が適用されるため，2008年の減価償却費は5,008（＝6,140×100％×96/366＋6,140×75％×270/366）ポンドとなる。同様に，2009年減価償却費3,470（＝6,140×75％×95/365＋6,140×50％×270/365）ポンド，2010年減価償却費3,470（＝6,140×50％×95/365＋6,140×25％×270/365）ポンドが計上される。

第4款　農業用建物償却の特徴と計算方法

　農業用建物償却は，農業用の建築物に関する支出額を対象に行われる。農業用建築物には，農主の家や農場建物，柵，排水機械等が含まれる。ただし，農主の家に対しては支出額の3分1のみの償却に留まり，土地の価額は除外される。農業用建物償却の計算構造・償却率としては，工業用建物償却と同様の計算手法・償却割合が採られているが，耐用年数の求め方に若干の相違がある。工業用建物償却の場合には事業に供した日から25年のカウントが開始されるが，農業用建物償却の場合には農業用建物償却の付与された課税期間の最初の日から耐用年数のカウントが開始される[52]。

　農業用建物を売却した場合，建物取得者が取得課税期間における取得日以降にかかる減価償却費の計上が可能となる。減価償却は，取得課税期間，購入価額ではなく，取得価額に基づいて行われる。したがって，たとえば，売手Gが50,000ポンドで取得した農業用建物をHが47,000ポンドで購入した場合におい

ても，Hは50,000ポンドを基礎として農業用建物償却を行う。

　このように，建物用減価償却の償却方法には一貫して「定額法」が用いられている。定額法の採用は，建物の陳腐化が設備・機械に比して激しいものではないという前提を顕著に示している。また，建物を期中取得した場合，日数按分を行い，厳密に償却費の計算がなされる点からも設備・機械より厳格な措置が採られていることが伺える。

第4節　英国における減価償却制度の特徴

　本章では，英国の減価償却制度のうち，設備・機械用減価償却および建物用減価償却に焦点を絞り検討を行った。これらの償却制度で際立つ特徴として，設備・機械減価償却では，①区分投入金額を基礎とする償却費の算出，②年次投資償却および初年度償却という即時償却制度，③特定の場合における残額調整が挙げられる。

　上記①に関して，設備・機械の減価償却は定率法により行われるが，償却の基礎となる金額は資産ごとではなく，資産区分に投入・累積された金額とされる。つまり，「一般税率区分資産」または「特定税率区分資産」に該当するか否かを検討された後，適正な資産区分に合算され，その合算金額に償却率を乗じた金額が減価償却額となる。この方法は同一区分の資産をグルーピングして計算する日本の総合償却と類似するように思われる。しかし，総合償却は複数資産の用途，細目または設備種類，耐用年数，償却方法が同一である場合にグルーピングが認められる簡便措置であるのに対し，英国の手法は定率法を前提に予め設けられている「一般税率区分資産」・「特定税率区分資産」という2つの受け皿に振り分け，累積した各区分合計金額に対してそれぞれに対応する償却率を用いるため，グルーピングの検討プロセスは厳密には異なっている。

　次に，②の即時償却に関して，年次投資償却は毎年25,000ポンド，日本円にして3,700,000円を限度に即時償却を可能にする。2013年度から2015年度の時限立法では，10倍の250,000（≒37,000,000円）ポンドの即時償却が認められて

いる。取得価額30万円未満の事業用資産に対し，年間3,000,000円を限度とする損金算入が認められる日本の中小企業者等の特例と比較した場合，金額規模からも相当な優遇措置が採られている。

　一方，初年度償却は時限立法として制定され，年次投資償却超過額および環境保全資産に対して，それぞれ40％および100％の償却が認められる。法人の場合には，100％初年度償却と初年度税額控除(first year credit)との選択適用が可能であり，初年度税額控除を採用する場合，省エネおよび環境保全設備・機械に関する適格支出の19％相当額の現金還付効果が期待される[53]。英国では，初年度償却により相殺する事業所得を有さない赤字法人が主として初年度税額控除を採用する傾向にある。一般的に，特別控除等の税額控除は算出税額から差し引かれる減税措置であるため，税額控除を行う際には，課税所得が発生しているとの前提がある。課税所得の存在しない赤字法人に対して，実際に現金還付措置が採られる初年度税額控除はわが国の特別控除制度と決定的に異なる制度である。

　③の残額調整は，設備・機械の売却処分時に問題となる。売却処分資産の未償却残高を基準として売却処分価額が未償却残高を上回る場合には，その超過額相当が加算され，売却処分価額が未償却残高を下回る場合には，その下回る金額が償却費に計上される。残額調整が問題となるのは区分資産の全部を売却処分する場合に限られ，区分資産の一部を売却処分する際には，残額調整が検討されることはない。こうした措置が施されるのは，個別資産における未償却残高の把握が困難であることに起因する。わが国では，総合償却資産の一部を除却した場合，当該資産の帳簿価額は未償却残高控除方式あるいは配賦簿価控除方式を用いて算定される(法人税法基本通達7-7-3，7-7-3の3)。英国では，このような煩雑な方式による帳簿価額の把握は行われない。

　さらに，建物用減価償却では，わが国とは異なり，建物に対する減価償却概念が無いという発想のもと，政策的な税務措置が採られてきた。それ故，償却基礎となる所得価額や償却額の算定方法には，設備・機械に比べ，厳格な規定が設けられている。建物を償却期間内に売却した場合，売却が行われたのが期

中であったとしても，売手は当該課税期間において償却額を一切計上すること
はできない。一方の買手にも，通常の減価償却額のうち，一定額を限度とする
償却額しか損金算入が許されない。最終的に，2011年4月6日をもって，建物
用減価償却は廃止に至っている。

　前述のとおり，2008年の税制改正により，法人税の法定税率が引き下げられ
たことに伴い，キャピタル・アローワンス制度も縮減の傾向にある。建物用減
価償却・臨時的初年度償却が廃止されたことに加え，年次投資償却限度額の引
下げも予定されている。

　しかし，こうした状況下でも，産業促進指定地域における即時償却は新規事
業投資促進策として再び推奨されている。2011年予算案(Budget 2011)では，新
たに21の地域を産業促進指定地域に選定し，当該地域における減税措置，規制
緩和，超高速ブロードバンドの導入が講じられている。具体的には，①事業区
域での設備・機械に対する償却を25年間にわたって増進すること，②所得税の
税額控除(tax relief)を20％から30％へ引き上げること，③産業促進指定地域に
事業移転を行う法人に対し，5年間で275,000ポンド（≒40,700,000円）の補助
金を提供することが検討されている[54]。

　このように，英国のキャピタル・アローワンス制度はその時々の経済実態に
即する形で改廃が繰り返されており，政策的側面の強い制度であるように思わ
れる[55]。年次投資償却や初年度償却等のキャピタル・アローワンスを有効に活
用すれば，償却対象資産の取得年度に取得価額の全額または大半を損金算入す
ることができる。その結果として，法人税の軽減が可能となるが，キャピタ
ル・アローワンスは，あくまでも投下資本額の範囲内で次年度以降の減価償却
費が前倒しで過大計上される費用先取法である。過去の過大償却による利益の
過小計上は「評価の両刃性効果」の働きによって，将来の利益過大計上をもた
らし，最終的に将来の法人・所得税を増加させるため，キャピタル・アローワ
ンスは単なる課税繰延措置にすぎない。しかしながら，企業はキャピタル・ア
ローワンスによって付与される課税猶予額を資金として運用することができる
ため，国家からの無利息融資を受けたのと同様の効果を享受することになる[56]。

未曽有の震災の影響により低迷の一途を辿る日本経済であるが，わが国においても経済復興政策として特別償却制度のさらなる充実化を図るとともに，今もなお，被災の爪痕の残る東北地方や豪雨により，甚大な被害がもたらされた西日本の一定区域を経済特区とする事業区域指定型の即時償却制度を導入する等，迅速な制度改革が講じられるべきである。

〔注〕

1) 　G. T. Webb, *Depreciation of Fixd Asset in Accountancy and Economics*, Australasia Pty Ltd, 1954, p. 93.
2) 　菊谷正人『企業実体維持会計論』同文舘出版，平成3年，324頁。
3) 　ButterWorths, *Simon's Taxes Third Edition*, Butter Worths, 1994, p. 205.
4) 　木畑洋一＝秋田　茂編『近代イギリスの歴史』ミネルヴァ書房，2011年，247頁。
5) 　菊谷正人『英国会計基準の研究』同文舘出版，昭和63年，49頁。
6) 　G. T. Webb, *op. cit.*, p. 93.
7) 　ButterWorths, *op. cit.*, p. 703.
8) 　1945年から1949年にかけての戦後復興期は1944年に公表された「雇用政策」(Employment Policy)白書に基づき，完全雇用の達成・維持，国際収支の均衡，インフレ抑制を主眼に置く政策が採られた。一連の戦後復興政策の中で，初年度償却は産業の復興・近代化に繋がる投資刺激策として導入された(高川清明「イギリスの減価償却政策に関する覚え書 − 1945年から1960年までの租税政策の一側面 − 」『明大商学論叢』第59巻第1・2号，昭和51年，145‐146頁)。
9) 　高川清明，同上稿，147‐149頁。
10) 　ButterWorths, *op. cit.*, p. 703.
　　「1970年制度」では，産業促進地域における商業用建物，ホテル，工場を含む工業用建物・構築物，機械・設備，採掘・油田，浚渫，農業用土地・建物，科学的研究，特許権，ノウハウ，墓地・火葬用土地に対するキャピタルアローワンスが認められた(Mavis Moullin, John Sargent, *A Guide to the Taxation of Companies*, McGraw-Hill Book Company Limited, 1982, p. 15)
11) 　Keith M Gordon and Ximena Montes-Manzano, *Tiley and Collison's UK Tax Guide 2009‐10 27th edition*, Lexis Nexis, 2009, p. 661.
12) 　ButterWorths, *op. cit.*, pp. 444 and 752.
13) 　Keith M Gordon and Ximena Montes-Manzano, *op. cit.*, p. 662.
14) 　James Mirrlees(ed.), *Dimensions Of Tax Design*, Oxford University Press, 2010, p 24.
15) 　高川清明，前掲稿，149頁。
　　英国では，労働党と保守党の2大政党による政権交替が繰り返され，その都度，

新たな税制改正案の検討が行われている。租税政策の指針としては，労働党が富裕層への重課を掲げるのに対し，保守党は，税率(直接税)軽減，税制簡素化，税務行政の効率化を提唱している(納富一郎「ロビンソン＆サンフォード著『イギリスの租税政策の形成』(1983)−政党と省庁の役割について−」『佐賀大学経済論集』第17巻第4号，1985年，143・157頁)。

16)　Juliana Watterston, *Corporation Tax 2009/10*, Bloomsbury Professional, 2009, p. 600.

17)　Alan Melville, *Taxation Finance Act 2010 Sixteenth edition*, Prentice Hall, 2011, p. 151.
　　Alan Melville, *Taxation Finance Act 2013 Nineteenth edition*, Prentice Hall, 2014, p. 152.

18)　Juliana Watterston, *op. cit.*, p. 143.

19)　*I bid.*, p. 148.

20)　米国では，有形資産の減耗，腐敗，減少，消耗，陳腐化部分に限り減価償却が認められ，次の資産に適用される。すなわち，①土地の定期賃借権に係る費用，②樹木，低木その他の造園が関連ビル等の構築物取替時に破壊される場合，③道路建設費用，④賃借資産の改良費に対する減価償却が認められる(本庄　資『アメリカ法人税制』日本租税研究協会，平成22年，102頁)。

21)　菊谷正人＝内野正昭「現行税制の課題と展望(第23回)／税務相談制度・事前照会制度の現状と課題−納税者サービスと租税回避防止指導の改善に向けて−」『税経通信』第62巻第11号，2007年，203頁。

22)　Alan Melville, *op. cit.*, pp. 152-153.

23)　Alan Melville, *Taxation Finance Act 2011 Sixteenth edition*, Prentice Hall, 2012, p. 153.

24)　Alan Melville, *Taxation Finance Act 2013 Nineteenth edition*, Prentice Hall, 2014, p. 154.

25)　Alan Melville, *Taxation Finance Act 2011 Sixteenth edition*, Prentice Hall, 2012, p. 160.

26)　個人に対しては，「所得税法」および「キャピタルゲイン税法」は別個に規定されているが，法人の場合は両者を統合して課税所得を計算するため，法人の場合は単に課税所得金額に加算されることになる(Keith M Gordon and Ximena Montes-Manzano, op. cit.), p. 1181)。

27)　Mavis Moullin, John Sargent, *A Guide to the Taxation of Companies*, McGraw-Hill Book Company Limited, 1982, p. 19.

28)　Keith M Gordon and Ximena Montes-Manzano, *op. cit.*, p. 662.
　　中小事業者の区別に関して，英国では売上高，資産総額，従業員数により判断され，小法人(small company)と中規模法人(Medium-sized company)とに分けられる。小法人には，売上高が560万ポンド以下であり，資産総額が280万ポンド以下かつ従業員数が50人以下の法人が該当する。一方の中規模法人には，売上高が2,280万ポンド

以下であり，資産総額が1,140万ポンドかつ従業員数が250人以下の法人が該当する（Juliana Watterston, *op. cit.*, p.8）。

29）　Alan Melville, *Taxation Finance Act 2013 Nineteenth edition*, Prentice Hall, 2014, p.156.

30）　Alan Melville, *op. cit.*, p.155.(2012)

31）　Alan Melville, *Taxation Finance Act 2013 Nineteenth edition*, Prentice Hall, 2014, p.158.

32）　ポンドの円換算に関しては，１ポンド＝185円で計算してある。

33）　Alan Melville, *op. cit.*, p.156.

34）　Alan Melville, *Taxation Finance Act 2013 Nineteenth edition*, Prentice Hall, 2014, p.159.
　　　2009年４月６日から2010年４月５日までに生じた支出（自動車，特定区分資産の設備・機械，リース資産に係る支出を除く）に関しては，40％初年度償却が適用され，主として年次投資償却と併用される。減価償却対象資産に対する支出が年次投資償却限度額を超える場合には，その超過額に対して普通償却あるいは40％初年度償却が適用される。40％初年度償却は時限立法であり，2009年４月６日から2010年４月５日の課税期間に生じている支出のうち年次投資償却限度額を超える金額を対象に償却が認められる（Alan Melville, *Taxation Finance Act 2012 Seventeenth edition*, Prentice Hall, 2013, p.156）。

35）　Juliana Watterston, *op. cit.*, p.150.

36）　Alan Melville, *op. cit.*, p.159.

37）　*I bid.*, p.162.
　　　2011年４月６日前に取得した資産に関しては，取得事業年度末日から４年以内に売却される資産が短期性資産として取り扱われる（Alan Melville, *Taxation Finance Act 2010 Sixteenth edition*, Prentice Hall, 2011, p.160）。

38）　*I bid.*, p.160.

39）　菊谷正人，前掲書，49頁。

40）　Juliana Watterston, *op. cit.*, p.176.

41）　ButterWorths, *op. cit.*, pp.441-442.

42）　Alan Melville, *op. cit.*, p.165.

43）　ButterWorths, *op. cit.*, 1983, p.521.

44）　この事業区域建物償却は2011年の４月に廃止されるが，後述される工業用建物償却のように償却率の段階的低減措置は採られていない（Alan Melville, *op. cit.*, p.169）。

45）　ButterWorths, *op. cit.*, p.441.

46）　Mavis Moullin, John Sargent, *op. cit.*, pp.25-26.（設例の数値・内容は若干変更している）。

47）　Alan Melville, *op. cit.*, p.165.

48）　*I bid.*, p.169.

49）　*I bid.*, p.168.

50）　*Ibid.*, pp. 170-171.

51）　*Ibid.*, p. 169.

52）　*Ibid.*, p. 170.

53）　*Ibid.*, p. 343.

　　控除可能な初年度税額控除金額は当該課税年度の源泉徴収税（pay as you earn）と国民保険負担金（national insurance contributions）との合計額または250,000ポンドのうち，大きい額を限度とする。

54）　英国ガーディアン新聞電子版2011年3月23日（http://www.guardian.co.uk/uk/2011/mar/23/budget-2011-enterprise-zones-designed-to-encourage-new-investment 2011年7月14日訪問）。

　　なお，ジョージ・オズボーン財務大臣により，21の指定区域のうち現段階では以下の地域が該当区域として発表されている。リーズ，シェフィールド，リバプール，グレーターマンチェスター，イングランド西部，北東地域，ティーズバレー，ノッティンガムシャー，ブラックカントリー，およびダービーシアの11区域である。

55）　なお，米国では，1980年まで，税務上も企業会計上の収益費用対応の原則に基づき，「経済的減価償却」が行われてきたが，レーガン共和党政権において，1981年に「加速度コスト回収制度」（accelerated cost recovery system）が創設されて以来，産業・投資政策の視点に基づく減価償却が税法上の本流ルールとなっている（本庄資，前掲書，93頁）。

56）　菊谷正人「会計基準の国際的コンバージェンスと法人税の将来像」日本租税理論学会編『税制の新しい潮流』2009年，98頁。

　　菊谷正人『税制革命』税務経理協会，平成20年，65-72頁。

バッキンガム宮殿（Buckingham Palace）
ロンドン市内にある宮殿。1703年にﾊﾞｯｷﾝｶﾞﾑ公ジョン・シェフィールドが建てたバッキンガムハウスが起源とされる。

第6章 企業集団税制（グループリリーフ制度）の仕組みと特徴

第1節 企業集団税制の意義と種類

　平成22年(2010年)度税制改正において，グループ法人税制が創設された。本改正により，わが国では，「連結納税制度」(consolidated tax return system)を採用していない企業でも，100％の資本関係がある法人グループ内での資産移転に関しては，譲渡損益が繰り延べられるなど，資本関連取引や配当，株式の譲渡損益に対して，実態を反映した課税の取扱いが行われることとなった。これにより，課税当局にとっては，含み損のある土地・株式のグループ内取引を通じて，損失計上を行う「租税回避行為」を防止することが可能となる。一方，企業はグループ内における資産移転に関しては課税を繰り延べられることから，租税負担を考慮することなく経営資源の効率的な配置が可能となる[1]。

　企業所得に対する課税は，原則として，「法的主体」(legal entity)としての個々の法人を「課税単位」(tax unit)として行われるが，株式所有を中心とする企業経営のグループ化が進められている現在，個々の企業に対して単体課税を行うよりも，企業経営の一体性に着目した課税が行使されるべきであるとの思考が強まりつつある。グループ法人税制の創設は，そうした関心の高まりを顕著に表している[2]。わが国における企業集団税制としては，組織再編税制と「連結納税制度」がその代表例として挙げられるが，本章では，「連結納税制度」の観点から，英国の企業集団税制との比較検討を行う。

　「連結納税制度」とは，ある一定の要件を満たすグループ企業を1つの「課税単位」とみなすことにより，グループ内の各法人の損益を集約し，連結法人税額を算出および納付する制度である。この連結納税制度を採用した場合には，

グループに属する個々の損益をグループ企業内で通算することが可能となる。したがって，翌期以降に効果の生じる青色欠損金の繰越控除制度と比較した場合，連結法人の欠損金を発生事業年度における他の連結法人所得と通算して納税額を減少させることができる「連結納税制度」は一種の節税効果をもたらす[3]。

　さらに，連結法人間で資産を譲渡した際に獲得したグループ内の利益は，当該資産が連結グループ外に譲渡される時点まで繰り延べられる。このような節税効果を有する「連結納税制度」は，同制度を選択した納税義務者に対する恩典措置であるともいわれている[4]。

　なお，グループ全体を一つの「課税単位」とみなして課税する「連結納税制度」は，主として「連結納税型」と「個別損益振替型」に大別される。「連結納税型」のグループ税制は，アメリカ，フランスで実施されており，子会社の個別損益を親会社の損益に合算し，連結課税所得および連結税額を算出した後に，当該連結税額を個別会社に配分する。他方，「個別損益振替型」は，英国，ドイツにおいて採用されている税務措置である[5]。英国の「グループリリーフ制度」（group relief system）では，「重複事業年度」における適格損失をグループ内の法人間で振り替え，事業収益と相殺することが容認されている。ドイツの「機関制度」（Organschaft）では，親子会社間の利益拠出契約に基づき，子会社の所得・損失をすべて親会社に帰属させる制度である。この場合の親子間には，資本・経済・組織の３要素における支配関係が求められ，当該要件をみたす場合には，グループ法人間（支配従属会社間）の損益通算が認められる[6]。

　わが国の「連結納税制度」は，アメリカの「連結納税制度」を基礎として創設されたこともあり，「連結納税型」に属する制度であるが，グループ企業内の税額合算方法は，英国の「グループリリーフ制度」やドイツの「機関制度」と類似した特徴も有している[7]。

　各国のグループ法人税制における基本的理念は，「連結納税型」と「個別損益振替型」のどちらを採用する場合においても，企業集団の「経済的一体性」に着目した課税を行うことである。法人の財産保有，債権債務等に対する法律

関係は各法人が独立した「法的主体」となるのに対し，法人が経済活動を行う場合には，複数の法人が資本所有を軸として支配従属の関係にある企業集団を形成し，企業集団全体として単一の組織体と同様に活動しているものと考える。グループ企業における子会社の利益は，支配従属関係にある親会社の管理下にあるため，実質的には親会社の事業部門における利益と同様に取り扱われることが妥当である。すなわち，グループ企業形態を採る法人と経済的単一法人で事業部制を採用する法人との間における「水平的公平」(horizontal equity)を考慮した結果，このような取扱いが行われる。

　さらに，企業集団の「経済的一体性」という観点からグループ法人の本質は，「単一主体概念」(single entity concept)と「個別主体概念」(separate entity concept)という概念に分類される。

　「単一主体概念」は，グループ法人の各法人が単体としての存在を弱めることにより，グループ法人自体が単一主体であることを強調する考え方である。連結子法人は，「単一主体概念」の観点では，同一連結親法人の事業部門とみなされ，グループ法人間の取引は課税対象とされない。連結法人間取引における内部利益の消去，投資修正規定は「単一主体概念」に基づく[8]。

　他方，「個別主体概念」は，グループ法人の各法人の権利等を重視する考え方であり，会計処理方法の選択等は各法人に委ねられる。税務上，各法人の判断において個別所得金額および個別納付税額が決定される。したがって，「個別主体概念」のもとでは，連結グループの親法人は単なる投資家という位置づけとなり，連結所得金額の算定を行う際に連結メンバーの個別所得金額を利用するに留まる[9]。

　わが国の「連結納税制度」は，このような2つの概念が混合した制度設計となっており，グループ法人の本質に関する議論の交錯は今後も検討の余地が残されている。その一方で，「グループリリーフ制度」は「個別主体概念」を重視する結果，法人単位の所得算定が大前提とされている。図6-1は，単一主体概念と個別主体概念における企業集団を図式化したものである。

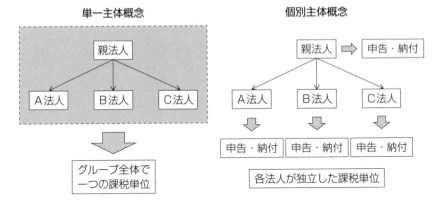

図6-1　単一主体概念と個別主体概念の差異

単一主体概念　　　　　　　　　　　個別主体概念

　わが国において，「連結納税制度」を補完する制度として創設されたグループ法人税制は，企業の一体性に見合う課税の実現をその立法趣旨としているが，その一方で，企業の国際競争力強化策としても大いに期待されている。企業の活力を原動力とするわが国経済の向上を意図した場合，個別企業よりも企業グループを重視した税制への関心は今後さらに高まるであろう。グループ法人税制に関して先進的な欧州諸国では，企業優遇措置および租税回避防止策としてバランスの取れた税制が早くから取り入れられている[10]。とりわけ，英国の「グループリリーフ制度」は，グループ企業間で損益の振替えが自由に行えることに加え，所得算定単位をベンチャー企業にまで広げる等，わが国の制度とは大きく異なる制度設計となっている。したがって，今後わが国の企業集団税制の充実化を図るに当たり，大変参考となるに違いない。

第2節　英国型の企業集団概念とグループ
　　　　リリーフ制度の導入経緯

第1款　英国型の企業集団概念

　前述のとおり，英国における企業集団税制では「個別損益振替型」が採用されている。グループリリーフ制度は，連結所得を基礎として調整を行った後にグループ単位の所得を算出する「連結納税制度」とは大きく異なり，法人ごとに所得を確定し，同グループ内の他法人の所得・損失を相殺する制度であるため，内部未実現利益や内部取引の消去手続きを必要としない。また，同制度を採用する場合，過年度に生じた繰越欠損金は控除対象外とされるので，グループ化される前に生じた繰越欠損金の使用制限に関する複雑な規定も有していない[11]。

　適用対象グループの基準には，75％の持株基準に加え，「経済的持分」(economic ownership)に関する要件も満たすことが要求される。「経済的持分要件」は，租税回避目的のグループ形成を阻止するために，1973年の税制改正において追加された規定である。「経済的持分要件」のもとでは，75％以上の配当請求権を有することに加え，会社清算時には残余財産分配権についても75％の持株要件を満たす必要がある。このグループリリーフの適用範囲は，2000年度の税制改正において，諸外国と比べて広く設定されている。すなわち，親法人が内国法人でない英国兄弟会社間や外国法人についても一定の条件を満たす場合には，グループリリーフの適用を受けることが可能となった[12]。

　グループリリーフの他にも，一定の50％超企業集団に対して適用される前払法人税の子会社振替制度，集団内譲渡による損益の繰延制度等，英国独自の企業集団税制の規定が多数設定されている[13]。

　「1988年所得・法人税法」(Income and Corporate Tax Act 1988：以下，ICTA 1988)第240条および第247条において，たとえば，普通株式50％超の持株関係にあるグループ企業に対しては，①親会社に係る前払法人税納付額の子会社振

替控除，②グループ内配当等に関する源泉税未徴収の特例等が認められている。

第2款　グループリリーフ制度の導入経緯

「グループリリーフ制度」は，1967年にウィルソン(H. Wilson)労働党内閣において導入され，法人擬制説から法人実在説への転換という法人所得課税の強化に対する緩和策として制度化されたものである[14]。また，同制度の導入は英国の景気回復政策における企業の国際競争力強化を目的とするものとして捉えることもできる。

第二次世界大戦後の1950年代から1970年代にかけて，アメリカ系多国籍企業の進出により，巨額の資金や工業技術，経営手法などが欧州諸国にもたらされた。多くの欧州企業は新技術やノウハウを学び取り，出資の恩恵を受けるなど，アメリカ系企業の進出は欧州経済の再建・活発化に重要な役割を果たした。

その一方で，世界を圧倒するアメリカ系企業に対抗できるような多国籍企業を欧州諸国からも輩出する気運が高まっていった[15]。1957年に発足した欧州経済共同体(European Economic Community：以下，EEC)も対アメリカ企業を意識した欧州統合政策の一環である[16]。この頃から，欧州の企業も合併・再編成を活発に行い，競争力を強化するとともに，近隣諸国や旧植民地への進出を通じて本格的な多国籍企業化に乗り出している[17]。

転じて，英国国内の情勢に目を向けると，当時の英国経済は危機的状況にあり，英国政府は経済の各部門に対して多様な成長政策を行っている。1962年の予算案では，国内需要の抑制を図るとともに，国民経済開発会議(National Economic Development Council)を開催して経済成長政策の充実化に向けた表明がなされた。1964年の政権交代により，ウィルソン政権が成立すると，「新しい英国」(New Britain)の実現を指針として，技術省(Ministry of Technolongy)および経済省(Ministry of Economic Affairs)が設けられた。さらに，製品・半製品の輸入に対しては15％の付加税を課すなど，国産品の需要促進・輸出水準の引上措置が採られている。1965年には，特定産業における企業の能率改善を行うために経済開発委員会(National Economic Development Committee)が設置され，

翌年の1966年予算案では，サービス産業に対して選択雇用税(selective employment tax)が導入された[18]。

このように，当時の英国政府は国内製造業の生産性向上に注力することにより，輸出の増加の達成に向けた数々の政策を打ち出してきたが，そうした背景には，戦後の経済復興に際し，長年にわたって課題とされていた金融業中心国からの打開も念頭に置かれていたことが伺える[19]。物づくりを行うような実体のある産業を活性化することにより，雇用の確保，国内需要の増加を目指すためには，諸外国に劣らない大企業を中心に外資を呼び込む必要があった。こうした一連の経済政策の中で，企業の国際競争力の強化という半ば政策的目的から「グループリリーフ制度」は創設された。

第3節　グループリリーフ制度の概要

第1款　グループリリーフ制度の趣旨

「グループリリーフ制度」は，同一グループ内におけるある法人の損失と他の法人の所得を相殺可能とする制度である。グループリリーフを利用することにより，企業は税務上の損失および所得を通算することができるため，結果としてグループ全体の租税負担の低減が達成される[20]。「グループリリーフ制度」を適用する場合には，以下の要件を満たす必要がある(ICTA 1988, s413(3))。

(a)　ある法人が他の法人の75％子会社であり，両法人もまた他の法人の75％子会社であること

(b)　ある法人が他の法人により普通株式(ordinary shares)を直接または間接に所有されていること

上記の(a)要件の75％子会社とは，75％以上の持株関係にある子会社を意味している。(b)要件における株式には，証券会社によって売買目的で所有されるものは含まれない(ICTA 1988, s413(5))。また，「所有」とは，受益権所有者(beneficial ownership)であることを意味しており，「経済的持分」についても検討される(ICTA 1988, s838)。

図6-2に示されるように，たとえば，Ａ法人がＢ法人の普通株式を100％所有し，Ｂ法人がＣ法人の普通株式を80％所有する場合を想定する。この場合，Ａ法人は実質的にＣ法人の80（＝100×80％）を支配することになるため，Ａ法人，Ｂ法人およびＣ法人はグループ法人となる。さらに，Ｄ法人がＥ法人の普通株式を75％所有し，Ｅ法人がＦ法人の普通株式を80％を所有する場合には，Ｅ法人はＤ法人の75％子会社となるため，Ｄ法人およびＥ法人はグループ法人を形成する。

図6－2　適格グループ

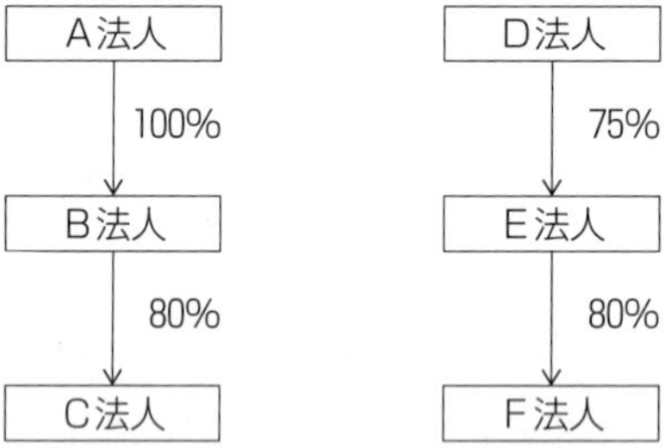

一方，Ｄ法人はＦ法人を実質的に60（＝75×80％）しか支配していないことになるので，Ｄ法人およびＦ法人はグループ法人に該当しない。したがって，Ｅ法人とＦ法人も別のグループとなる[21]。

なお，ICTA 1988第402条第2項および「2006年財政法」（Finance Act 2006：以下，FA 2006）附則1の第403条の規定によれば，グループリリーフ請求法人および損失振替法人は共に同一グループのメンバーであり，英国の居住者である必要がある。ただし，両法人が非居住者であったとしても，恒久的施設（permanent establishment：以下，PE）を通じて事業を継続している場合には，グループリリーフ制度が適用可能である。

1973年の税制改正では，グループリリーフの適格要件に関する追加規定が設けられており，すなわち，ある法人がグループメンバーであるかどうかを判定する際には以下の「経済的持分要件」を満たすか否かも検討される（ICTA 1988， s 413(7))。

(a)　親法人が子法人の普通株主(equity holders)に対する配当可能利益の75％以上を実質的に所有すること

(b)　親法人が清算時において，子法人の普通株主に対する分配可能資産(残余財産)の75％以上を実質的に所有すること

普通株式とは，配当固定型優先株式(fixed-rate preference shares)以外の株式であり，上記の要件における普通株主には，当該法人の普通株式を所有する者または通常営業貸付(normal commercial loan)以外の貸付に係る債権者が該当する(ICTA 1988, Sch. 18, para. 1(1)(a)・(b), (2))。ここに，通常営業貸付とは，次に掲げる貸付のことをいい，以下の要件に該当しない貸付に係る債権者が普通株主となる(ICTA 1988, Sch. 18, para. 1(5), FA 1989, s. 101(1), (3))。

①　新規対価の全部または一部である貸付

②　増資株式または追加発行有価証券を転換または取得する権利が付与されない貸付

③　新規対価の合理的な事業利益を超えることなく，かつ，借主法人の収益性または資産価値に影響されない利息となる貸付

④　買戻しに関する合理的な事業割増しを超過する権利が付与されない貸付

ただし，普通株主または債権者でなくとも，次のような場合には該当法人の普通株主として取り扱われる(ICTA 1988, Sch. 18, para. 1(6), FA 1989, s. 101(5))。

(イ)　第三者が当該法人の株式または有価証券の新規発行による資金調達により生ずる対価を直接または間接に享受する場合

(ロ)　機械・設備に係る初年度償却(first-year allowance)または減価償却(writing-down allowance)，研究開発費に関する資本的支出の償却を行う法人の取引資産を使用する者またはその関連者となる場合

上記(ロ)要件における償却制度に関しては，旧償却制度である炭鉱業や鉱油業に係る初期償却(initial allowance)制度についても同様の取扱いがなされる[22]。

第2款　振替可能損失

「グループリリーフ制度」は，グループおよび後述されるコンソーシアム(consortium)のメンバー間における営業損失を振替・請求する制度であり，振替可能な損失(surrenderable losses)は，該当事業年度に発生していることを条件として，以下のような損失を含む(ICTA 1988, ss 402・403)。

(a)　事業損失

(b)　キャピタルアローワンス(減価償却)超過額

(c)　営業外金融(貸付関連)損失

(d)　所得に関する費用

(e)　資産の譲渡損失

(f)　管理費用

(g)　無形資産に係る営業外損失

これらの損失のうち，(b)のキャピタルアローワンス超過額は，特別借地権等の特定区分所得がある場合，当該所得に対して第1段階で相殺された後にグループリリーフ請求法人へ振り替えられる(ICTA 1988, s 403ZB)。(d)の所得に関する費用には，該当事業年度を通じて法人が支払った実額が計上される必要がある。(e)の資産の譲渡損失は事業上の損失でなければならず，前事業年度からの繰越損失は一切認められない。さらに，(f)の管理費用は該当事業年度に損金経理された年額を意味しており，(e)と同様に，繰越金額は含まれない[23]。なお，(d)の所得に関する費用超過額，(e)の資産譲渡損失，(f)の管理費用超過額および(g)の無形資産に係る営業外損失に関しては，各損失額の合計が該当事業年度における振替法人の総所得金額を超える場合にのみ，グループリリーフが適用可能であり，損失を振り替える際には，(d)から(g)の順序で相殺される(ICTA 1988, s 403)。

また，上記(a)の事業損失に限り，損失振替法人のキャピタルゲイン所得等，他の区分所得との相殺が認められている。したがって，納税者(損失振替法人)の選択次第では，事業損失を自社の他区分所得と相殺した後に残余損失をグループリリーフの適用により振り替えることが可能となる[24]。

(c)の営業外金融（貸付関連）損失および(g)の無形資産に係る営業外損失の取扱いは，「2009年法人税法」(Corporation Tax Act 2009：以下，CTA 2009)と関連して規定されている[25]。営業外損益は，原則として，控除損失の申請とグループリリーフの請求を通じて相殺され，どちらの措置も損失の生じた事業年度末日から2年以内に申請される必要がある[26]。控除しきれない残額は翌期に繰り越される(CTA 2009, s 753)。営業外損失の中でも，とりわけ，営業外金融（貸付関連）損失に関する取扱いは特徴的であり，以下の方法により相殺される(ICTA 1988 s 403, CTA 2009, s 459(1)(a)・(b))。

(ｲ)　グループリリーフによって相殺する。

(ﾛ)　当該損失計上事業年度におけるその他の所得と相殺する。

　　　繰戻しを行い，12カ月前の営業外金融（貸付関連）所得と相殺する。

(ﾊ)　残額は繰り越し，高業績事業年度における営業外金融（貸付関連）所得と相殺する。

CTA 2009に基づく上記(ﾛ)および(ﾊ)の申請は当該損失が生じた事業年度末日から2年以内に行われなければならない(CTA 2009, s 459(1))。この点は他の営業外損失と共通しているが，(ｲ)のグループリリーフを請求する場合には，法人設立後，最初の申告書提出日が到来するまでに行う必要がある(FA 1998, Sch 18, para 74)。

営業外金融（貸付関連）損失の取扱いについて具体的数値を用いて説明すると，次のとおりである。2010年7月30日を決算日とするH法人の過去3年間の業績に関して，2008年，2009年，2010年の事業所得が5,000ポンド，15,000ポンド，40,000ポンドであり，営業外金融（貸付関連）所得が2008年・2009年共に10,000ポンドであるとする。2010年における営業外金融（貸付関連）所得は生じていないが，営業外金融（貸付関連）損失が5,000ポンド計上されている場合，5,000ポンドに対する救済措置は次の4通り考えられる。

①　グループリリーフの請求を行い，当該損失をグループメンバーへ振り替える。

②　2010年7月30日を決算日とする事業年度の総所得金額と相殺する。

③　2009年7月30日を決算日とする事業年度に繰り戻し，営業外金融（貸付関連）所得と相殺する。

④　当該損失を高業績事業年度おける営業外金融（貸付関連）所得と相殺するために繰り越す。

このように，各種振替可能損失にはそれぞれ詳細な振替方法・振替順序規定が設けられている。グループリリーフを採用する場合，基本的には前事業年度や過年度から繰り越された損失の振替えは認められず，振替可能な損失であっても，その殆どが他の区分所得と相殺後の超過額に制限されている。また，営業外金融（貸付関連）損失の具体例からも判明するように，グループリリーフを選択せずに損失を繰り越した場合には，同一事業から生じた所得からの相殺しか認められない厳格な取扱いとなる。したがって，グループ企業における税務対策は多くの場合を想定し，複数の税制と照合した上で行われる必要がある。

第3款　振替不可能損失

事業所得やその他の振替可能所得とは対照的に，キャピタルロスは他のグループへ振り替えることはできない。しかし，グループリリーフの代替処理として，特定の要件を満たすグループ法人（以下：キャピタルゲイングループ）間での資産譲渡によりキャピタルロスの相殺が認められている[27]。「1992年課税利得法」（Taxation of Chargeable Gains Act 1992：以下，TCGA 1992）の第170条において，キャピタルゲイングループとは，英国居住者である支配法人（principal company）と75％以上の資本関係にあり，かつ，50％超の「経済的持分」を直接または間接に有する法人グループと定義づけられている。このようなキャピタルゲイングループ法人である法人AおよびB法人のうち，法人Aにはキャピタルロスが生じ，B法人は資産の売却処分（disposals of assets）によりキャピタルゲインを稼得している場合，法人Aのキャピタルロスは以下の手順によりB法人のキャピタルゲインと相殺が可能となる[28]。

①　B法人がグループ外に売却処分する前に法人Aに対して資産移転を行う。

②　B法人から移転された資産をL法人が売却処分し，B法人ではなく法人

Aが当該資産に係るキャピタルゲインを実現させる。

これにより法人Aのキャピタルロスが相殺可能となるが，キャピタルゲイングループへの特例に関して，現在では簡便処理が認められている（TCGA 1992, s 171A）。キャピタルゲイングループである法人Cにより，資産がグループ外へ売却処分された場合，売却処分前に当該資産をキャピタルロスの生じている法人Dへ移転されたように取り扱うことが可能となった。つまり，実際に法人Cおよび法人Dの間で資産移転が行われていなくとも，課税上は，資産移転が行われ，法人Dを経由して外部に売却処分したとみなすことにより，損益の相殺が認められる。

しかし，このような特例措置はグループ企業による「租税回避行為」乱用の誘因となりかねない。キャピタルゲインの見込まれる資産の売却処分を行うグループ法人がキャピタルゲイン課税を回避するため，キャピタルロスを有する法人を意図的に買収することにより，グループ全体の租税債務の減額が可能となる。そのため，ある法人がグループ加入した結果，当該法人に関する持分が変更され，かつ，この持分の変更が税務上有利となることを主目的として行われた場合には，グループ法人間においてもグループ加入前キャピタルロス（pre-entry capital losses）と課税所得との相殺を認めない租税回避防止規定が設けられている[29]。ただし，法人のグループ加入が税務上有利な扱いを受けることのみを目的として行われたかどうかの判断が困難である場合には，ある制限規定の範囲内でグループ加入前のキャピタルロスも相殺可能となる。ここに「相殺可能な加入前キャピタルロス」とは，グループ加入前に生じていたキャピタルロスおよびグループ加入前から所有していた資産をグループ加入後に売却処分したことにより生じた損失のうち加入前期間対応分の損失をいい，以下の公式により算出される[30]。

つまり，下記算式によれば，加入前キャピタルロスは控除可能損失総額に控除可能費用割合（控除可能費用の合計額のうちのキャピタルロスに関する控除可能費用の額）および加入前対応期間割合（当該資産に係る費用発生日から売却処分までの期間のうち，費用発生日からグループ加入までの期間）を乗じた額となる。

$$
\begin{array}{c}
\text{グループ加入前} \\
\text{キャピタルロス}
\end{array}
=
\begin{array}{c}
\text{控除可能} \\
\text{損失総額}
\end{array}
\times
\dfrac{\begin{array}{c}\text{キャピタルロス}\\\text{に関する控除可}\\\text{能費用}\end{array}}{\begin{array}{c}\text{控除可能費用の}\\\text{合計}\end{array}}
\times
\dfrac{\begin{array}{c}\text{当該資産に係る費用}\\\text{発生日からグループ}\\\text{加入日までの期間}\end{array}}{\begin{array}{c}\text{当該資産に係る費用}\\\text{発生日から売却まで}\\\text{の期間}\end{array}}
$$

〈控除可能費用
割合〉　　　　〈加入前対応期間割合〉

なお，キャピタルゲイングループには本制度の選択余地は無く，グループ内の資産移転に関する措置は75％以上の資本関係・50％超の「経済的持分要件」を満たすグループ法人に対する強制的な取扱いである。また，キャピタルロスの繰戻しは許されず，キャピタルロスは発生した事業年度以降のキャピタルゲインとの相殺のみが認められている。したがって，必ずしも使い勝手の良い制度であるとはいえない[31]。

第4節　グループリリーフ制度の特徴

第1款　期間按分計算

振替可能な損失は，グループ法人間の「重複事業年度」における未利用の振替可能損失およびグループリリーフ請求法人（claimant company）の税額控除前総所得金額のうち，小さい方の額となる。ここで「重複事業年度」とは，グループリリーフ請求法人と損失振替法人の両事業年度のうち，共通する期間をいう。グループリリーフ請求法人と損失振替法人（surrendering company）の事業年度が異なる場合には，「重複事業年度」に対応する期間で按分する必要がある[32]。(ICTA 1988, s 403 A)。

たとえば，56,000ポンドの事業損失を有し，2010年12月31日を決算日とするB法人，48,000ポンドの事業所得を稼得し，2010年6月30日を決算日とするA法人が75％以上の持株関係にある場合において，A法人がB法人の有する事業損失の振替請求を行ったと想定する。振替可能な損失は「重複事業年度」に係る金額とされるため，グループリリーフ請求会社であるA法人の所得と損失振

替会社であるＢ法人の損失が，それぞれの事業年度における期間対応分で按分される。Ａ法人の期首（2009年7月1日）からＢ法人の決算日（2010年12月31日）の間で重複する期間は6ヵ月（2010年1月1日から2010年6月30日）間であるので，12ヵ月のうちの6か月，すなわち，Ｂ法人の事業損失とＡ法人の事業所得をそれぞれ2分の1に按分する。その結果，①振替可能なＢ法人の事業損失限度額28,000（＝56,000×1/2）ポンド，②Ａ法人の控除可能所得限度額24,000（＝48,000×1/2）ポンドとなり，①および②のうち小さい額を限度とする損益が振替可能となる。

　したがって，Ｂ法人の事業損失56,000ポンドのうち，24,000ポンドだけがＡ法人の事業所得と相殺される。残りの32,000ポンドに関しては，当該事業年度におけるＢ法人のその他の所得と相殺可能である。

第2款　損失振替法人による振替規制

　前述のとおり，振替可能損失のうち，所得に関する費用超過額，資産譲渡損失，管理費用超過額および無形資産に係る営業外損失は，該当事業年度における総所得金額から控除しても控除し切れない場合に限り，控除不足額の振替が認められる。そのため，ある損失振替法人の事業所得が2,000ポンド，繰越事業損失が1,000ポンド，資産譲渡損失が1,400ポンドである場合，同事業年度における控除不足額は生じないため，当該事業年度において資産譲渡損失は振替えできない[33]。

　一方，事業損失およびキャピタルアローワンスに関する規定では他の損失に比べ，やや緩和的な税務措置が採られており，振替法人が事業損失およびキャピタルアローワンスについて該当事業年度の所得と相殺していなくとも当該損失の振替えが認められる[34]。そのため，事業損失およびキャピタルアローワンスについては，企業の判断次第で全額が振替可能となる。このような緩和措置は類似事業を行う企業の一体性重視・多国籍企業優遇措置というグループリリーフ制度の立法趣旨に鑑みれば，理にかなった措置といえるが，こうした緩和措置がグループ企業による「租税回避行為」を誘発する要因となっている[35]。

すなわち，損失振替法人とグループリリーフ請求法人の進出国のうち損失振替法人に対する税率の方が高い場合，損失振替法人の事業損失・キャピタルアローワンス超過額を当該法人で利用することなく，グループリリーフ請求法人に振り替えることによりグループ全体の納付税額を減額することが可能となる[36]。

第3款　グループリリーフ請求法人の優先控除規制

「グループリリーフ制度」を適用するに当たり，損失の振替を請求する法人にも規制が加えられている。グループリリーフ請求法人に事業損失およびキャピタルアローワンスのうち同一源泉からの所得を超過する金額が生ずる場合には，始めに当該金額を該当事業年度の総所得金額から控除しなければならない。総所得金額とは，所得控除を行った後の金額で，かつ，グループリリーフ請求事業年度翌期からの繰戻し事業損失・キャピタルアローワンス差引前の金額をいう[37]。

　また，所得に関する費用(主として利子や年金等の支払いに係る費用)が生じた場合には，さらに総所得金額から当該費用を差し引く必要があり，この2段階の控除を経てグループリリーフ対象所得が算出される。この2段階の計算は，下記のとおりである[38]。

表6-1　グループリリーフ対象所得の計算例

事業所得	8,000
繰越事業損失	△450
他の所得	250
総所得金額	7,800
所得に関する費用	△400
グループリリーフ対象所得	7,400

　該当事業年度では，同一源泉からの所得を超過する事業損失・キャピタルアローワンスは生じていないため，始めに事業所得8,000ポンドから繰越事業損

失450ポンドを控除した後，他の所得である250ポンドを合算して総所得金額7,800ポンドが求められる。次に所得に関する費用の400ポンドを控除し，残額の7,400ポンドがグループリリーフ対象所得となる。

　このように，損失振替法人とグループリリーフ請求法人に対し，別個に制限規定が設けられ，それぞれ厳格な取扱いを受けることとなる。「グループリリーフ制度」は自由度の高い制度ではあるが，適用に際しては，様々な角度からの検証を要する複雑性も併存する。

第5節　マークス・アンド・スペンサー判決と2006年度税制改正

第1款　マークス・アンド・スペンサー事案の背景

　英国法人であるマークス・アンド・スペンサー社は海外に複数の子会社を有する。本件で問題となっているフランス，ベルギーおよびドイツのマークス・アンド・スペンサー子会社は，事業損失が巨大化し，撤退を余儀なくされた。これらの子会社は当該損失を利用することができなかったことから，マークス・アンド・スペンサー社が英国居住者であるグループ会社の利益と相殺できるような救済措置(グループリリーフ)を要請した。

　しかし，当時の「グループリリーフ制度」の規定に従えば，損失を譲渡する損失振替法人と損失を譲り受けるグループリリーフ請求法人は，ともに英国の居住法人であることが必要とされていた。したがって，海外子会社は英国のグループ会社に損失を譲渡することはできなかった。

　EC共通法(Community Law)に基づいて行われる欧州裁判(European Court of Justice：以下，ECJ)によれば，マークス・アンド・スペンサー事案について，次のように判断されている[39]。

　現行の「グループリリーフ制度」は，英国に居住する子会社によって生じた損失の控除を容認する一方で，子会社が国境を越えてEC加盟国に設立された場合には，当該EC加盟国で生じた損失を英国居住者である親法人の課税所得

金額から控除することを回避する規定となっている。欧州共同体条約(European CommunityTreaty：以下，EC条約)は，こうした規定を全面的に排除するものではなく，EC加盟国間において事業展開を行う際に生ずる損失の二重控除等，「租税回避行為」の防止を意図する現行の「グループリリーフ制度」が，ある程度，正当化されている。

　しかしながら，非居住子会社が税額控除や過年度事業年度におけるグループリリーフを請求する際に，当該損失を有する国(つまり，EC加盟国)において当該事業年度にその損失額を計上する実現可能性が完全に断たれた場合，あるいは，それらの損失が子会社居住地国において，子会社自身または当該子会社が第三者に売却された場合，第三者によって将来の事業年度においても計上される可能性が全くない場合に，英国居住親法人において，EC加盟国で生じた損失の控除が認められないのであれば，それはEC条約の第43条および第48条に反している。

　したがって，英国の「グループリリーフ制度」において加盟国居住子会社の損失を除外する制度は，EC条約の第43条に規定されている「設立自由の原則」に制約を与え，他の欧州連合(European Union：以下，EU)および欧州経済領域(European Economic Area：以下，EEA)に子会社を設立する行為を妨げていると判示した。

第2款　マークス・アンド・スペンサー判決による税制改正

　マークス・アンド・スペンサーの判決により，75%の要件を満たす場合には，非居住者による海外損失も「グループリリーフ制度」を適用することが可能となった。ただし，以下の要件をみたす必要がある[40]。

　(a)　同等性要件

　　海外損失が英国において控除可能な損失である。

　(b)　EEAにおける損失要件

　　(イ)　EEA居住者に対する要件

　　　　該当する損失がEEA域内の法令に基づき計算され，かつ，英国にお

けるPEに属さない損失である。

　　(ロ)　EEA非居住者に対する要件

　　　　該当する法人がEEAにおけるPEを通じた事業を行っており，該当損失がEEA域内の法令に基づき計算されている。ただし，当該事業は，二重課税条約に基づき，免除されるものではない。

　(c)　適格損失要件

　　(イ)　EU子会社は，その居住国において該当事業年度および過去の事業年度に損失を相殺できる可能性がない。

　　(ロ)　EU子会社の居住国において，将来その損失が子会社自身によっても第三者によっても，利用される可能性がない（たとえば，当該子会社が第三者に売却されている場合）。

　　(ハ)　当該損失は，英国国外の地域における免除規定に基づき，その他の免除制度を利用して相殺されない。

　このように，居住者である親会社が税務当局に対して，上記要件が該当することを立証した場合には，当該親会社が課税所得からEU子会社で発生した損失を控除することが可能となった。

　「グループリリーフ制度」のもとでは，企業は75％の持株要件を満たせば，グループ内で比較的自由に損失の振替えが可能となることから，多国間取引に伴うEEA域内の法令に基づく損益も振替対象となると，進出国のうち高税率国に拠点を置く子会社への振替えを多用するなどの租税回避行為が画策され，課税権の均衡が保持されない危険性がある。つまり，加盟国のどの国に損失を振り替えるかについて，企業の裁量に委ねられることになると，所得と損失のアンバランス化が生ずるため，ECJは，今後の英国グループ法人税制の精緻化を図るに当たり，本件事案に極めて重大な結論を下したといえる。

第6節　コンソーシアムリリーフ制度の概要

第1款　コンソーシアムリリーフ制度の趣旨

　英国では「グループリリーフ制度」の特典をベンチャー企業にも与えている。特定の要件を満たす出資集団は「コンソーシアム」と呼ばれ，「コンソーシアムリリーフ制度」を適用することができる。コンソーシアムとは，合弁形態により事業を遂行する出資者集団のことをいい，以下の要件を満たす場合にコンソーシアムを形成する(ICTA 1988, s 413(7))。

　(a)　ある法人が75％またはそれ以上の普通株式を他の複数の法人に実質的に所有され，かつ，その複数法人の持株数がすべて5％以上である場合

　(b)　ある法人の90％子会社である法人自体がコンソーシアムメンバーと75％以上の支配関係にある場合

　さらに，コンソーシアムメンバーとの関係については，具体的に3種類の会社が列挙されている[41]。すなわち，①コンソーシアムメンバーに支配され，他の法人の75％子会社ではない事業会社(trading company)，②コンソーシアムメンバーに支配される持株会社(holding company)の90％子会社であり，他の法人の75％子会社ではない事業会社，③コンソーシアムメンバーに支配され，他の法人の75％子会社ではない持株会社を対象とするグループリリーフが認められる。ここで事業会社とは，専らまたは主として営業または売買取引を継続して行う事業会社であり，持株会社とは，専らまたは主として当該法人の90％子会社または取引関係にある事業会社の株式または有価証券を有することを業とする法人をいう(ICTA 1988, s 413(3)(a))。

　「グループリリーフ制度」と同様に，「コンソーシアムリリーフ制度」を適用する際にも租税回避防止の観点から分配可能利益・残余財産分配等の「経済的持分要件」を満たす必要がある[42]。したがって，コンソーシアム適用法人であるか否かの判定には以下の持分割合が検討され，コンソーシアムメンバーの「重複事業年度」における持分の算定に際しては，普通株式，分配可能利益お

および残余財産の３つの指標うち最も低い割合を基準として判断される(ICTA
1988, ss 403C・413(8))。

　(イ)　メンバー法人に実質的に所有される他法人の普通株式持分割合

　(ロ)　実質的所有権を有する他法人の普通株主に対する分配可能利益の割合

　(ハ)　実質的所有権を有するメンバー法人の清算時において，他法人の事業株
　　　主に対して分配可能な資産の割合

　コンソーシアム形成法人またはコンソーシアムによって支配を受ける法人の
事業年度において，上記(イ)，(ロ)および(ハ)の割合が変動する場合には，該当事業
年度を通じた加重平均値が採られる[43]。図6-3は適格コンソーシアムを示して
いる。

図6-3　適格コンソーシアム

(a)の場合

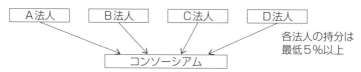

A，B，C，D法人の持分合計が75％以上

(b)の場合

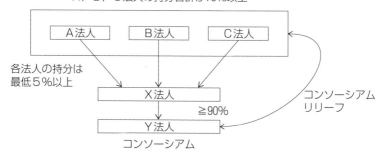

A，B，C法人の持分合計が75％以上

　なお，「コンソーシアムリリーフ制度」は，2000年４月より英国国外の法人

にも適用されるようになり，非居住者である英国支店に関してもグループリリーフを請求し，損失の振替えが可能となっている(FA 2000, Sch. 27, para. 4)。

第2款　持分相応振替制度

「コンソーシアムリリーフ制度」は「グループリリーフ制度」の一形態として位置づけられているが，適用要件に関して若干の相違がある。「グループリリーフ制度」の適用を受ける場合には，重複期間に応じて振替損失を期間按分することになるが，「コンソーシアムリリーフ制度」では，この期間按分規定に加えて，コンソーシアムメンバーの持分割合にも制限規定が設けられている。コンソーシアムの各メンバーがコンソーシアムリリーフ請求法人(以下，請求法人)となる場合には，コンソーシアム法人の事業損失のうち，各メンバーの持分割合に相当する金額(事業損失額に各メンバーの持分を乗じて算定された金額)が振替可能限度額となる。

一方，コンソーシアム法人が請求法人となり，他のメンバーが損失振替法人となる場合には，コンソーシアム法人の総所得金額に各メンバーの持分割合を乗じて算定された金額が振替可能限度額となる[44]。

たとえば，75,000ポンドの事業損失が生じているコンソーシアム法人Xが，コンソーシアムメンバーのa法人，b法人，c法人にそれぞれ60％，20％，20％の株式持分を所有され，各法人の事業年度が共通している場合を想定する。振替可能限度額はコンソーシアムメンバーの持分割合に相当するため，a法人は45,000(＝75,000×60％)ポンド，b法人およびc法人は15,000(＝75,000×20％)ポンドを限度額としてコンソーシアム法人Xの事業損失の振替えが行われる[45]。

グループリリーフとコンソーシアムリリーフの両方が適用可能である場合には，グループリリーフが優先される。以下では，より複雑なグループ形態を採る企業を例にあげて説明する[46]。図6-4に示されるように，たとえば，A，B，C，D，E，F法人の6法人がグループ法人を形成し，A法人がB法人の100％，B法人がD法人の40％，C法人が同じくD法人の60％，D法人がE法

人およびF法人の100％を所有する関係にある場合を想定する。この場合，A，B法人で1グループ，D，E，F法人で1グループを形成しているとみなされる。さらに，B法人(40％)およびC法人(60％)は合計で75％以上のD法人持分を有していることから，B，C，D法人はコンソーシアム関係にある。2009年度の7月31日を決算日とする各法人の業績は次のとおりである。A法人およびE法人はそれぞれ100,000ポンド，10,000ポンドの利益を計上しており，B法人，D法人およびF法人には，30,000ポンド，20,000ポンド，3,000ポンドの損失が生じている。C法人は損益ともにゼロである。

　このような場合，まず，E法人のグループリリーフが請求される。すなわち，E法人の利益10,000ポンドに対して，F法人の3,000ポンドとD法人の7,000ポンド（合計10,000分）の損失が振替・相殺可能となり，その結果，D，E，F法人の課税所得金額はゼロ[＝10,000－(3,000＋7,000)]となる。

　次に，A法人によるグループリリーフおよびコンソーシアムリリーフが請求される。A法人の100,000ポンドの利益に対し，B法人およびD法人からの振替可能損失がそれぞれ30,000ポン，5,200[＝(20,000－7,000)×40％]ポンドとなるため，これらを相殺した後の64,800[＝100,000－(30,000＋5,200)]ポンドが当該グループ全体の課税所得金額となる。

図6－4　複雑な企業グループのグループリリーフ

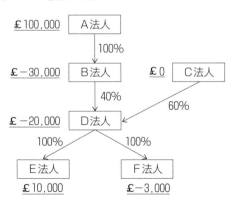

なお，Ｄ法人は最初に振替可能損失20,000ポンドのうちの7,000ポンドをＥ法人に振り替えているため，20,000ポンドから7,000ポンドを控除する必要があるとともに，コンソーシアムリリーフの場合，振替可能損失は保有株式持分の割合に相当する金額となることから，Ｄ法人の振替可能損失残額に対してＡ法人のＤ法人に係る間接持分40％を乗じた額が振替可能損失額となることに留意する必要がある。

第3款　振替可能損失の制限

　「グループリリーフ制度」の場合には，損失振替法人に係る事業損失を他の区分所得と相殺するか，もしくはグループリリーフを採用するかの選択は法人の任意である。しかし，コンソーシアム法人がコンソーシアムメンバーに対して事業損失の振替えを行う場合，当該損失は他の区分所得との間で相殺されたことを前提とし，相殺後の残額のみがコンソーシアムリリーフによって振替可能な損失額となる[47]。この場合，実際に他の区分所得と相殺する必要はなく，あくまで税務上の措置として既に相殺されたものとみなし，コンソーシアムリリーフ対象損失が算出される（みなし振替損失という）。逆の場合，つまりコンソーシアムメンバーからコンソーシアム法人に対する損失の振替えを行う場合には，このような制限規定は設けられていない。

　図6-5は振替可能なみなし振替損失額を図式化したものである。あるコンソーシアム法人に180の事業損失が生じている一方で，150のキャピタルゲインが創出されているとする。この場合，事業損失全額の180がコンソーシアムメンバーへ振替られるのではなく，キャピタルゲイン150と相殺したとみなされた後の残額である30のみが振替可能損失額となる。

図6-5　みなし振替損失

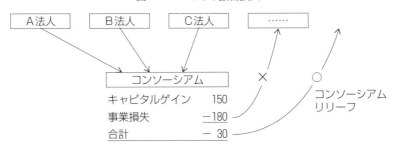

出所：松宮信也『イギリスのグループ税制』清文社．2002年．51頁一部加工。

「コンソーシアムリリーフ制度」は所得算定単位を持分関係のない合弁企業集団にまで拡張し，損失の振替を容認する特異な制度といえる。こうした制度の背後には，ベンチャー企業への投資奨励が意図されている[48]。「コンソーシアムリリーフ制度」の下では，かなり広範な企業集団にまで損失の振替えが認められるが，それゆえ，グループリリーフの適用対象法人に比べて，コンソーシアムリリーフの適用規定が厳しく設定されているものと解される。

第7節　英国におけるグループ法人税制の特徴と課題

本章では，わが国の企業集団税制の精緻化に向けて，1つの指針となり得る英国の「グループリリーフ制度」を概観した。

「グループリリーフ制度」は「個別主体概念」を尊重しているため，法人単位の所得算定が前提とされている。それゆえ，「連結納税制度」で必要とされる内部未実現利益や内部取引等の消去手続きを行わない簡易な制度といえる[49]。法人が「グループリリーフ制度」を採用するか否かは毎事業年度ごとに選択可能であり，損失の振替相手となる法人も同グループ内であれば自由に設定できる。また，適用対象は，かなり広範に設定されており，75％以上の資本関係のある法人，同グループ法人に属する外国法人の英国支店，さらにコンソーシアム法人にまでグループリリーフが適用可能である。制度の適用に際しては，損

失発生事業年度終了後2年以内の申請を要するが，事前承認等の適用開始時点における特段の手続きは必要とされない。そのため，適用対象法人として100％の資本関係を条件とし，連結関係にある全ての子法人に対してグループ加入を強いるわが国の「連結納税制度」と比較した場合に，「グループリリーフ制度」は極めて柔軟性に富んだ制度といえる。

　しかしながら，このグループリリーフ制度の柔軟性は，英国法人税法における周辺制度や他の厳格措置の存在を前提に成立している。まず，周辺制度に関して，グループ企業に対する損失の救済はTCGA 1992に基づくグループ内資産移転規定においても実現される。ICTA 1988によれば，キャピタルロスはグループリリーフの対象とはされないが，TCGA 1992において，グループ内の資産移転に伴い生じる損益に対する課税は当該資産がグループ外へ売却処分されるまで繰り延べられる。そのため，キャピタルゲイン算出法人とキャピタルロス計上法人間の資産移転を通じてキャピタルロスの相殺が可能となる。ただし，この規定は法人の自由裁量に委ねられておらず，75％以上の資本関係にあり，50％超の「経済的持分要件」を充当するグループ内の資産移転に対して強制的に執行される。キャピタルロスの繰戻しは許されず，当該キャピタルロス発生事業年度以降のキャピタルゲインとの相殺のみが認められている。

　続いて，他の厳格措置に関して，グループリリーフによって振替可能な損失は発生事業年度の損失に限定され，過年度に発生した繰越損失の振替えは認められない。グループリリーフの適用を受けずに繰り越された損失は，損失発生法人の同一事業から生じた所得に対してのみの相殺に限られる制約が課されている。また，損失振替規定に関して，損失振替法人およびグループリリーフ請求法人に対し，それぞれ個別に制限規定が設けられている。すなわち，グループリリーフ請求法人の適用対象所得は，他の控除項目の控除順序に従い，2段階の控除を経て算出される。一方，損失振替法人は，事業損失等の一部の振替可能損失を除き，基本的には総所得金額と相殺された後の超過額に限りグループリリーフの適用が認められている。

　このように，「グループリリーフ制度」は，複数の諸制度との関わりの中で

成り立っており，単に自由度の高い制度とは言い難いが，グループ企業への優遇と租税回避の防止という両機能の均衡が保たれている点に鑑みれば，当制度は，わが国の制度に比して綿密に制度設計されており，高く評価できる。

　その反面，周辺規定との交錯が「グループリリーフ制度」を複雑化し，グループ企業が有効なタックスプランニングを行うためには専門家による技術的助言が必要不可欠となる。これは，「グループリリーフ制度」の採用を検討するグループ企業，とりわけ，英国に進出する日系企業の税務コスト・課税の予測可能性の観点からは軽視できない問題である。

　さらに，2005年のECJによるマークス・アンド・スペンサー事案に関する判決は，今後の英国グループ法人税制に強い影響を与えたとともに，幾つかの検討余地を残すものであった。すなわち，この判決により，該当子法人の居住国で生じた損失が過去事業年度，損失発生事業年度さらには将来事業年度においても相殺される可能性の無い場合には，英国非居住者であっても海外損失に係る「グループリリーフ制度」の適用が可能となった。ここで注目すべき点は，EEA域内の法令に基づいて計算された損失も英国において振替可能な損失との「同等性」が認められる場合には，グループリリーフ対象損失となることである。この「同等性」という文言は極めて抽象的なものであり，その判断にも困難を要することから，「同等性」要件の明確化に向けた緻密な検討が施されるべきである。

　英国の法人税法では，その諸制度の中で多数の租税回避防止規定が設置されている。しかし，マークス・アンド・スペンサー判決に伴うグループリリーフ対象範囲の拡大により，税率の異なる加盟国間の損失振替や相殺可能性に係る虚偽申告を通じた損失二重控除等への対抗策は未だ不十分であるように思われる。したがって，租税回避防止規定の更なる整備が急務とされる。

　最後に，2006年の税制改正は，EC条約による「設立自由の原則」を十分に反映し，英国居住法人のみで形成されるグループ企業とEEA域内に子会社を有するグループ企業への公平性に配慮した結果行われた改正である。戦後，欧州諸国は様々な共同組織を結成し，共に欧州経済の発展に尽力してきたが，多

国間取引の活発化・複雑化が予想される今日，単に近隣諸国との協調性を維持するだけではなく，あくまで国家主権である課税権の適正な配分に注力した多国籍グループ法人税制の構築が今後の課題となるであろう。

〔注〕
1) 阿部泰久「グループ法人単体税制制度の導入と大企業への影響」『税研』第149号，2010年，30-31頁。
2) 井上久彌「各国の企業集団税制の比較研究」『商学集志』第61巻第1号，1991年，1頁。
3) 矢内一好『連結納税制度－主要論点の理論的検証－』中央経済社，平成15年，7頁。
4) 連結納税制度を政策的観点から検討する際に，連結恩典説，属性継承説，連結調整説の3つの論点が挙げられる(矢内一好，同上書，13-15頁)。
5) 井上久彌，前掲書，1頁。
6) 利益拠出契約とは，ドイツの株式法の規定に基づいて子会社の全利益を親会社へ拠出し，反対に子会社の全損失を親会社が補填する契約をいう。税法の適用を受ける際には5年以上の契約期間であること，および，契約当事会社における株主総会で4分の3以上の同意を得ていること，さらには，少数株主の配当請求権の保証等が義務付けられている(同上書，7頁)。
7) 矢内一好，前掲書，18頁。
8) David F. Abbott, "A Matter of Equity and Convenience-The Nature of the Consolidated Return as Reflected In Recent Developments", *TAXES-The Tax Magazine*, Vol. 67 No. 12, 1989, p. 1074.
9) 井上久彌「アメリカ連結納税制度における単一主体概念の変遷」『商学集志』第64巻第1・2・3号合併号，1994年，428頁。
10) 岡村忠生「グループ法人課税制度は，なぜ必要か」『税研』第149号，2010年，29頁。
11) 松宮信也『イギリスのグループ税制』清文社，2002年，4頁。
12) Juliana Watterston, *Corporation Tax 2009／10*, Bloomsbury Professional, 2009, p. 297.
13) 日本公認会計士協会編「企業集団課税制度(いわゆる連結納税制度)に関する海外諸国の実情および我が国で制度化する場合の問題点について」『JICPAジャーナル』第11巻第1号，1999年，134頁。
14) 井上久彌「各国の企業集団税制の比較研究」『商学集志』第61巻第1号，1991年，6頁。
15) 井上隆一郎『グローバル企業の盛衰－歴史に学ぶ繁栄の条件，滅亡の原因』ダイヤモンド社，1993年，180-181頁。
16) 英国は，EECには加盟していなかった。その理由として，次の内容が挙げられている。①EECよりも英連邦(コモンウェルス)の立場を優先したこと，②EECの目的

の1つである関税同盟，すなわち，関税自主権の放棄は英連邦諸国に対し特恵関税を与える英国としては困難であったこと，③英国は第二次世界大戦の戦場とならなかったことから，大戦による被害が少なく，近隣各国との経済協調はそれほど重要視されていなかったということである。とはいうものの，近隣諸国と同様に国際競争力のある多国籍企業を育てる必要は英国にもあった。そのため，1960年にスウェーデン，フィンランド，ノルウェー，オーストリア，スイス，ポルトガルと欧州自由貿易連合（European Free Trade Association，以下，EFTA）を結成する。これはEECのように関税同盟や主権の委譲を意図するものではなく，EFTA加盟国内の自由貿易を確立することを目的として形成された（太田稀喜・田中信世編『新版　EUの動きがよくわかるQ&A 100－壮大な"実験市場"を検証する』亜紀書房，2001年，12-13頁）。

17)　井上隆一郎，前掲書，181頁。

18)　米川伸一『概説イギリス経済史』有斐閣，1993年，299頁。
　　　選択雇用税とは，個々の従業員に対して課された税額を雇用者が社会保険拠出金とともに納付を行い，業種ごとに決められた金額が後に還付される制度である（小松芳明『各国の租税制度』財経詳報社，昭和47年，275-276頁）。

19)　同上書，302-303頁。

20)　経済産業省『平成20年度諸外国におけるグループ税制に関する調査』平成21年，32頁。

21)　Juliana Watterston, *op. cit.*, p.288.

22)　CCH, "Group・Consortia", *British Tax Reporter*, CCH, 1991, 134-930.

23)　Juliana Watterston, *op. cit.*, p.292.

24)　松宮信也，前掲書，18頁。

25)　Juliana Watterston, *op. cit.*, pp.212・334.

26)　*I bid.*, p.212.

27)　Alan Melville, *Taxation Finance Act 2010 Sixteenth edition*, Prentice Hall, 2011, p.452.

28)　*I bid.*, p.452.
　　　キャピタルゲイングループによるグループ内資産移転（intra-group transfer）については，原則としてキャピタルゲインもキャピタルロスも生じない課税繰延措置が採られている（TCGA 1992 s.171）。資産譲渡法人では税務上の譲渡損益が発生せず，譲受法人に取得価額が引き継がれる。そして当該資産がグループ外に譲渡されて初めて当該資産に係る譲渡損益が課税対象となる（TCGA 1992 s 171）。このグループ内資産移転に係る制度の利用によりキャピタルロスの相殺が可能となる。

29)　Alan Melville, *op. cit.*, p.453.

30)　*I bid.*, p.453.

31)　森本滋編著『企業結合法の総合的研究』商事法務，2009年，423頁。

32)　Alan Melville, *op. cit.*, p.447.

33)　Juliana Watterston, *op. cit.*, p.292.

山篠隆史「イギリス・グループリリーフ制度(英国簡易型連結納税制度)について」『租税研究』第581号，1988年，72頁。

34）英国の法人税法には，減価償却による損金算入制度としてキャピタルアローワンス法(Capital Allowance Act：以下，CAA)が採用されており，特定の固定資産に対するキャピタルアローワンスの損金算入が認められている(菊谷正人『税制革命』税務経理協会，平成20年，71頁)。

　このキャピタルアローワンスの対象となる資本的支出は，設備・機械や産業区域における産業用建物構築物，適格ホテル，商業用建物，農業用建物および農作業用の構築物，鉱物採掘，研究開発，特許権等に関する支出である。また，現在の主要なキャピタルアローワンス対象資産は省エネ設備・機械(energy saving plant or machinery)，エネルギー供給設備等(energy service providers)，1 kmあたり110g以下の低排ガス車(low CO_2 emission cars)，北海の石油基金のための設備機械(North Sea oil ring-fence plant and machinery)等であり，これらの資産については初年度控除(first year allowance)として100％のキャピタルアローワンスが認められる(Juliana Watterston, *op. cit.*, pp. 138-139)。仮に損失振替法人がキャピタルアローワンスの損金算入制度を採用することにより，課税所得が発生しない状況を避ける場合には，繰越控除を行なわず，控除不足額をグループリリーフ請求法人へ振り替えることが可能である(CAA 1968, ss 6(2)・(5)and 68(2)・(3))。

35）山篠隆史，前掲稿，71頁。

36）同上稿，71頁。

37）井上久彌「イギリスの企業集団課税制度」『租税研究』第494号，1990年，71頁。

38）山篠隆史，前掲稿，72頁。

39）Marks and Spencer plc vs Revenue & Customs[2009]UKFTT 64(TC)(02 April 2009).

40）Juliana Watterston, *op. cit.*, pp. 297-298.

41）John Tiley, *Butterworths UK Tax Guide 1987-88 6th edition*, Butterworths, 1987, p 717.

42）Michael B Squires, *Tax Planning for Groups of Companies*, Butterworths, 1990, p. 63.

43）*I bid.*, p. 63.

44）山篠隆史，前掲稿，72頁。

45）Juliana Watterston, *op. cit.*, p. 300.

46）*I bid.*, pp. 300-302.

47）Butterworths, *Butterworths Handbook on the Income and Corporation Taxes Act 1988*, Butterworths, 1988, p 417.
　松宮信也，前掲書，51頁。

48）森本滋，前掲書，423頁。

49）山篠隆史，前掲稿，68頁。

第7章　付加価値税制度の特徴

第1節　付加価値税の導入経緯

　付加価値税(value added tax：以下，VAT)は，売上税(turnover tax)に代わり1954年にフランスで導入されたのを起源とし，欧州共同体(European Community：以下，ECと略す)第1次・第2次指令(First and Second Directive)において，それまで採用されていた売上税からVATへの転換が要請されたことにより，EC加盟国の主要な共通間接税として浸透した[1]。その後，1977年のEC第6次指令(EC Sixth Directive)において，VAT執行上の詳細な内容が公表され，加盟国におけるVATの調和化が図られた[2]。さらに，この第6次指令に修正が加えられた後，2006年に理事会指令が公布されている。理事会指令の主な内容として，(1)標準税率を15%以上とすること，(2)軽減税率は2段階までとすること，(3)軽減税率は5%とし，適用対象を一定の物品・サービスに限ること，(4)軽減税率は2年毎に見直すこと等が挙げられている[3]。

　なお，ECは，第二次世界大戦後におけるヨーロッパの経済復興を目的として設立された1952年の「欧州石炭・鉄鋼共同体」(European Coal and Steel Community)，1957年の「欧州経済共同体」(European Economic Community)，「欧州原子力共同体」(European Atomic Community)を総称したものであり，フランス，ドイツ，イタリア，ベルギー，オランダ，ルクセンブルクによって設立された。ECは，同6ヵ国の間で締結された1965年の「ブリュッセル条約」(Treaty of Brussels)により，単一の理事会(council)・委員会(commission)が設置されたのを契機に設立された。

　EEC設立の際に締結され，現在においてもEC(1992年に欧州連合(European Union：EU)として改組されている)行政の中核を成しているローマ条約(Treaty of

Rome)では，①加盟国間で営業を行うための居住の自由(freedom of establishment)，②発行証券への投資に係る資本移動の自由化(free movement of capital)を目標とし，その実現に向けて，加盟国間の会社法規定の調和・統一が謳われている。ECは，会社法の調整を目的とした「会社法に関する理事会指令」を公表し，加盟国は，条約上，自国の国内法に当該指令を取りいれる義務を負う。加盟国の調和化に向けたECの共通規則には，指令(directive)，規制(regulation)，決定(decision)がある。このうち，規制・決定が国・企業，個人等，特定のものに対する効力に留まるのに対し，指令は加盟国の国内法に優先する強い法的拘束力をもつ。したがって，VATは，こうした強制力の強いEC指令の中で要請され，加盟国で導入・執行されていることに留意する必要がある[4]。

　英国のVAT導入はEC加盟国の中ではやや後進的であり，「1972年財政法」(Finance Act 1972)において，付加価値税の採用が明示された後，1973年のEC加盟に伴い導入された。VAT導入以前の英国では，個別間接税として仕入税(purchase tax)・選択雇用税(selective employment tax)が徴収されていた。仕入税は，1940年に戦費調達・インフレ対応策として導入され，所得税に比して勤労意欲減退効果が小さいことが期待されていた。しかし，食料品・燃料等生活必需品や生産者の購入する資本財・中間財への課税は免除されていたため，課税対象が狭く，サービスの消費に課税されないという不公平性への懸念から1966年に仕入税を補完する形で選択雇用税も採用された。選択雇用税は，サービス業，小売業，その他非製造業に従事する者を課税対象とし，雇用者が従業員数に応じて納付する義務を負った。1971年に公表されたグリーン・ペーパーにおいて，1973年の付加価値税導入およびそれに伴う仕入税・選択雇用税の廃止が提案されている[5]。

　英国の付加価値税法は，1978年にEC第6次指令に対応する修正が加えられた後，1983年の改正を経て，現行法の「1994年付加価値税法」(Value Added Tax Act 1994：以下，VATA 1994という)に至っている[6]。

第2節　付加価値税の仕組み

第1款　間接税としての付加価値税

「消費税」(consumption tax)は，租税の転嫁(shifting of tax burden)を予定するか否かによって，直接消費税と間接消費税に分類される。間接消費税は，酒税・たばこ税等の「個別消費税」(excise taxes)と物品・サービス全般を課税対象とする「一般消費税」(general consumption tax)とに分類され，さらに，それぞれの賦課形態が「多段階」あるいは「単段階」であるかにより細分類化される。「多段階一般消費税」の付加価値税では，事業の一環として行われる物品・役務提供を課税対象とする間接税(indirect taxation)として，製品製造・商品流通等の各取引段階の価格に上乗せして課税(転嫁)され，消費税の合計額は最終消費者(final consumer)が負担する仕組みとなっている。英国のVATの基本的仕組みは，EU加盟国のVATと同様であり，国内で行われる物品または役務の供給，EU加盟国およびEU域外からの物品または役務の収受に対して課税され，最終消費者が負担することが予定される「多段階一般消費税」に該当する[7]。

　取引ごとに累積した付加価値税額の計算方法には，賃金や利潤等の付加価値を順次加算する「加算法」と売上高から仕入高を控除する「控除法」とがあり，EU加盟国の大半の国では，「控除法」に該当する「仕入税額控除法」あるいは「前段階税額控除法」が採用されている[8]。英国では，「仕入税額控除法」が採られているため，各取引段階における売上税額から仕入税額を控除することにより，VAT納付税額を算定し，このVAT納付税額が最終消費者の負担額に等しくなる[9]。

　たとえば，製造業者Aの製品(原材料費2ポンド，その他諸経費70ペンス)がB卸業者に5.2ポンド(その他諸経費40ペンス)で販売され，さらに，C小売業者へ6.5ポンド(その他諸経費50ペンス)で販売され，最終的にD氏によって10ポンドで購入された場合の各取引段階でのVAT納付額は次のように計算される[10]。

まず，製造業者Aには，売上税額91（＝5.2ポンド×17.5％）ペンスから製品製造に係る仕入税額47（＝2ポンド×17.5％＋70ペンス×17.5％）ペンスを控除した44（91－47）ペンスの納付義務が生じる。同様に，売上税額から仕入税額を控除することにより，B卸売業者には16（6.5ポンド×17.5％－5.2ポンド×17.5％＋40ペンス×17.5％）ペンス，C小売業者には52（＝10ポンド×17.7％－6.5ポンド×17.5％＋50ペンス×17.5％）ペンスのVAT納付義務が生じ，各段階のVAT合計額は1.12（＝44ペンス＋16ペンス＋52ペンス）ポンドとなる。この合計金額は，最終消費者であるD氏のVAT負担額1.75（＝10ポンド×17.5％）ポンドから原材料・その他諸経費に係る税額63｛＝2ポンド×17.5％＋（70＋40＋50）ペンス×17.5％｝ペンスを控除した額1.12（＝1.75－63）ポンドと等しくなる。

第2款　課税対象取引

わが国の消費税法第2条第1項第8号において，消費税の課税対象は資産の譲渡及び貸付け並びに役務の提供とされている。これに対し，英国では，課税対象取引にそういった表現は用いず，すべて「供給」（supply）という文言で画一されている。課税対象となる供給には，一部の例外を除いて，英国国内で行われるすべての物品または役務の供給が該当する。厳密には，VATの課税根拠として，①物品または役務の供給が存在していること，②免税ではなく課税対象供給であること，③課税事業者による供給であること，④事業遂行上の供給であること等が挙げられている（VATA 1994, Sec. 4(1)）。つまり，課税事業者による事業遂行過程において，非課税項目あるいはゼロ税率項目に該当しない物品または役務が英国国内で供給される場合にVATが課税される。

VATAにおける事業概念は，「個人所得税」における事業(trade)よりも広範に設定されており，財産の貸付け等，所得税法上の投資活動も事業活動とみなされる。すなわち，事業活動とは，鉱業，農業，知的財産業に係る役務提供を行い，利益を得るために有形資産あるいは無形資産を継続的に活用することである。

　VATは，一般的に，対価(contribution)を得たことを理由に課税されるが，取引対象が物品であるか役務であるかによって課税上の取扱いが若干異なる。物品の供給としては，単に物品の所有権が他者へ移転したことを意味する事業用資産の譲渡(50ポンド以下のコスト行う贈与・試供品の贈与を除く)や所有者・従業員の私用目的で使用される物品の供給も課税対象となる[11]。

　一方，物品・事業用資産の譲渡・供給に該当しないもので，対価の受領を伴うあらゆる供給が役務の提供に含まれる。たとえば，消費者に対して物品を貸付けや事業用に取得した物品を一時的に個人使用する場合，当該物品の所有権は消費者に移転しないため，物品の供給ではなく，役務の提供として取り扱われる。ただし，役務の無償提供や事業用自動車の個人使用は課税対象供給とはならない。

第3款　課税事業者

　VAT納付義務が課される課税事業者(taxable person)には，個人，パートナーシップ，法人のみならず，事業として物品または役務の提供を行うその他事業体も含まれる。利益を得ることを目的とするかどうかにかかわらず，「物品の供給または役務の提供」の有無が基準とされるため，法人化されていない慈善事業団体やクラブも課税対象事業者となる。

　このような課税事業者は，課税対象取引を行う際に，HMRCに対して，売上税額(output tax)に係る帳簿を作成する必要があり，売上帳簿の提出をもって仕入税額(input tax)の返還請求を行うことができる。課税事業者でない者は，物品またはサービスの提供にVATを課すことはないため，仕入税額の返還請求も行うことができない[12]。基準年度における課税売上高が70,000ポンド(≒10,360,000円。£1＝¥148(2018年7月現在))を超える課税事業者は事業者登録を行わなければならない。事業者登録を行った課税事業者(以下，登録事業者という)には，HMRCから登録番号が発行され，この登録番号をインボイスに記載することにより，売上税の支払義務が生じるとともに，仕入税額の控除請求権が付与される[13]。つまり，納税義務者たる課税事業者とは，VATA 1994に基

づき登録する者あるいは登録義務の生ずる者であり、登録事業者となることで仕入税額控除の適用を受けることができると解される（VATA 1994, Sec. 3(1)・4(1)）。なお、この事業者登録は登録義務の生じた月の月末から30日以内に行わなければならない[14]。

　なお、免税点制度に関して、わが国では10,000,000円、英国では70,000ポンド（≒10,360,000円）を基準としており、金額的には大差ない[15]。しかし、課税事業者に関して、わが国では、基準年度における課税事業者の課税売上高は売上高の実額から課税消費税額控除後の金額とされる一方、免税事業者の課税売上高は売上高の実額とされる（消基通1-4-5）。つまり、わが国では、基準年度において、課税事業者であるか免税事業者であるかによって、異なる課税売上高の計算方法が採られる。これに対し、英国ではそのような計算に差異を設けていない。課税事業者であるか免税事業者の判断基準として、事業規模を表す売上高を用いるのであれば、課税事業者であるか免税事業者であるかにかかわらず、すべての事業者に対して売上総額を基準に判断を行う必要がある[16]。

第4款　インボイス方式の意義と適用方法

　付加価値税の算定方法として「仕入税額控除法」を採用する場合には、仕入税額の適正な把握が要請される。「仕入税額控除法」は、(a)仕入に含まれる付加価値税を税額票（Invoice）または請求書等に明記することを条件に仕入税額控除を認める「インボイス方式」（invoice method）、(b)インボイス等への記載は要請されないが、帳簿等に記載された仕入税額に付加価値税率と乗じることにより、仕入税額控除を認める「帳簿方式」（account method）とに大別される。

　EU加盟国の多くは「インボイス方式」を採用しており、英国においても、課税事業者によるインボイスの発行が義務づけられている。インボイス発行の目的は取引証拠を文書によって提示することであり、下記①から⑧の事項を記載したインボイスの発行により、課税事業者は供給に係る仕入税額の返還請求が認められる[17]。

　①　インボイス番号、日付、課税時点

170

② 名前，住所，供給者のインボイス番号

③ 顧客の名前，住所

④ 各インボイス品目，供給された物品・役務の説明

⑤ 物品数，役務の程度，1単位当たりの価格，VAT課税前の支払額，VAT率

⑥ VAT課税前の合計金額

⑦ 現金割引率

⑧ VAT課税対象総額

なお，取引相手が課税事業者ではなく，免税事業者である場合には，インボイスの発行有無は事業者の判断に委ねられ，インボイスを発行する場合の記載事項は下記①から⑤の内容で足りる。

① 名前，住所，小売業者のVAT番号

② 課税点

③ 供給された物品・役務の説明

④ 顧客から支払われた合計金額(VAT額を含む)

⑤ VAT率，支払総額，適用VAT率

わが国の消費税法では，1994年(平成6年)の税制改正により，請求書等保存方式が導入されており，仕入税額控除の適用要件として，請求書・領収書・その他取引の事実を証する書類のいずれかの保存が要求される(消法30⑦)。英国の付加価値税法においても，帳簿の保存義務が規定されており，全ての課税事業者は，HMRCの指定する下記①から⑤のような帳簿記録(accounting records)を6年間(HMRCの認容がある場合には6年以下の期間)保存されなければならない。HMRCは課税事業者に対して，これらすべての帳簿記録に関するVAT記録の提示・取引証書の調査を要求することができる[18]。

① 取引・会計記録(注文書，配達記録，取引通知，購買帳簿，現金帳簿，その他会計帳簿，領収書，銀行取引明細，入金伝票，年間財務諸表)

② VAT帳簿

③ 発行インボイスのコピー

④　電話通話，駐車料金，自動販売機での購入に関して，支払金額が25ポンド以下であればインボイスの発行は要求されていないが，全ての受取インボイス

⑤　輸出入に関する記録

ただし，インボイスが無くても，その代替的文書が保存されているとHMRCが認める場合には，仕入税額の控除が認められる（VATA, Sch. 2(a)）。この代替的文書とは，具体的にどのようなものを示すのかについて明確にされていないため，HMRCの判断に如何によって仕入税額控除の可否が決定される。租税法律主義の観点から，ある程度の規範を設ける必要性があるように思われる。

インボイス発行時点で登録事業者でない者によって発行されたインボイスにVAT金額の記載がある場合には，課税庁がその者に対して記載金額を請求することができる（VATA 1994, Sch. 11, par. 5）。この規定は，登録事業者でない者に生じたVATは救済されない旨を規定している。公平性の立場から，そうした支払いを行った者はその支払が要求されるような供給に直接に起因する物品またはサービスの供給に係るVATは控除が許され得る。

課税事業者に供給を行い，インボイスにVAT金額の記載をした場合，当該VATを仕入税額として返還請求を行う際に，当該供給を受領した者は論理的証拠にはなり得ない。当該供給を受領した課税事業者が当該金額を仕入税額として取り扱い，返還請求を行ったのであれば，認められる。すなわち，仕入税額の返還に係る重要な論点は，当該事業者が供給を受けたかを証明することにある。このことが示されれば，インボイスが無かったとしても，その他の証拠に基づき，課税庁の裁量（discretion）により，仕入税額の返還請求が認められる。

納税者と課税庁の仲裁的立場にある裁判所は，この課税庁の裁量を監督する（supervisory）役目を担っており，課税庁が仕入税額の返還請求を認めない課税処分を行った場合において，課税庁の判断が合理性に欠けると判断されるのであれば，裁判所は当該課税庁の行った処分を取り消すことができる。課税庁の課税処分が取り消された事案としては，たとえば，関連会社に提出されたイン

ボイスに記載された仕入税額の返還請求を受け入れなかった課税庁の判断を裁判所が却下したJEモーガン事案(LON/86/165/No 2150)，事業ではなく，他社名義のリースに関する仲介料が弁護士事務所の仕入税額として返還請求が認められたバードセンプル＆クラウフォードへローン事案(Bird Semple & Crawford Herron：EDN/85/35 No.2172)がある。

　2007年に課税庁は，『法的合理性のあるVATインボイスを伴わない仕入税額控除：改訂実務書』(*VAT input tax deduction without a valid VAT invoice：Revised statement of practice*)と題して歳入庁の実務書36/07を公表した。本実務書は，仕入税額控除に対するHMRCの裁量は供給者側が仕入税額控除の手続きを行ったかを確認するとともに，不正の供給を取り締まり，法的根拠のない文書による仕入税額控除を指摘する立場を表明した。

　この実務書の公表には，ペクスム株式会社(Pexum Limited)判例における裁判所の判断が大きく反映されている。ペクスム株式会社事案において，課税庁は，12のインボイスにCPU等と記載された商品購入に係る1,500,000ポンドについて，仕入税額控除を認めなかった。その理由は，商品に関する詳細な記載が無かったため，当該インボイスの法的合理性が認められないためである。

　課税庁の主張によれば，ペクスム株式会社もしくは当該商品供給側が，不正取引を行ったどうかについては断定しがたいものの，購入された商品に関して，インボイスへの記載がなく，当該商品取引は存在しなかったことが推測される。

　VAT規則第14条第1項第g号の本質的要素である「合法的な課税インボイスあるいはその他の文書の保存」の要件が満たされないことから，控除権の行使は認められない。

　一方，裁判所は，法的合理性のあるVATインボイスを伴わない仕入税額控除を請求できるか否かの問題に関して，次の3つの要素について主張している。すなわち，(1)2003年7月に課税庁によって公表された実務書の要件が充足される必要があること，(2)売上税および仕入税の帳簿記載額が一致していることを前提として，VAT課税制度の執行は，課税当局に委ねられていること，(3)課税庁による仕入税額控除権の実行権は正当化されない控除権の制限である。

裁判所の判決は，ペクスム株式会社の提示したインボイスには，仕入税額控除を請求する法的文書としては十分でないことに関しては，課税庁の主張と相違ないが，法的合理性の認められないとする判断理由が大きく異なる。当該仕入税額対象取引が不正取引であるかが問題なのではなく，「当該インボイスがVAT規則第14条第1項第g号に準拠して作成されたものでは無いこと」が法的合理性を欠く最大の理由である。つまり，VAT規則第14条第1項第g号の求める個々の供給商品に関する十分な説明が必要とされ，EC第6次指令第22条第3項第b号の要請する供給物品の性質に関する詳細が記載される必要があった。

　なお，この実務書の改訂に伴い，課税庁はVAT規則第29条第2項において，仕入税額控除の申請に必要な証拠としては文書だけに限らず，代替的な証拠によることも可能であるとの修正を行った[19]。

第5款　複数税率の設定

　周知のとおり，欧州諸国のVAT率は高く設定されている。EC第6次指令によれば，EU加盟国では，標準税率および軽減税率による複数税率が前提とされており，適用税率としては，標準税率が15％以上，軽減税率が5％以上と定められている[20]。各適用項目は表7-1に示されるとおりである[21]。

　現在，英国のVAT標準税率は20％に設定されており，わが国の消費税率8％と比較しても，かなりの高税率である。その一方，低所得者層への配慮等，社会的・政策的観点から，VATにおける累進性・公益性の充実を図るべく，標準税率以外に非課税項目・軽減税率項目・ゼロ税率項目が設けられている。このゼロ税率の採用・非課税項目の広範な設定が英国付加価値制度の特徴であり，逆進性への配慮がなされている[22]。

　わが国では，国内で「課税対象資産の譲渡等」が行われる限り，国または地方公共団体も納税義務者となるが，国・地方公共団体・公共法人・公益法人等による一定の役務提供や医療保険各法および社会福祉事業法に基づく役務提供・資産の譲渡，介護サービス，学校教育等は非課税となる（消法⑥，別表1）。

表7-1　非課税・軽減税率・ゼロ税率の適用対象

<table>
<tr><th colspan="2">区分グループ</th><th>適用対象供給</th></tr>
<tr><td rowspan="15">非
課
税
項
目</td><td>グループ①</td><td>(a)　居住用または慈善用の新築・中古建物の販売または21年以上リース
(b)　新築あるいは未完成の商業用建物や建設に使用するための土地
(c)　不動産業者が基準税率の課税対象供給の取扱いを選択した場合には，利用済み商業用建物
(d)　賭け事や漁業権の譲渡：ホテルや休日の宿泊設備，季節的なキャラバン，キャンプ場：製材権の譲渡：駐車設備，貯蔵設備，航空機・船舶等の保管設備の譲渡，映画館・スポーツ観戦の占有ボックス・座席に関する権利譲渡：スポーツ施設の貸付</td></tr>
<tr><td>グループ②</td><td>保険</td></tr>
<tr><td>グループ③</td><td>郵便局によって提供される公共サービス</td></tr>
<tr><td>グループ④</td><td>賭博，ゲーム，くじ</td></tr>
<tr><td>グループ⑤</td><td>金融サービス（銀行手数料，株式仲介料，保険料）</td></tr>
<tr><td>グループ⑥</td><td>学校，大学，専門学校における教育</td></tr>
<tr><td>グループ⑦</td><td>健康福祉サービス</td></tr>
<tr><td>グループ⑧</td><td>埋葬・火葬サービス</td></tr>
<tr><td>グループ⑨</td><td>取引団体，専門団体への出資</td></tr>
<tr><td>グループ⑩</td><td>非営利団体に対するスポーツ競技会の参加料</td></tr>
<tr><td>グループ⑪</td><td>国立美術館等，公認機関への美術品売却</td></tr>
<tr><td>グループ⑫</td><td>慈善団体によって組織された募金イベント</td></tr>
<tr><td>グループ⑬</td><td>文化的サービス</td></tr>
<tr><td>グループ⑭</td><td>仕入税が返還されない物品供給</td></tr>
<tr><td>グループ⑮</td><td>金への投資</td></tr>
<tr><td rowspan="9">軽
減
税
率
項
目</td><td>グループ①</td><td>家庭用あるいは慈善事業のために供給される燃料・動力</td></tr>
<tr><td>グループ②</td><td>省エネ機械の設置</td></tr>
<tr><td>グループ③</td><td>暖房・防犯設備の設置</td></tr>
<tr><td>グループ④</td><td>女性のサニタリー製品</td></tr>
<tr><td>グループ⑤</td><td>車の子供用座席，座席の土台</td></tr>
<tr><td>グループ⑥</td><td>転居</td></tr>
<tr><td>グループ⑦</td><td>住宅の改築・修築</td></tr>
<tr><td>グループ⑧</td><td>避妊製品</td></tr>
<tr><td>グループ⑨</td><td>国家に規制された個人福祉団体または慈善団体による福祉に関するアドバイスや情報</td></tr>
</table>

	グループ⑩	お年寄りのための訪問介護
	グループ⑪	禁煙製品
ゼ ロ 税 率 項 目	グループ①	食品（贅沢品・ケータリング以外）
	グループ②	水道・下水サービス（事業用に用いるものを除く）
	グループ③	書籍，新聞，旅行誌（文房具を除く）
	グループ④	盲目者・障害者用の書籍・ワイヤレスセットの購入
	グループ⑤	居住用・慈善事業用の新築建物，居住用のための改造・転換された中古建物の販売・21年以上の賃貸
	グループ⑥	居住用・慈善事業のための再構築された防犯用建物の販売・21年以上の賃貸
	グループ⑦	特定の国際サービス
	グループ⑧	乗客の移動（遊覧移動および10席以下の乗物による移動は標準税率による）
	グループ⑨	特定のキャラバン・住宅船
	グループ⑩	中央銀行から他の中央銀行・ロンドン金市場メンバーへの金の供給
	グループ⑪	記帳
	グループ⑫	薬・医薬品
	グループ⑬	輸出
	グループ⑭	EU圏外の人に対する販売を行う免税店

出所：Alan Melville, *Taxation Finance Act 2010 Sixteenth edition*, Prentice Hall, 2011, pp. 472-474参考。

このうち，政策的配慮に基づく非課税取引には，①公的な医療保証制度によるもの，②社会福祉・更生保護事業，③助産，④埋葬・火葬料，⑤身体障害者用物品，⑥一定の学校授業・入学料，⑦教科書，⑧住宅の貸付け等がある。一方，消費税にそぐわない取引には，①土地の譲渡・貸付け，②有価証券等の譲渡，③金融・保険取引等がある。

　英国の非課税項目には，金融・保険・公共サービス等が含まれ，わが国と同様に，公益上，VAT課税にそぐわないような物品または役務の供給・政策的配慮に基づくものが課税対象から除かれる[23]。

　5％の軽減税率項目に該当する物品または役務の供給には，家庭用または慈善事業への燃料，環境・健康関連物品が該当し，ゼロ税率項目の物品または役

務の供給には，食料品全般や医薬品，水道・下水など，生活に必要最低限必要
な物品・サービスが含まれる。

　表7-1に示されるように，各項目はグループごとに詳細に区分されているが，
その判別は困難である。ゼロ税率の適用・不適用食料品の判別は，「贅沢品で
あるか否か」，あるいは「外食であるか否か」を基準に行われるようであるが，
こうした判別方法は極めて不明瞭であり，限定列挙するとしても相当煩雑であ
る[24]。ゼロ税率の適用対象となる食料品に関して，同じヨーグルトでも普通の
ヨーグルトにはゼロ税率，フローズンヨーグルトには標準税率が適用され，飲
料にしても，オレンジジュース・ボトル飲料水は標準税率，牛乳，コーヒー，
紅茶，ココアはゼロ税率の対象となる等，その判別は複雑である。主なゼロ税
率対象外物品としては，冷凍菓子(アイスクリーム，フローズンヨーグルト，氷等)，
チョコレートでコーティングされたビスケットやケーキ，アルコールが挙げら
れている。また，購入した食品を店舗内で消費する「外食」には標準税率が適
用され，同じテイクアウト用でも暖かい食べ物は標準税率，冷たい食べ物には
ゼロ税率が適用される。

　なお，非課税項目は，単に課税対象から除かれるのに対し，ゼロ税率項目に
は，インボイス方式による前段階税額控除が適用され，ゼロ税率項目の物品ま
たはサービスを行う登録事業者に対しては，当該物品の仕入に係るVAT控除
が認められる点で両者の税務上の取扱いは大きく異なる。すなわち，税率が適
用されない非課税項目の供給を行う事業者は，売上税額を課さないため，非課
税売上に係る仕入税額の回収が行えないが，ゼロ税率項目の場合には，売上に
係る課税はゼロ％であり，売上税額は課されないものの，「課税対象供給」と
して，仕入税額の計算過程に組み込まれ，仕入税額の回収が行える。仕入税額
が回収可能となるゼロ税率は，仕入税額控除付き非課税ともいうことができ，
ゼロ税率によれば，各段階におけるVATの累積が解消され，VAT本来の仕
組み・目的が保たれつつ社会性に配慮した課税が実現される。一方，仕入税額
控除が付されない非課税項目に関しては，仕入税額が売上税額として転嫁され
るならば，後の各取引段階で税の累積が生じることとなり，中立性が損なわれ

る危険性が生じる[25]。

　そのため，複数税率を採用した場合，制度が複雑化する懸念は消えないが，非課税項目の充実よりも，ゼロ税率項目の採用・拡充が評価され得る。ただし，該当項目に応じて，英国では，適用税率だけでも０％から５％，20％へと大きな開きが生じるとともに，仕入税額の計算にも影響を及ぼすため，各項目区分に際しては，納税者の納得が得られる合理的判断基準が要請される。

第6款　課税の認識時点

　供給の行われたとみなされる日は「課税時点」（tax point）といわれ，次のような場合にVAT納付義務が発生する。物品の供給に対する課税時点は，原則として，物品が移転し，物品購入者が当該物品を利用可能になる日である。役務の供給に対する課税点は役務が提供された日となる。ただし，下記①・②のような場合も実質的な課税時点として認められる。

① 　供給者側がインボイスを発行するか，あるいは，基本的な課税点よりも早い日に支払いを受けた場合には，インボイスの発行された日または支払いを受けた日

② 　基本的な課税時点後14日以内にインボイスが発行された場合には，インボイス発行日（売手側である事業者の商品供給に係るインボイスを受け取るまでに，消費者の購入に係るインボイス価額が確定していない場合には，14日以内のインボイス発行が困難であるとして，登録事業者の要請により14日間の期限を延期することができる。

第3節　多様な申告・納付方法

第1款　原則的方法

　売上税額が仕入税額を上回る場合にはVAT不足額HMRCに納付し，仕入税額が売上税額を上回る場合にはHMRCから還付を受けることになるため，登録事業者はHMRCに対して，仕入税額・売上税額の金額を記載した申告書を

定期的に提出する必要がある。VATの申告期限は課税年度末から1月以内とされ，2010年4月1日時点で既に登録されている事業者・課税年度の課税売上高が100,000ポンドを超えない事業者を除く事業者には，2010年4月1日以後に開始する課税年度においては電子申告が義務付けられる。2010年4月1日時点で既に登録されている事業者・課税年度の課税売上高が100,000ポンドを超えない事業者に関しては，VAT 100の様式を用いて紙ベースの申告書を提出することができる。供給の大半がVAT還付を受けるようなゼロ税率供給を主に行う登録事業者は，4半期ではなく毎月のVAT申告書提出を選択することができる[26]。

　4半期申告を行い，年間VAT債務が2,000,000ポンドを超える登録事業者は，毎月，HMRCに対して支払帳簿（payment on account）を作成しなければならない。1回目の申告は4半期末前の1ヵ月間に行われ，2回目の申告は4半期末に行わなければならない。残額の納付は4半期末後の1ヵ月間に行われ，全て電子申告により行われなければならない。1回目および2回目の納付は当該登録事業の前年度におけるVAT総額に1／24を乗じて算出される。

第2款　現金会計法

　年間の課税売上高が1,350,000ポンド以下であり，前12ヵ月以内に不正・租税回避のVAT違反により，罰科金を課されていない登録事業者は現金会計法（cash accounting scheme）を選択することができる。現金会計法を採用する事業者は，顧客から支払を受けた課税年度の売上税額に係る会計帳簿を作成し，取引先に支払った課税年度における仕入税額の返還請求を行う。現金会計法を採用する場合には，顧客から実際に支払いを受けるまでHMRCに対する売上税額の支払いを延期することができる一方で，仕入税額は実際に供給者への支払いが行われるまで返還請求することができない[27]。

　課税売上高が1,600,000ポンドを超える場合には，当該課税年度末に現金会計法は適用されないが，売上高の好調が一時的なものであり，次年度では1,350,000ポンドを超えないことが証明される場合には，現金会計法は継続で

きる[28]。なお，(a)供給が行われる前にインボイスが発行される物品・役務の提供，(b)インボイスが発行されてから6ヵ月以内にVATを納付する必要のない供給に対して，現金会計法は用いられない[29]。

第3款　年次会計法

次年度の課税売上高が1,350,000ポンドを超えないことが予想される事業者は年次会計法(annual accounting scheme)を採用することができ，毎年1回のVAT申告書を提出する[30]。年次会計法を採用する事業者は，前年度のVAT債務の10％相当額を9ヵ月間にわたってHMRCに予定納付することになるが，選択によっては，4ヵ月ごとに年間3回の予定納付で済ませることができる。4ヵ月ごとに納付する場合の各予定納付額は前年度の25％に相当する金額となる。年次会計法を初めて採用する事業者，あるいは，登録後12ヵ月が経過していない事業者は第1回目の中間納付については当該年度の予想VAT債務に基づいて行う。最終的な年次申告は，残額のVAT債務と共に年度末に行われる。年次会計法には，各年度のVAT申告回数の削減と現金収支の予測可能性が高まるといった利点がある[31]。

第4款　小規模事業者および農業事業者に対する比例税率法

次年度の課税売上高が150,000ポンドを超えないことが予想される小規模事業者に対しては，総売上高に対して，一定の割合を乗じることにより納付VAT額を算出する比例税率法(flat-rate scheme)が設けられている。比例税率法を採用する場合の各課税年度におけるVAT額は該当課税年度のVAT込売上高に対して一定割合を乗じて算出され，算出金額がそのまま当該事業年度の納付額となる。適用可能な割合は取引部門に応じて決定され，標準税率17.5％の場合は適用税率幅が3.5－13％(標準税率が20％へ引上げられた場合には，4％－14.5％)となる。VAT込で2,000ポンド程度の資本的資産を取得した際の仕入税額に関しては，通常の方法による仕入税額税控除が認められ，当該資産に係る売上税は最終的な資産処分時に計上される。なお，比例税率法を採用する日

に終了する課税年度でVAT込の所得が225,000(2011年1月4日以後は230,000)ポンドを超える場合には比例税率法は適用できない。

　農業事業者は，基本的にゼロ税率取引業者であるが，課税対象供給を行い，VAT登録を完了すれば，VAT納付義務が生じるとともに，当該課税対象供給に係る仕入税額の返還を受ける。税務執行コストの削減という見地から，農業事業者に対しても定率法が設けられており，課税売上高に関わらず比例税率法の採用が認められている。ゼロ税率取引業者である農業事業者は，VAT登録の代替方法として，比例税率法を採用することにより，仕入税額の返還機会を喪失することになるため，農業事業者がVAT登録事業者に対して物品または役務の供給を行う場合には，販売価格に4％の一定割合を上乗せして供給することが認められている。この場合，割増額は通常取引の仕入税額に相当するため，課税事業者が比例税率法を採用する農業事業者からの物品または役務の供給を受ける場合には，当該割増額を仕入税額として控除することができる[32]。

第5款　中古品に対する粗利課税法

　原則的に，VATは取引物品が新品であるか中古であるかにかかわらず，売上物品の価格に対して課される。しかし，VAT最終負担者である消費者が一端購入した物品等が再び他の消費者の販売された場合には，同じ物品に対してVATが2重に課されることになる。そのため，課税事業者が中古物品を売却する場合には，粗利課税法(margin scheme)を採用することにより，粗利益のみにVATが課される[33]。粗利課税法は下記要件で適用される。

①　VATは物品の仕入価格と売上価格との差額である売手側の粗利益にのみ課される。

②　売手側の粗利益はVAT込みの金額で算定されるため，課税金額は当該粗利益にVAT割合を乗じた金額となる。

③　粗利益を算出する際，売手によって支払われた費用(たとえば，修復・修繕・予備部分に係る費用等)は考慮されない。

④　物品購入者は課税事業者であったとしても，仕入税額の返還請求はできない。

粗利益課税法は，主として，中古商品取扱業者に対して設けられた対策である。当該方法の適用に当たり，満たされるべき要件は，関連物品が中古であり，VATが課されない(つまり，公共機関や非登録事業者からの)供給により購入されるか，粗利課税法によって物品を売却する者から購入されていることである。売上インボイスは仕入税額が関連物品に関する売手によって返還請求されてないこと(あるいは返還請求され得ないこと)についての申告が含まれなければならない。

　たとえば，取引業者が公共機関から2,000ポンドでテーブルを購入し，500ポンドの修復費を投じた後，2010年6月に当該テーブルを5,000ポンドで売却したと想定する。粗利課税法において，取引業者の修復費用は考慮されないため，当該供給による粗利益は3,000(＝5,000－2,000)ポンドとなり，売上税は3,000ポンドにVAT割合7/47を乗じて算出された446.81ポンドとなる[34]。

第4節　仕入税額の算定

第1款　控除不能仕入税額

　一般的に，課税事業者は，供給の有無をインボイスの発行によって証明し，当該物品・役務を事業に供する場合に限り，仕入税額の返還を求めることができる。しかし，事業の一環として供給を受けたとしても，下記①から④に該当する供給に関しては，仕入税の返還請求を行うことができない。

①　海外の取引先に対する接待に係るVATであり，当該供給が課税対象供給であるか否か定かでない場合

②　法人の経営者が国内住居の規定に基づく費用を法人名義で支出した場合

③　下記(イ)から(ハ)を除く自動車の購入

　(イ)　自動車販売業者が棚卸資産として取得する自動車

　(ロ)　免許センター・レンタル会社・タクシー会社での使用を目的として取得する自動車

　(ハ)　専ら事業のために取得する自動車

④　粗利課税法のもとで売却された中古物品に係るVAT

専ら事業のみに使用されない物品等に係るVATについては，返還請求が認められない。部分的に事業用に使用され，部分的に個人使用されるような物品等に対しては，(a)仕入税額が事業的要素に係る部分と個人使用に係る部分とに按分され，事業的要素の税額だけが返還請求されるか，あるいは(b)供給に係る仕入税額の全額が返還請求されるが，売上税は個人使用に関する金額のみが計上される。(a)の取扱いは物品または役務供給のどちらにも適用されるが，(b)の取扱いは物品に対してのみ適用される。

第2款　部分的仕入税額の算定

前述のとおり，課税事業者の行う全ての課税対象供給は仕入税額を返還請求される一方，非課税供給を行う事業者は課税事業者ではないため，供給に係る仕入税額を全く返還請求することができない。ただし，部分的に課税供給・非課税供給を行う課税事業者は，課税対象供給に対応する一部の仕入税額に限り返還請求が認められる。すなわち，専ら課税対象供給のために使用された期間における物品またはサービスに係る仕入税額には全額返還請求が認められ，専ら非課税対象供給のために使用された期間における物品またはサービスに係る仕入税額では返還請求が認められない。課税・非課税の両方に使用された物品またはサービスに係る仕入税額は「残存仕入税額」(residual input tax)と呼ばれ，実質的な一定割合を用いて課税対象供給に配分され，下記算式により求められた実質的仕入税額が返還請求される[35]。

実質的仕入税額＝課税対象供給÷すべての供給価額

全供給に対する課税売上割合は小数点以下の端数が切り上げられ，残存仕入税額が少なくとも1ヵ月あたり400,000ポンドである場合には，小数点第2位までの数値となる。各課税年度における残存仕入税額の暫定的な返還請求額を決定する際には，過年度の全体割合を用いるため，各年度にわたり，別々の割合を計算する必要はない。ある事業年度において，課税対象供給に該当しない

仕入税額の合計額が①毎月平均625ポンドの最低限度額(de minimis)を超えない場合, ②全仕入税額の50%を超えない場合には, 当該課税対象外供給は課税対象供給として取り扱われ, それに係る仕入税額は全額返還請求ができる。この場合の返還可能な仕入税額は暫定額に過ぎないため, 各課税年度末に一課税年度分の最低限度額7,500(=625×12)ポンドを用いて再度計算され, 最終的な返還請求可能額が算定される。返還請求可能な仕入税額の確定金額と暫定金額との差額は, HMRCに対して, VAT債務の過少申告額あるいは過大納付額として申告する必要がある。

　たとえば, A事業者が2010年6月30日までの4半期に下記供給(単位はポンドとする)を行ったと仮定する。

標準税率の供給(VAT除外)120,000　　課税対象供給に係る仕入税額　　　7,500

ゼロ税率供給　　　　　　　80,000　　非課税対象供給に係る仕入税額　8,500

非課税供給　　　　　　　　50,000　　課税対象外供給に係る仕入税額　12,000

　上記取引の場合,「標準法」(standard method)による当該4半期の暫定的VATは次のように計算される。

売上税

　標準税率供給120,000×17.5%　　　　　　　　　21,000ポンド

　ゼロ税率供給80,000　　　　　　　　　　　　　　0ポンド

仕入税

　課税対象供給　　　　　　　　　　　　　　　　7,500ポンド

　課税対象供給に該当しない仕入税額　　　　　　9,600ポンド

　　(120,000+80,000)÷(120,000+80,000+50,000)=80%×12,000

当該四半期における課税対象供給外仕入税額は非課税対象供給の8,500ポンドと課税対象供給に対応しない仕入税額12,000ポンドに20%を乗じて算出された金額との合計金額10,900(=8,500+2,400)ポンドとなる。この金額は月平均

が908（＝10,900÷12）ポンドとなり，最小限度額の625ポンドを超えるため，仕入税額の返還請求は認められない。

この部分的仕入税額の計算方法には，上述された「標準法」の他に，HMRCが容認する代替的方法も設定されており，より公平で，かつ，合理的な方法とされる「特別法」（special method）によることもできる[36)]。「特別法」による仕入税額の配分は，異なる事業活動に従事する従業員数や各事業活動の取引数，事業所占有割合に基づいて行われる[37)]。

第3款　最小限度額方式による簡易課税制度

前述のとおり，非課税売上に対応する仕入税額の控除は認められないため，課税売上・非課税売上の両方に係る仕入税額は，その利用割合に応じて配分される必要がある。ただし，非課税売上に係る仕入税額が少額である場合には，控除することが認められており，VAT課税年度において，①仕入税の総額が毎月平均625ポンドを超えることなく，非課税供給価額が全供給の50％に満たないこと，あるいは，②仕入税の総額から課税対象供給に係る仕入税を控除することにより算定された金額が毎月平均625ポンドを超えることなく，非課税供給価額が全供給の50％に満たないという一定要件を満たす事業者は，部分的非課税措置の手続きを行うことなく，課税・非課税供給に係る仕入税額の暫定金額に基づいて仕入税額控除が認められる[38)]。上記①・②の要件は，当該事業者が当該年度の全期間において最小限度適用者であるかどうかに関わらず，各課税年度末に適用されるが，部分的非課税事業者が上記2要件を満たさなかったVAT年度においては，上述の部分的非課税の全計算手続きを行わなければならない。

たとえば，2010年8月31日までの4半期において，30,000ポンドの課税対象供給および20,000ポンドの非課税対象供給を行ったB事業者の仕入税額を1,500ポンドであると想定する。この場合，毎月の仕入税額は平均500（＝1,500÷3）ポンドであり，非課税対象供給は全供給額の40％ ｛＝20,000÷（30,000＋20,000）×100｝である。B事業者は上記①の要件を満たすため，当該4半期に

係る予想仕入税額を全額返還請求することができる。また，2011年3月31日までの4半期において，140,000ポンドの課税対象供給および60,000ポンドの非課税供給を行う事業者Cの仕入税額を27,600ポンド(このうち，22,800ポンドが課税対象供給に係る)であると仮定する。仕入税額の月平均額2,300(＝27,600÷12)ポンドであり，625ポンドの最小限度額を超えているため，上記①の要件は満たさない。しかし，総仕入税額から課税対象供給に係る仕入税額を控除して算出された金額4,800(＝27,600－22,800)ポンドの月平均額は400(＝4,800÷12)ポンドとなり，非課税対象供給は総供給額の30％(＝60,000÷(140,000＋60,000)×100)となり，上記②要件を満たすため，当該課税年度の仕入税額の全額を返還請求することができる。

図7-1は仕入税額控除の可否について図式化したものである。

図7-1　控除可能となる仕入税額の相関関係

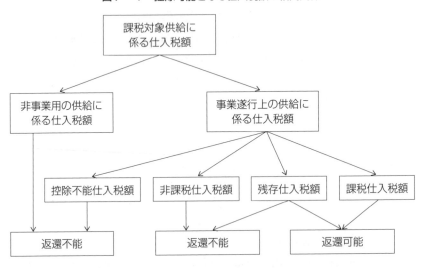

第5節　英国付加価値税の課題

　英国の付加価値税はわが国の消費税に比して高税率に設定されているものの，その一方で複数税率を採用する等の逆進性緩和策も設けられている。付加価値税の複数税率化は消費税率の引上げを検討するわが国において，参考にされたい措置である。

　ただし，複数税率を採用する場合には，各税率適用項目の判別には恣意性が介入されるため，詳細，かつ，明解な項目区分の提示が要求される。また，ゼロ税率・軽減税率等の恩恵は高所得者層にも及ぶため，生活必需品以外の高級志向の物品・サービスの提供あるいは健康・環境有害物品等に高税率区分を設ける等の工夫がなされるべきである。社会保障財源確保に配慮した特定の政策的消費課税は，たとえば，景気・少子化・環境等，どの分野に重点を置くかによって，要求される措置も異なるため，重課・軽課対象項目の選定には極めて困難を要する。英国では，現在，景気対策の観点から，労働促進措置として，食洗機・調理済み食品への軽減税率適用可能性が謳われている[39]。わが国においても，社会保障財源として消費税増税を提唱するのであれば，政策の方向性を長期的・具体的に示されるべきである。

　次に，仕入税額控除の適用に関して，英国では仕入税額の「控除」に「返還請求」(reclaim)という文言を用いていることに加え，その説明についても，登録事業者は仕入に係る税額の返還請求を行う資格がある(be entitled)というように，仕入税額控除の「権利性」が示されている。VAT額の計算には，課税売上に係る供給額にVAT率を乗じて算定された売上税額から仕入税額を控除する「仕入税額控除方式」を適用する点でわが国の消費税額計算手法とほぼ同じ形式が採られているものの，英国では，インボイスによる仕入税額の把握が行われるため，より厳密に租税の転嫁が行われている。わが国では，仕入税額控除の要件である「帳簿および請求書等の保存」を定めた消費税法第30条第7項において，宥恕規定が災害その他やむを得ない事業の場合にしか認められな

いのに対し，英国のVATAでは，インボイスの保存義務は附則による規定に留まり，仕入税額控除適用事業者がインボイスの保存を行っていない場合でも，インボイスの代替的文書としてHMRCが認める場合には，仕入税額控除が適用される。このように，同じ「仕入税額控除方式」の採用国であっても，仕入税額控除の請求「権利性」および適用柔軟性を持つ英国の執行姿勢はわが国と大きく異なる。

　わが国消費税率の段階的引上げが提言され，紙面を賑わせているが，消費税率の引上げ以前に現行消費税法の欠陥を是正する必要がある。富岡教授が指摘されるように，「どんぶり勘定」たる「帳簿方式」が引き起こす租税転嫁の不透明性およびそれに伴う「損税」に対処すべく「インボイス方式」への移行が要請される[40]。また，国際取引の複雑化・加速化に対応する徴税システムを充実させるためにも課税事業者・免税事業者を峻別する「インボイス番号」の付与が早急に行われて然るべきである。

〔注〕
1)　*VAT in the United Kingdom*，Touche Ross，1986，p.1.
2)　Chris Whitehouse(ed)，*Revenue Law-principles and practice seventeenth edition*，Butterworths，1999，p.555.
3)　鎌倉　治子『諸外国の付加価値税－2008年度版』国立国会図書館調査及び立法考査局，2008年，13頁。
4)　菊谷正人『国際会計の研究』創成社，1994年，29-30頁。
5)　水野　勝「我が国における一般的な消費課税の展開」『金子先生古希祝賀公法学の法と政策上』有斐閣，2000年，199頁。
　　　仕入税には，下表に示されるように，課税対象物品に応じて4段階の税率が設定されており，税率の多さへの懸念も付加価値税導入理由の1つと言われている（知念裕『付加価値税の理論と実際』税務経理協会，1995年，95-95頁）。

物品の種類	税率
衣料品，履物，家具，金物等	13.2%
キャンディー，清涼飲用水，アイスクリーム	22%
家庭用品	36.66%
毛皮，宝石類，貴金属時計等	55%

6)　David Smailes，Tolley`s Income Tax 2009-10 94th，LexisNexis 2009，pp.1028-29.

Keith M Gordon and Ximena Montes-Manzano, *Tiley and Collison's UK Tax Guide 2009-10 27thedition*, Lexis Nexis, 2009, p.2236.

7)　Andrew Needham, *Value Added Tax 2010/11*, Bloomsbury Professional Ltd, 2010, p.2.

8)　増田英敏「イギリスの付加価値税(Value Added Tax)の法構造－住宅税制の視点を中心として－」『山田二郎先生喜寿記念納税者保護と法の支配』信山社, 2007年, 520頁。

9)　Andrew Needham, *op. cit.*, p.2.

10)　*I bid.*, p.2.

11)　Alan Melville, *Taxation Finance Act 2010 Sixteenth edition*, Prentice Hall, 2011, pp.470-471.

12)　*I bid.*, p.470.

13)　*I bid.*, p.479.

14)　*I bid.*, p.480.

15)　わが国の免税点に関して, 平成16年(2008年)の税制改正により, 従来の30,000,000円から10,000,000円へと引き下げられた。これにより, 諸外国に比して著しく高く設定されていた免税点は, 諸外国の基準と足並みを揃える形となっている。諸外国の免税事業者基準は, 下表に示されるとおりである(財務省HP：http://www.mof.go.jp/tax_policy/summary/consumption/116_1.htm, 2012年10月10日訪問)。

国　名	日　本	英　国	フランス	ドイツ
免税事業者	基準期間（前々年又は前々事業年度）における課税売上高が10,000,000円以下の者。	当月の直前1年間の課税売上高が8,980,000円以下, または, 当月以後の1年間において8,730,000円以下と見込まれる者。	物品販売・宿泊施設業においては年間売上高が前暦年8,640,000円以下かつ, 当暦年9,500,000円以下である者。その他の業種においては前暦年3,460,000円以下かつ, 当暦年3,670,000円以下である者。	前暦年の年間売上高が1,860,000円以下で, かつ, 当暦年の年間売上高が5,300,000円以下と見込まれる者は免税事業者。

16)　高正臣「イギリス付加価値税法の仕組みと仕入税額控除」『税経通信』第56巻第15号, 2001年, 167頁。
　　　田中治「現行消費税の問題点と改正のゆくえ」『税務弘報』第49巻第8号, 2001年, 22頁。

17)　Alan Melville, *op. cit.*, 487.
　　　なお, 小売業者は供給に係る対価が250ポンドを超えない限り, インボイス発行義務が生じない。EU型のインボイス例として, フランスの場合は, 英国よりも要求されるインボイス記載内容が少なく, ①買主の名称・所在地, ②税抜価格, ③税率, ④付加価値税額, ⑤納税事実に関する選択の5項目となっている。オーストリアの

場合は，英国の記載内容とほぼ同じである（多田雄司「EU型インボイス方式と日本への導入上の問題点」『税理』第39巻第15号，1996年，10-11頁）。

18）　Alan Melville, *op. cit.*, p. 488.

19）　Andrew Needham, *op. cit.*, pp. 222-224.

20）　Chris Whitehouse(ed), *Revenue Law-principles and practice seventeenth edition*, Butterworths, 1999, p. 558.
　Council Directive 2006/112/EC of 28 November 2006, Article 97・99.
　なお，EU加盟国の付加価値税率は，原則として，標準税率および軽減税率の2種類に限られている（Council Directive 2006/112/EC of 28 November 2006, Article 98）。

21）　Alan Melville, *op. cit.*, 472-474.

22）　逆進性への対応として，同じく複数税率を採用するフランスでは，ゼロ税率は設けられておらず，2種類の軽減税率が設けられている。すなわち，食料品・農産物用の肥料に対して5.5%，新聞，医薬品等に対して2.1%の税率が適用される。さらに，非課税項目も英国より少なく設定されている（鎌倉　治子，前掲書，23頁）。
　ゼロ税率に否定的なEC指令に順応すべく，「1993年財政法」において，ゼロ税率対象項目であった電力・家庭用燃料に対し，1994年度から8%，1995年度から17.5%へ税率引上げが公言されていたが，与党保守党議員の造反により否決されるという異例の事態が生じた。その後，ゼロ税率適用項目の範囲は，縮小されつつも，現在においても継続適用されている（青木寅男「英国の税制改正(1995年度)」『租税法研究』第544号，1995年，66頁）。

23）　金子宏『租税法理論の形成と解明　下巻』有斐閣，2010年，377頁。

24）　ちなみに，わが国で一般消費税の導入が提案された中曽根内閣の売上税法案作成に際し，非課税項目の設定に関して，次のように述べられている（水野勝『主税局長の千三百日』大蔵財務協会，1993年，114頁）。
　「食料品非課税の原則の下で，飼料は非課税とされたが肥料は課税とされ，漁船や冷凍トラックは非課税とされたが冷凍倉庫は課税とされた。文化財保護法により助成される伝統芸能としての歌舞伎は非課税とされたが，それに該当しない落語は課税とされた。一般的な事柄を報道する日刊新聞は非課税とされ，それとの並びで一連の夕刊紙も非課税に分類されたが，スポーツ新聞は課税とされた。こうしたところから，課税，非課税はクイズものだという批判も生じることとなった。」

25）　一高龍司「消費課税の世界的潮流」『租税法研究』第34号，2006年，43頁。

26）　Alan Melville, *op. cit.*, p. 486.

27）　Andrew Needham, *op. cit.*, p. 534.

28）　*I bid.*, 535-536.

29）　Alan Melville, *op. cit.*, p. 489.

30）　なお，前年度の課税売上高が1,600,000ポンドを超える場合には年次会計法から脱退しなければならない。

31）　Andrew Needham, *op. cit.*, pp. 532-533.

32)　Alan Melville, *op. cit.*, pp. 490-491.

33)　オーストラリアでは，非登録事業者から中古品(second-hand goods)を購入し，後に供給する場合の取引は，原則として，非課税取得に該当するが，特例により，取得価額の11分の1相当額の仕入税額控除が認められる(GST Act, Division 66)。

34)　Alan Melville, *op. cit.*, pp. 491-492.

35)　*I bid.*, p. 495.

36)　Andrew Needham, *op. cit.*, p. 372.

37)　*I bid.*, p. 379.

38)　Chris Whitehouse(ed), *op. cit.*, p. 578.

39)　James Mirrlees(ed.), *Tax by Design*, Oxford University Press, 2011, p. 11.

40)　富岡幸雄「不況期の増税で国を滅ぼすな(上) −経済活性化と欠陥税制の是正が急務−」『税経通信』第58巻第1号，2012年，19頁。

オックスフォード市内の老舗：
パブリック・ハウス（Public House:Pub,THE CROWN 1873）
パブは老若を問わず，英国国民に古くから親しまれている酒場で，街の至るところにある。

第8章　資産課税の仕組みと特徴

第1節　資産課税の種類と課税根拠

第1款　英国の資産課税に関する法律

　英国の資産課税には，相続税(inheritance tax)，キャピタルゲイン税(capital gain tax)，カウンシルタックス(council tax)，ビジネスレイト(business Rate)，があり，それぞれ，「1984年相続税法」(Inheritance Tax Act 1984)，「1992年課税利得法」(Taxation of Chargeable Gains Act 1992)，「1992年地方財政法」(Local Government Finance Act 1992)に規定されている。課税対象となる資産の種類によって，広範かつ複雑に分類される資産課税に関して，各国では，従来から多くの議論が重ねされてきた。英国の『マーリズ報告書』においても，資産課税の新しい方向性が示されており，英国の資産課税を管見することは，今後の資産課税に対する論議に大きな影響を与える様に思われる。

　そこで，本章では，英国における資産課税の特徴を概観するとともに，現行制度に至る経緯，将来へ向けての改革案の検討を行う。

　資産課税は，資産の取引，保有，移転，資産価値の値上りに対して課税される税である。OECDによれば，資産課税は，主として，①資産の保有に対する課税，②資産の移転に対する課税，③資産価値増加分に対する課税に大別される[1]。

　①の資産の保有に対する課税には，保有財産の種類別に課税・非課税の有無，税率の水準等が決定される分類財産税と保有財産の純資産総額に対して課される富裕税とがある。分類財産税には，地価税，固定資産税，自動車税，都市計画税等が該当する。富裕税は，1900年初頭からオランダ，ドイツ，フランス等のヨーロッパ諸国で採用され，保有するすべての資産総額から負債総額を控除

した純資産総額を課税対象としている。英国やわが国をはじめ，アメリカ，カナダ，ニュージーランドでは，富裕税は採用されていない[2]。②の資産移転に対する課税には，贈与税と相続税とがあり，相続税は，相続・遺贈により取得した財産価値を課税物件とする遺産取得課税と被相続人の遺産額を課税物件とする遺産課税に分類される。贈与税は，相続税の補完税としての役割を持ち，死因贈与以外の贈与によって取得した財産価額を課税対象とする。さらに，③の資産増加分に対する課税には，キャピタルゲイン税や譲渡所得に対する所得税が挙げられる。

　英国の資産課税のうち，上記①の資産の保有に対する課税がカウンシルタックス・ビジネスレイト，②の資産の移転に対する課税が相続税，③の資産の増加分に対する課税がキャピタルゲイン税である。税収総額に占める各比率は，ビジネスレイトが4.5％，カウンシルタックスが4.8％，相続税が0.6％，キャピタルゲイン税が0.9％となっており，相続税とキャピタルゲイン税は両者の比率を合算しても，1.5％というようにビジネスレイト・カウンシルタックスの単独比率の3分の1にも満たない[3]。ここに，英国の資産課税に対する特徴的な概念が伺える。

第2款　資産課税の種類

(1)　カウンシルタックスの特徴と仕組み

　「1992年地方財政法」により導入されたカウンシル・タックス(Council Tax)は，居住用資産・土地の評価額を課税対象とする地方税であり，わが国の固定資産税に相当する。多くの国では，一般的に，固定資産税の他に所得税・法人税等，複数の税から一定割合ずつ徴収することにより，地方税が構成されるが，英国の場合，固定資産税のカウンシルタックスが唯一の地方税源となっている。カウンシルタックスが導入される前は，サッチャー政権による「1988年地方財政法」(Local Government Finance Act 1988)で導入されたコミュニティーチャージ(Community Charge)が課されていた。このコミュニティーチャージは，保有資産や所得に関係なく一人一人に同額の税負担を求める人頭税(poll tax)であった

ことから，逆進性に対する非富裕層や地方政府の反発を招いた。そのため，低所得者，学生，精神障害者等を対象に減免措置を設けるものの，導入後３年で廃止に至り，に替わりカウンシルタックスが導入されることになる[4]。

カウンシルタックスの課税対象資産は，学生寮・学生のみが居住する家屋，入院中の病人が所有する空き家を除く居住用建物・土地であり，納税義務者には，持ち家世帯の世帯主，賃借人，契約により占有権を有する居住者が含まれる。資産の保有者ではなく，居住者に直接課税されるため，外国人であってもその地域に居住している限り，納税義務が生じる[5]。

なお，貧困世帯に対しては，100％のカウンシルタックス給付(council tax benefit)が与えられており，学生や入院患者への課税減免制度も設定されている。導入経緯からも明らかなように，担税力の弱い者に対する配慮が施された制度である。

税額の算定方法に特徴があり，イングランド，スコットランド，ウェールズ等の地域ごとに，ＡからＨまで資産の８価格帯が設けられ，価格帯に応じた課税額比率を課税標準額に乗じることにより，世帯ごとの納付額が算定される[6]。

課税対象居住資産は，1991年４月１日時点の市場価格に基づきＡからＨまでの８段階(ウェールズは2003年４月１日時点の市場価格に基づきＡからＩまでの９段階)の課税価格帯(council tax band)のいずれかが割り当てられ，該当する価格帯によって異なる税額が適用される。通常は年額を10～12回に分けて納める。イングランドおよびウェールズでは資産評価局(Valuation Office Agency)，スコットランドではスコットランド評価協会(Scottish Assessors Association)が地価の査定および課税価格帯の割り当てを行う[7]。

北アイルランドでは，自治政府が決定する地方税率(regional rate)と各地区のカウンシルが決定する地区税(district rate)を合わせた税率によって課税される。課税に用いられる評価額は，土地・資産庁(Land and Property Services)によって査定される。現行の評価額は2005年１月１日時点のものを使用している[8]。

(2)　ビジネスレイトの特徴と仕組み

居住用資産を課税対象とするカウンシルタックスに対して，ビジネスレイト

は，非居住用資産，たとえば，店舗，事務所，倉庫，工場等を課税対象とする固定資産税である。内国歳入庁から任命された評価鑑定人（valuation officer）による資産評価額に対して，地域・年度ごとの課税算定乗数を乗じて税額が算定される。各地域で徴収された税額は，一端政府に納付され，その後，地方の成人人口に応じて中央政府から地方政府に配分される[9]。

　小規模事業者に対しては，時限つきの軽減措置があり，課税対象となる資産の評価額が12,000ポンド未満の場合，2016年3月31日までは，評価額が6,000ポンド以下の場合は100％が減免され，評価額が6,001ポンド以上12,000ポンド未満の場合，100％を上限に段階的税率で減免措置が適用される。

　指定された産業促進指定地域内に移転する企業は，275,000ポンドを上限として，5年間最大100％の免除が受けられる[10]。

(3) 相続税の特徴と仕組み

　英国における相続税の歴史は古く，17世紀末の死亡諸税（death duties）に遡る。すなわち，1694年の遺言税（probate duty tax）により，遺言執行・遺産管理の対象となる動産に対して課税されたのが相続税の始まりである。その後，1780年の遺産取得税（legacy duty），1853年の継承税（succession duty），1894年の遺産税（estate duty）等，数々の死亡に関する諸税の導入・廃止を経て，1975年に資本移転税（capital transfer tax）が採用された。資本移転税の導入は，ループホールの多い遺産税に替わり，相続税の適正化を図ることを目的としていたので，これまで課税対象に含まれなかった生前贈与を含む資産移転に対して課税するとともに，5％から75％までの10段階累進税率が用いられた[11]。

　サッチャー政権時代に資本移転税から相続税（inheritance tax）へ改められ，現行法は「1984年相続税法」（Inheritance Tax Act 1984）である。贈与税についても，相続税法の中で規定されている。贈与に関しては，生前の見なし贈与および遺産に対して，0％または20％の税率で課税され，相続に関しては，死亡時に移転する資産または生前7年以内に行われた贈与の累積額に対して，0％または40％で課税される[12]。その際，わが国のように，財産の受贈者（donee）に課税されるのではなく，英国では，遺贈者（donor）に課税する点が特徴的である。

196

税率に関しては、贈与税において、贈与者の死亡前3年以内であれば40％、それ以外の期間における贈与には20％の税率が課される。ただし、贈与者の死亡前7年以内の贈与には、3年を超える死亡までの年数に応じて適用税率が漸次低減される。相続税に対しては、325,000(≒60,125,000円)ポンドの基礎控除が設けられており、基礎控除金額を超える部分に対して20％の課税が行われる[13]。

(4) キャピタルゲインの特徴と仕組み

キャピタルゲイン(capital gain)とは、一般的に、資産価値の増加益であり、保有する土地・有価証券等の値上り益をいう。わが国をはじめ、キャピタルゲインを課税対象とする国では、「純資産増加説」の立場を採っており、原則として、実現した(realized)キャピタルゲインが課税対象とされている[14]。「純資産増加説」は、1896年にドイツのシャンツ(G. Schanz)によって提唱され、規則的・反復的収入のみならず、臨時的・非反復的収入も課税対象所得を構成するという所得概念である[15]。この「純資産増加説」は、アメリカのヘイグ＝サイモンズ(Haig and Simons)による「包括的所得概念」(comprehensive income concept)にも採用される等、各国の税法に多大な影響を与えた[16]。「包括的所得概念」によれば、課税上、資産の値上り益と他の消費力を源泉とする所得の区別はなく、担税力を増加させる全ての所得が課税対象の所得を形成する[17]。

これに対し、英国では、長い間「所得源泉説」が適用されており、規則的・反復的収入のみが「所得」として課税されてきた[18]。そのため、偶発的(casual)で非周期的(nonrecurrent)な性質を帯びているキャピタルゲインは所得税(income tax)の課税対象として捉えられていなかった。「所得源泉説」において、「所得」は樹木から成る果実のように継続的源泉(continuing source)から生じるものであるとされてきた。これは、農業中心経済において、土地付財産(landed property)が富の中心であり、相続財産(entailed estates)が家族の富や権力を維持するのに重要な手段とされていたことに起源する[19]。英国でキャピタルゲイン税(capital gains tax)が導入されたのは1962年のことである。それまでは、事業活動において行われた資産の売却は事業所得として課税されるのに対し、キャ

197

ピタルゲインは課税対象から除外されていたため，納税者が資産の売却により
生じた収益を事業所得としてではなく，キャピタルゲインとして取扱うことに
大きなインセンティブを与えていた。こうした状況はキャピタルゲイン税法の
導入とともに減少したものの，キャピタルゲインおよび事業所得に対する税
率・計算規定は大きく異なるため，キャピタルゲインと事業所得の区別は依然
として重要な論点となっている[20]。

　1962年導入当初には，課税対象キャピタルゲインが投機的な短期性利得
(speculative short-term gains)に限られ，キャピタルロスを控除することはでき
なかった。1965年に長期性利益得(long-term gains)がキャピタルゲイン税の対
象に加わるとキャピタルロスの控除も認められるとともに，所有期間12ヵ月以
内に生じるキャピタルゲインに関しては所得税の課税対象とされた[21]。1965年
以降，キャピタルゲイン関連規定は「1979年キャピタルゲイン税法」(Capital
Gains Tax Act 1979)にまとめられ，その後1992年にかけてのキャピタルゲイン
税法は，「1992年課税利得法」(Chargeable Gains Act 1992：以下，CGA 1992と略
す)に統合されている[22]。

　このように，英国のキャピタルゲイン税法は「所得源泉説」を背景とする
「所得税法」(Income Tax Act)が創設されてから150年以上も経過した後に制定
されたこともあり，キャピタルゲインは「所得税法」とは分離されたCGA
1992に基づき，別途課税さる[23]。わが国においても，明治20年(1887年)創設の
所得税法では，「所得源泉説」を基礎とされていたため，譲渡所得は長い間，
非課税とされてきた。昭和21年(1946年)に一定の資産を対象として課税が行わ
れたのが譲渡所得課税の起源である[24]。

　キャピタルゲインに関しては，その特性のために，課税対象として妥当であ
るかどうかという根本的問題や他の所得との法的区分，捕捉方法等の多くの検
討課題が残されている。キャピタルゲインの特性・特徴としては，(1)資産性所
得であること，(2)長期間にわたり累積的に発生する所得であること，(3)所得の
実現が集中的であることが挙げられる。まず，(1)に関して，一般的に，資産性
所得は勤労性所得に比べて租税負担能力が高く，重課されるべきとの概念があ

る。しかし，こうした課税概念に対して，資産性所得への重課は資産移転の妨げを引き起こし，投資活動に支障を来たすというロックイン効果(lock-in effect)・凍結効果(freezing effect)の問題が指摘されている。(2)に関して，キャピタルゲインの発生要因には，①インフレによる貨幣価値の名目的増加，②需要・供給との関係で決定される物財価値の増加，③償却資産に対する過大償却等の見解が示されているが，キャピタルゲインは長期的・累積的に発生するため，これらの要因を明確に区別することは困難であるとされている。仮にインフレ所得(inflationary gains)であるならば，キャピタルゲインは資産価値の名目的増加にすぎないため，これに課税するのは合理性に欠ける。さらに，(3)に関して，キャピタルゲインは特定年度に集中的に実現するため，高い累進税率を適用すると過重な税負担が強いられる。そこで，キャピタルゲインに課税する際には，何らかの「平準化措置」が必要となる[25]。

　本論文では，このような多数の検討・調整事項を有するキャピタルゲインに関して，英国ではどのような税務措置が採られているかについて，個人に対するキャピタルゲイン課税を中心に概観する[26]。

第2節　キャピタルゲインの取扱い

第1款　キャピタルゲイン税の課税対象

　キャピタルゲイン税は，納税者(chargeable persons)となる英国居住者，パートナーシップの持分を有する事業出資者，信託・財産の受託者あるいは相続人が課税対象資産(chargeable asset)を課税処分(chargeable disposal)した際に生じるキャピタルゲインに対して賦課される[27]。キャピタルゲイン税は個人単位で課されるため，夫婦の場合には各人が個別に課税対象者となる。法人・その他事業体のキャピタルゲインには法人税(corporation tax)が適用されるため，政府公認の慈善団体や友好団体，地域のアマチュアスポーツクラブ，地方自治体，地方自治協会，公認の年金機構，信託，投資信託，科学調査認可組織はキャピタルゲイン課税の対象とならない[28]。CGA 1992によれば，原則として，すべ

ての資産が課税対象資産とされており，下記①から⑩に示されるような例外資産を除くすべての資産の売却処分が課税対象となる（CGA 1992, Sec. 44, 51, 115, 151, 210, 262, 269）。

① 納税者本人の個人住居

② ビンテージ・年代物の自動車（軽トラック・トラック，バイクを除く）

③ 6,000ポンド（≒888,000円。£1＝¥148（2018年7月末現在））以下で売却処分される有形資産・流動資産

④ 耐用年数が50年以下の減耗動産（事業用減価償却資産を除く）

⑤ 優良有価証券および適格法人社債

⑥ 個人用に取得している外貨

⑦ 賭博，宝くじ，賭け事による賞金

⑧ 個人的または業務上の損害のために受けた損失・賠償，個人年金を誤売した場合に受ける補償金

⑨ 生命保険（第三者から購入した場合を除く）

⑩ 個人名義の貯蓄（individual saving accounts）あるいは子供信託基金で保有する投資金

課税対象取引とは課税対象資産の売却全般をいうが，課税対象資産の売却と同様に，以下の(a)から(d)に該当する場合も課税対象取引として扱われる[29]。

(a) 課税対象資産の一部売却

(b) 課税対象資産の全部または一部の贈与

(c) 課税対象資産の損失・破壊

(d) 課税対象資産から生じた資本総額の受取金（例えば，資産が損傷した場合に保険会社から受け取る保険金）

上記(b)の贈与に関して，キャピタルゲイン税は，原則的として，当該資産が納税者による保有期間において，資産価値の増加が実現された事実に対して課税される。この資産価値の増加には，納税者が当該資産を無償で引き渡した場合も含まれる。課税対象取引が実現したとみなされる日は，支払いの行われた日に関わらず，当該資産に係る所有権が変更された日である。生計を一にする

200

夫婦間での資産譲渡(贈与)は当該譲渡の行われた日に関わらず，当該課税年度の課税対象となり，譲渡価額をもって行われたとみなされる。国家の文化遺産の贈与に関しても，公的権利(public access)等の保証を受けるような場合には，同様の取扱いがなされる。なお，慈善団体，美術館，博物館への贈与や納税者の死亡に起因する資産の売却処分は課税対象外取引とされる。それゆえ，当該売却処分によって生じたキャピタルロスはキャピタルゲイン税額の計算上，考慮されない。

　わが国の所得税法において，譲渡所得とは，「資産の値上り益」であり，資産が所有者の支配を離れ，他に移転する際に課税対象となる。「譲渡」の範囲としては，資産の売買，交換，競売，公売，収用，物納，法人に対する現物出資等も含まれており，英国のキャピタルゲイン課税対象取引に比してかなり広く設定されている[30]。

第2款　課税対象キャピタルゲインの算定

　キャピタルゲイン税は，対象となる課税年度内(たとえば，2010年から2011年の課税年度であれば，2010年4月6日から2011年4月5日の間)に行われた課税対象取引に基づいて計算される。資産が売却され，キャピタルゲインが実現してはじめてキャピタルゲイン租税債務が生じるため，資産の再評価により，資産価値の増加が認められたとしてもキャピタルゲイン税が課されることはない[31]。

　CGA 1992では，わが国の所得税法における特別控除に類する年次免除(annual exemption)が設けられており，キャピタルゲインのうち，年次免除金額10,100ポンドに達するまでの金額は課税の免除を受ける。夫婦の場合には，夫も妻も各人が年次免除の全額を控除することができる。精神的障害者・身体障害者あるいは老齢者のために設立された信託または社会福祉事業の受託者に対しても，同額の10,100ポンドの控除が認められ，相続人はその死亡年度および死亡後2年にわたり年次免除全額が控除可能である。その他の社会福祉事業の受託者に対しては，より低額な年次免除金額が設定されており，5,050ポンドが免除される。キャピタルゲインが年次免除額を下回る場合には，キャピタルゲイン税

は課されないため，年次免除額は課税最低限度額と解される。この課税最低限度額は物価調整されるため，ほぼ毎年免除金額が変更される点に留意する必要がある[32)]。

各課税年度のキャピタルゲイン税に関する計算過程の概略は下記①から⑤に示される[33)]。一連の計算手順は図8-1に示される。

① ある課税年度に行われた売却処分において生じた課税所得および控除可能損失は別個に計算される。

② キャピタルゲイン総額とキャピタルロス総額は相殺され，相殺後にキャピタルゲインが純額で残る場合には，さらに，過年度の繰越キャピタルロスあるいは納税者の死亡年度に係る繰戻キャピタルロスから優先的に相殺される。

③ キャピタルロスおよび控除可能損失控除後の純キャピタルゲインから，当該課税年度における年次免除額が差し引かれる。キャピタルロスが生じている課税年度では，課税対象キャピタルゲインがゼロとなり，年次免除全額が適用されないが，キャピタルロスの純額は将来年度において繰越し可能である。

④ 年次免除額を差し引くことにより算出された金額から，さらに，物価調整控除(indexation relief)や漸減控除(taper relief)等，他の控除項目の控除を経て課税対象キャピタルゲインを算定する。

⑤ 課税対象キャピタルゲインに適用税率を乗じることで納付税額が確定する。

物価調整控除はインフレに対する税務上の対応策として，1980年代にはじめて導入され，課税対象となる資産の売却を行った場合，売却資産の取得価額に当該資産の取得日から売却までの物価上昇分を加えた金額を課税対象キャピタルゲインから控除する措置である。一方，漸減控除は，1998年に物価調整控除に代えて導入され，資産の保有期間に応じた課税対象キャピタルゲインの減額を目的とする措置である。一定の規定に基づいて算出された漸減控除金額を純キャピタルゲインから差し引くことにより，適用される。

図8-1　基本的なキャピタルゲイン税の計算手順

売却処分価額		XXX
控除可能損失（取得価額，経費等）	△XXX	
キャピタルロス	△XXX	
純キャピタルゲイン		XXX
年次免除	△XXX	
物価調整控除，漸減控除等	△XXX	
課税対象キャピタルゲイン		XXX(A)
納付税額	(A)×18%または28%	XXX

第3款　キャピタルゲイン税額の算定

　2010年から2011年におけるキャピタルゲイン税の税率は18%に設定されており個人，受託者，個人相続人等すべての課税対象者に適用される。しかし，2010年予算案(Budget 2010)において，18%から28%へのキャピタルゲイン税率の引上げが講じられたのに伴い，2010年6月23日以降に生じたキャピタルゲインおよび課税所得金額とキャピタルゲインの合計額が所得税の基本税率(basic rate)適用限度額を超えるキャピタルゲインにも28%の税率が適用される[34]。つまり，2010年6月23日前に生じた収益に係るキャピタルゲインには，18%の税率適用を原則とするが，2010年6月23日後に生じた収益であっても下記①および②の合計金額が基本税率限度額を超えない場合に限り18%の税率が適用される。

① 　2010-2011年度の課税所得金額（合計所得から税額控除・個人所得控除等を差し引いた金額）

② 　2010年6月23日から2011年4月5日を含む期間において生じたキャピタルゲイン（控除可能損失・年次控除を差し引いた後の金額）

　ここで，(a)から(d)のパターンを想定して課税対象キャピタルゲインの算出方法を例示する[35]。

(a)　2010年5月時点でA氏は32,000ポンドのキャピタルゲインを有しており，2010年から2011年度における課税所得金額が85,000ポンドである場合

(b) 2010年7月時点でB氏は15,000ポンドのキャピタルゲインを有しており，2010年から2011年度における課税所得金額が25,800ポンドである場合

(c) 2010年7月時点でC氏は22,700ポンドのキャピタルゲインを有しており，2010年から2011年度における課税所得金額が31,400ポンドである場合

(d) 2010年5月時点でD氏は17,000ポンド，2011年1月時点で25,100ポンドのキャピタルゲインを有しており，2010年から2011年度における課税所得金額が27,400ポンドである場合

まず，(a)に関して，2010年6月23日前に生じたキャピタルゲインには一律18%のキャピタルゲイン税が課されるため，課税所得金額を考慮する必要はない。したがって，キャピタルゲイン税額は年次免除額を控除した金額21,900（＝32,000－10,000）ポンドに18%を乗じた3,942（＝21,900×18%）ポンドとなる。

次に(b)に関して，年次免除金額控除後のキャピタルゲインは4,900（＝15,000－10,100）ポンドであり，課税所得合計額が30,700（＝25,800＋4,900）ポンドとなる。この金額は基本税率限度額37,400ポンドを下回っているため，キャピタルゲイン税率は18%が適用される。その結果，882（＝4,900×18%）ポンドのキャピタルゲイン税が算出される。

続いて(c)に関して，年次免除金額控除後のキャピタルゲインは12,600（＝22,700－10,100）ポンドであり，課税所得金額は基本税率適用限度額37,400ポンドを6,000ポンド下回っているため，12,600ポンドのうち，6,000ポンドには18%の税率が適用される。一方，残額の6,600（＝12,600－6,000）ポンドには28%の税率が適用される。結果として，合計2,928（＝6,000×18%＋6,600×28%）ポンドのキャピタルゲイン税が算出される。

最後に(d)に関して，まず，年次免除は適用税率の高い2011年1月におけるキャピタルゲインと相殺し，15,000（＝25,100－10,100）ポンドのキャピタルゲインが求められる。D氏の課税所得金額は基本税率適用限度額を10,000（＝37,400－27,400）ポンド下回っているため，10,000ポンドには18%，残額の5,000（＝10,000）ポンドには28%の税率が適用される。したがって，合計6,260

（＝17,000×18％＋10,000×18％＋5,000×28％）ポンドのキャピタルゲイン税が算出される。上記数値例を参考に，18％あるいは28％のいずれかの税率を適用するかの判定手順をまとめると図8-2のように示される。なお，最新の課税所得段階と税率は注34）を参照されたい。

図8-2　キャピタルゲイン税率の適用判定手順

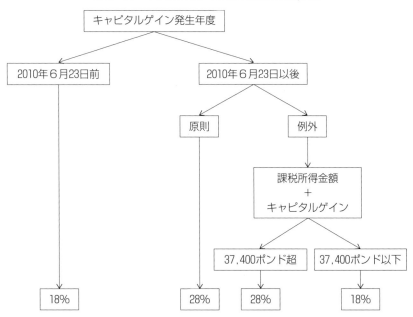

なお，ある課税年度においてキャピタルロスが生じている場合には，当該キャピタルロスは将来課税年度に亘って相殺可能なキャピタルゲインが生じるまで無制限に繰り越される。

わが国の所得税法第21条では，退職所得・山林所得および一部の源泉分離課税対象所得を除くすべての所得を合算し，各種所得間の損益通算を認めた上で累進税率が適用される。これに対し，英国では，CGA 1992という所得税法と別個の法律規定を設け，キャピタルゲインは他の所得とは独立して課税対象所

得が計算される。キャピタルゲインの税率は18%・28%の2段階に設定されており、その適用に際しては、所得税の課税所得金額を考慮して行われる。所得税から独立して課税する手法を採りながらも、税額の算定に際しては、所得税の課税所得金額を考慮して適用税率・税額が決定されるため、英国のキャピタルゲイン税はやや複雑な構造となっている。

第3節　キャピタルロス・控除可能損失の取扱い

第1款　キャピタルロスに係る適用要件

　前述のとおり、英国では、1965年以降、キャピタルゲイン・ロスの相殺が可能となったが、課税公平性を保持する見地から、CGA 1992はキャピタルロスの控除が容認される納税者に関して、下記①・②のような規定を設けている[36]。

① 　関連者に対する売却により生じたキャピタルロスは同年度あるいは次年度以降における同一人物に対するキャピタルゲインに限り相殺することが可能となる。

② 　キャピタルロスが納税者の意思に基づき行われた組織再編の結果生じている場合や、当該組織再編が架空のキャピタルロスを創出し、税務上の優位を得ることを主目的として行われた場合には、当該キャピタルロスは控除することができない。

　つまり、原則として、キャピタルロスの繰戻しは認められないのはもとより、恣意的にキャピタルロスを創出した場合も、キャピタルゲインとの相殺は許されない。

第2款　納税者の死亡に係るキャピタルロスの取扱い

　納税者の死亡に起因する資産の売却処分は相続税の対象となるため、キャピタルゲイン税の対象からは除外される。ただし、死亡年度における売却処分（課税年初の4月6日から死亡日までの期間）はキャピタルゲイン税の対象となり、キャピタルゲイン課税の原則に従って取り扱われるため、当該年度の年次免除

全額が付与される。納税者の死亡年度に損失が生じている場合には，当該損失は繰り越される。死亡年度前3年間に純利益が生じている場合には，当該損失は繰り戻され，前3年間のうち，最も近い年度の純利益と相殺される。繰越損失あるいは繰戻損失は純利益が当該利益の生じた年度における年次免除金額を超える場合に限り，純利益との相殺が可能である（CGA 1992, Sec. 62）。

たとえば，2010年12月16日に死亡したF氏に同年の4月6日から死亡日までのキャピタルロスが7,300ポンド生じていたと想定する。前3年間に生じている純利益および年次免除金額が表8-1のような場合，F氏のキャピタルゲイン税は次のように計算される[37]。

表8-1　各課税年度のキャピタルゲイン・ロスおよび年次免除金額

（単位：ポンド）

課　税　年　度	キャピタルゲイン・ロス金額	年次免除金額
2007年 − 2008年	10,350	9,200
2008年 − 2009年	2,800	9,600
2009年 − 2010年	14,450	10,100
2010年 − 2011年	△ 7,300	10,100

出所：Alan Melville, *Taxation Finance Act 2010 Sixteenth edition*, Prentice Hall, 2011, p. 254一部修正。

まず，2010年から2011年の課税年度において，キャピタルロスが生じているため，キャピタルゲイン課税は発生しない。7,300ポンドのキャピタルロスは①2009年から2010年，②2008年から2009年，③2007年から2008年の課税年度の順に繰り戻される。2009年から2010年の課税年度におけるキャピタルゲイン金額のうち，年次免除金額超過額4,350（= 14,450 − 10,100）ポンドが繰戻損益と相殺され，残額の2,950（= 7,300 − 4,350）ポンドは前々年に繰り戻される。2008年から2009年の課税年度において，F氏のキャピタルゲイン2,800ポンドは年次免除金額9,600ポンド以下であるため，キャピタルゲイン税はゼロとなり，相殺可能利益が存在しないため，2,950ポンドの繰戻損失全額がさらに繰

り戻される。最後に，2007年から2008年におけるF氏のキャピタルゲインは年次免除金額を1,150(＝10,350－9,200)ポンド上回っている。そのため，2,950ポンドの繰戻損失と相殺され，残額の1,800(＝2,950－1,150)ポンドは控除不能キャピタルロスとなる。

第3款　事業損失の取扱い

ある年度の総所得金額と事業損失を相殺する場合または当該事業年度の総所得金額が発生しないため，事業損失との相殺が行えない場合，相殺しきれない事業損失を同課税年度のキャピタルゲインと相殺することが認められている。この場合，相殺請求額は控除可能な事業損失残高およびキャピタルゲイン課税限度額(当該請求を行わなかったら生じていた年次免除は考慮に入れない)の金額を超えてはならない。キャピタルゲインと相殺される事業損失は当該事業年度のキャピタルロスとして取り扱われるため，繰越キャピタルロスに優先して控除される[38]。

第4款　控除可能損失の範囲

課税対象となるキャピタルゲインは，資産の売却処分価額から控除可能な支出額を控除し，さらに，年次免除額を差し引いて算出される。売却処分価額との相殺が認められる費用は下記①から④の支出金額である(CGA 1992, Sec. 38 (1))。

① 当該資産の取得価額(贈与によって取得した場合や独立企業間価格以外で取得した場合は取得した日の市場価額)
② 取得付随費用(弁護士への報酬等)
③ 改良費(enhancement expenditure)
④ 当該資産の所有権を保持するために生じた費用
⑤ キャピタルゲイン税のために生じた見積り料

④の改良費は，資産の改良のための支出であり，当該支出が売却処分時点における資産に影響を及ぼしている費用に限られ，時の経過とともに支出の効果

が失われるような費用は除かれる。また，当該支出額のうち，修繕・維持管理
関連支出に該当する費用は，売却処分価額との相殺が認められない[39]。

　譲渡所得の計算において，わが国では，取得費・譲渡費・特別控除額が総収
入金額から控除される。実現したキャピタルゲインから，控除可能損失・キャ
ピタルロス・年次免除額の控除を認める点で，英国のキャピタルゲイン計算方
法と構造上，大きな違いはないように思われる。所得税法第38条によれば，取
得費には，資産の取得価額，設備費，改良費等が含まれるが，取得費の控除が
認められるのは，資産の譲渡に係る収入金額のうち，原資を超える部分のみが
所得であるとの理由によるもので，投下資本の回収部分に対しては課税が行わ
れない[40]。前述された控除可能損失の設定範囲からしても，その機能・趣旨は
わが国の取得費・譲渡費と同じくしているように思われる。ただし，年次免除
は物価調整により，ほぼ毎年，適正額が設定される。2011年度における年次免
除額10,100ポンド($\fallingdotseq$1,494,800円)はわが国の特別控除額(500,000円)の2倍以
上に相当し，課税所得減額要素としては相当に大きな金額が付与されている。

第4節　特定資産の売却に関する特例

第1款　資産の部分売却および少額売却による特例

　課税対象資産の一部を売却した場合，当該売却資産に係る部分的費用は課税
所得を算定する際，控除が認められる。部分的費用は支出した費用総額に対し，
下記分数式を乗じた金額となる[41]。

$$\frac{A}{A+B}$$

　　　　A：部分的売却処分価額
　　　　B：残余所有権に係る当該資産の価額

　この部分的売却の分数式は当該資産の取得価額のみならず，当該資産全体に
係る控除可能支出にも適用される。ただし，納税者が土地の一部を売却する場
合には，当該売却が強制的な買取請求を伴っているか否かによって，売却価額

限度額が異なる。強制的な買取請求を伴う土地の売却は全土地総額の5％を当該売却価額限度とするが，課税庁の判断によっては，この5％要件を満たすかどうかに関わらず，強制的な買取請求を伴う場合の売却価額は3,000ポンド以下の価額として取り扱われる。一方，強制的な買取請求を伴わない売却は，全土地総額の20％が売却価額限度額となり，課税対象年度において売却される全土地の売却金額は20,000ポンドを超えてはならない。

　さらに，課税対象となる資産価値が少額になった場合，当該資産の所有者は選択によって少額価値(negligible value)申請を行うことができる。少額価値申請が受諾された場合，当該資産は現在の少額な価額で売却処分され，即座に同価額で再取得されたように取り扱われる[42]。

第2款　1982年3月31日時点の保有資産に関する特例

　前述のとおり，キャピタルゲイン税は1965年に導入されたのを起源とし，キャピタルゲイン課税の基準日は1965年4月6日とされてきたが，「1988年財政法」(Finance Act 1988)の制定に伴い，1982年3月31日基準へと変更された。そのため，1982年3月31日前取得資産の売却処分に関しては，1982年3月31日以後に生じた利益のみが課税対象となる。1982年3月31日前取得資産の売却価額算定方法は，「2008年財政法」(Finance Act 2008)において簡便化が図られている。すなわち，1982年3月31日前取得資産の取得価額(original acquisition cost)はキャピタルゲイン税額の算定に用いる価額としては適正でないとして，1982年3月31日前取得資産の売却により生じた損益は当該資産の売却処分価額と1982年3月31日時点の市場価額とを比較することにより算出される。なお，1982年3月31日後に生じた改良費等の諸費用は控除可能損失として，原則どおり，キャピタルゲインから控除される。

　ちなみに，1982年3月31日以前に取得した資産の価額は，1982年3月31日の市場価額によって取得したものとしてみなされ，1982年3月31日時点の市場価額に置き換えられる「再評価額」(rebasing)によって算定される[43]。「再評価額」は，1982年3月31日時点に所有する資産の一部が売却処分される場合にも

適用され，当該売却によって生じる課税対象キャピタルゲインを計算する際，通常認められる一部の取得価額には1982年　3月31日時点の市場価額が用いられる。当該部分売却により生じた損益は1982年3月31日時点の市場価額のうち，適切に算定された1部分相当価額と売却処分価額を比較して算出される。1982年3月31日以後の改良費がある場合には，当該支出額のうちの適正金額が控除される[44]。

第3款　動産に関する特例

　動産(chattel)は固定資産(tangible)・流動資産(movable property)に属する資産とされ，減耗資産(wasting asset)は予測耐用年数(predictable useful life)が50年を超えない資産をいう。とりわけ，テレビ等，動産・減耗資産の両要素を有している資産は減耗動産(wasting chattel)に区分される。英国では，キャピタルゲイン税の計算上，これらの動産，減耗資産，減耗動産に特例が設けられており，動産売却時において，売却付随費用控除前の売却額が6,000ポンド以下である場合，キャピタルゲイン税が課されない。また，売却総額が6,000ポンドを超えたとしても，課税対象となるキャピタルゲインは売却総額のうち，6,000ポンドを超える金額の3分の5を限度(以下，必要に応じて限度額割合という)とされる[45]。ただし，この特例措置を適用する場合には，当該売却処分により生じた損失の控除は認められない。

　たとえば，2010年から2011年の課税期間において，①アンティークテーブルを5,000ポンドで売却した場合，②水彩画を競売にかけ，売却価額の10％を手数料として競売人に支払った後，手数料控除後の残額5,670ポンドを回収した場合，③保有株式を4,500ポンドで売却した場合の各取引は次のように取り扱われる[46]。

　①のアンティークテーブルは6,000ポンド以下の動産に該当するため，キャピタルゲイン税の対象外となる。②の水彩画も動産として区分されるが，回収した5,670ポンドは10％の手数料控除後の金額であるため，当該売却総額は6,300(＝5,670÷0.9)ポンドとなり，売却総額6,000ポンド以下の動産を対象と

する上記特例は適用されない。ただし，課税対象キャピタルゲインは6,000ポンド超過額である300(＝6,300－6,000)ポンドの5分の3に相当する500(＝300×3/5)ポンドを限度とされる。③の株式は動産に該当しないため，売却価額の4,500ポンドがキャピタルゲイン対象金額となる。

　前述のとおり，売却処分価額が6,000ポンド以下である場合には，動産に係る特例が適用可能となる一方，控除可能損失の控除は認められない。ただし，動産を6,000ポンド以下で売却処分した場合でも，当該資産が6,000ポンド以上で取得されたものであれば，例外として，上記動産の特例を適用しない代わりに，売却処分額が調度6,000ポンドであった場合に生じる金額を限度として損失額の相殺が可能となる[47]。

　たとえば，数年前に10,000ポンドで購入した油絵を2011年3月に(a)7,200ポンド，(b)5,700ポンドで売却処分した場合，(a)では，動産を6,000ポンド以上で売却しているため，動産の特例は受けることができないが，2,800(＝10,000－7,200)ポンドの損失が控除可能となる。一方，動産を6,000ポンド以下で売却している(b)では，原則として，当該売却はキャピタルゲイン税の対象から除外されるため，当該売却にかかる損失の控除も認められない。ただし，当該動産は6,000ポンド以上で取得されていることから，例外的に損失の控除が認められる。売却代金から差引可能な損失は6,000ポンドで売却処分した場合の損失額を限度とされるため，取得価額から6,000ポンドを控除した4,000(＝10,000－6,000)ポンドとなる。

　なお，この6,000ポンドを基準とする動産の特例は動産の所有権の1部を売却処分する場合にも適用され，キャピタルゲイン税の対象となるか否かは，売却直前における当該動産の全体価額を基準に判定される。当該売却直前の全体価額が6,000ポンド以下である場合に限り課税対象から除外され，6,000ポンドを超える場合にはキャピタルゲイン課税の対象として，通常の1部売却の計算過程に組み込まれる。1部売却処分の課税対象キャピタルゲインは6,000ポンドを超える動産全体の価額の3分の5を限度とされる[48]。

　たとえば，2004年10月にG氏が小像を3,500ポンドで購入し，2010年10月に

３分の１の所有権を2,000ポンドで売却したと仮定する。2010年10月において，残りの３分の２の所有権に相当する価額が(a)4,000ポンド，(b)5,000ポンドである場合，(a)における小像の売却時全体価額は6,000(＝4,000＋2,000)ポンドであるため，キャピタルゲイン税の対象とはならないが，(b)における小像の売却時全体価額は7,000(＝2,000＋5,000)ポンドであるため，キャピタルゲイン税の対象となる。この場合，キャピタルゲインは売却処分価額2,000ポンドから部分的売却に相当する取得価額1,000(＝2,000÷(2,000＋5,000)×3,500)ポンドを控除することにより算出される。さらに，課税対象キャピタルゲインは6,000ポンド超過額の３分の５限度とされる。本設例の場合は部分的売却なので，部分的限度額を算出するために2/7を乗じて算出された476(＝1,000×5/3×2/7)ポンドが最終的な課税対象キャピタルゲインとなる。

　こうした動産の特例は，たとえば，ダイニング用椅子セット等の動産一式の売却に際して，総額では6,000ポンドを超えるにもかかわらず，各動産を個別売却することにより，租税回避が画策されることへの懸念から，動産の個別売却に関する規定が設けられており，同一人物・関連者・事業提携者に対する動産一式の売却はキャピタルゲイン税の対象取引となる。なお，個別の売却処分が過年度にわたり行われる場合には，当該売却により生じたキャピタルゲインは各売却額に応じて課税年度に配分される[49]。

　たとえば，H氏は2004年１月に1,300ポンドで６つのダイニング用椅子を購入し，2010年６月に３つの椅子を友人へ3,500ポンド(その他の３つの椅子の価額も同時期に3,500ポンドであった)で売却した後，2010年８月に残りの椅子を友人の兄に3,700ポンドで売却したと仮定する。この一連の取引における生じる課税対象利益を計算すると次のとおりである。

　動産の個別売却規定が適用されなければ，両取引とも6,000ポンドを超えていないため，キャピタルゲイン税の対象とはならない。しかし，上記２取引は関連者に対する売買取引に該当し，売却処分価額の合計額が6,000ポンドを超える7,200(＝3,500＋3,700)ポンドであるため，キャピタルゲイン課税対象取引となる。したがって，売却処分額7,200ポンドから取得価額1,300ポンドを控

除した5,900(＝7,300－1,300)ポンドがキャピタルゲインとなり，限度額割合を考慮した2,000(＝(7,200－6,000)×5/3)ポンドが課税対象キャピタルゲインとなる[50]。

第4款　減耗動産の特例

減耗動産は，動産の中でも予測耐用年数が50年を超えない資産をといい，原則的に，キャピタルゲイン税の対象から除外される。それゆえ，減耗動産(キャピタルアローワンスが適用される事業用設備・機械を除く)を売却した場合には，キャピタルゲインも控除可能損失も計上されない。アンティークの置時計や時計，ヴィンテージもののバイク等は設備・機械としてみなされ，実際に耐用年数が50年以上であるにも関わらず，減耗動産として扱われるが，骨董品は事業用減価償却資産でない限り，キャピタルゲイン税の課税対象から除かれる。設備・機械に関しては，一般的に予測耐用年数が50年を上回ることがないため，減耗動産に区分される。ただし，事業用の設備・機械で，かつ，キャピタルアローワンスの対象となる資産に関しては，売却処分価額が6,000ポンドを超える場合には，当該売却処分価額はキャピタルゲイン税の対象となり，下記①・②のように取り扱われる[51]。

① 売却処分価額が取得価額以下である場合，控除可能損失は当該資産に適用可能なキャピタルアローワンス合計額に応じて減額される。

② 売却処分価額が取得価額を上回る場合，当該資産に係るキャピタルアローワンスはゼロとなり，キャピタルアローワンス額は計算上考慮されない。

たとえば，キャピタルアローワンス対象設備・機械を2008年2月に8,000ポンドで購入し，事業目的で使用したと仮定する。2010年7月に当該資産を(a)4,500ポンド，(b)6,500ポンド，(c)8,500ポンドで売却した場合の課税対象キャピタルゲインは次のように計算される[52]。

(a)は売却処分価額が6,000ポンドを超えないため，キャピタルゲイン課税から除外されるが，(b)・(c)は売却処分価額が6,000ポンドを超えるため，キャピ

タルゲイン税の課税対象となる。(b)の場合，売却処分価額が取得価額を下回るため，当該差額1,500(＝8,000－6,500)ポンドはキャピタルアローワンスの規定に基づいて処理される。(c)の場合，売却処分価額が取得価額を上回るため，当該資産に係るキャピタルアローワンスはゼロとなり，取得価額超過額500(＝8,500－8,000)ポンドがキャピタルゲインの課税対象となる。この500ポンドは課税限度額4,167(＝(8,500－6,500)×5/3)ポンドの範囲内であるため，500ポンド全額が課税対象キャピタルゲインとなる。(b)・(c)の計算内容は，表8-2に示されるとおりである。

表8-2　減耗動産の特例対象資産の売却処理

(単位：ポンド)

取得価額	8,000	8,000
売却処分価額	△6,500	△8,500
	1,500	(500)
キャピタルアローワンス額	1,500	ゼロ
キャピタルゲイン	－	500

出所：Alan Melville, *Taxation Finance Act 2010 Sixteenth edition*, Prentice Hall, 2011, p.277一部修正。

　わが国においても，時の経過および使用等により，資産価値が減少するような資産(減価償却資産)については，課税所得の計算上，控除する取得費の計算に特例が設けられている(所法38②)。すなわち，事業所得の計算において，必要経費に算入された事業用資産に係る減価償却費総額は，その総額が取得費から控除される。事業用資産の譲渡により，キャピタルゲインが生じるか否かは，当該資産の取得から譲渡までに控除された減価償却総額が多いか少ないかで異なるため，こうした計算規定・概念は，適正なキャピタルゲイン課税を行うにあたり，合理性を有している。

第5款　減耗資産の特例

耐用年数が50年を超えない著作権・特許権・選択売買権，短期リース資産，固定設備・機械のような動産に属さない減耗資産はキャピタルゲイン課税の対象外となり，原則的に，予測耐用年数にわたって定額法(straight line basis)で償却される。これら減耗資産の売却処分によって生じるキャピタルゲインは，売却処分価額と当該資産の耐用年数未到来期間に相当する価額とを比較することによって算出される[53]。

たとえば，2001年1月にⅠが25年の著作権を30,000ポンドで取得し，2011年1月に当該著作権を35,500ポンドで売却処分した場合のキャピタルゲイン税の計算は次のように計算される。2011年1月時点における耐用年数未到来期間は15年であるため，当該著作権の耐用年数未到来相当額は18,000(=30,000×15/25)ポンドとなる。この金額を売却処分価額か差し引いて算出された金額17,500(=35,500-18,000)ポンドが課税対象キャピタルゲインとなる。

第5節　個人住居に関する特例

第1款　個人住居に対する非課税措置

居住用または主として居住用に使用する住居は主要個人用住居(principal private residence：以下，PPRと略す)といわれ，キャピタルゲイン税の対象から除かれる(CGA 1992, Sec. 222)。そのため，PPRの売却により生じた利益は課税所得を形成せず，損失もまた控除することはできない。PPRとしてみなされるには，居住用資産の所有権を有するだけでなく，当該資産を居住用として実際に使用し，永続性(permanency)を考慮する必要がある[54]。

大多数の納税者は1つの住居を所有し，居住するため，当該住居がPPRであることは明らかである。しかし，納税者が複数の住居を所有または賃貸する等，より複雑な事例が生じる場合を想定して，PPR免除を受けるために下記①から④の要件が設定されている(CGA 1992, Sec. 222・223)。

①　納税者が1つのPPRを有していること

② 複数の資産を所有している場合はいずれの資産を居住用として申請するかを選択すること（なお，当該選択は効力を発してから2年以内に行わなければならない）

③ 同居する夫婦の場合は2人で1つのPPRを所有すること

④ グラウンド・庭地を含めて半ヘクタール（5,000メートル四方）であること

　納税者が仕事に関係した宿泊施設に住むことを強制される場合には，資産の中で実質的な居住用住居となるための要件は緩和される。このような状況において，PPR免除は納税者が当該資産を将来にわたって使用する意思があれば認められる。

第2款　住居期間に応じた非課税措置

　ある資産がある期間に限りPPRとして使用されていた場合には，当該資産の売却により生じた利益のうち，その期間に該当する部分金額はキャピタルゲイン税の課税対象から除かれる。免税となる金額は下記算式により算出される。

　課税対象外所得＝居住用として使用した期間÷所有期間×利益の合計額

　なお，キャピタルゲイン税の基準日は現在1982年3月31日であるため，1982年3月31日前取得資産は当該期日前の所有期間および居住期間は考慮されない。ある資産がある時点において納税者のPPRである場合，当該納税者による実際の居住の有無に関わらず，最後の36ヵ月間は居住期間として計算される（転居し，前の住居の売却に困難を有する者に対する配慮である）。この規定は36ヵ月間にもう一方の資産をPPRとして申請する場合にも適用される（CGA 1992, Sec. 223(2)）。

第3款　みなし居住期間の算定

　納税者が実際に住んでいない特定の期間も①不在になる期間前後の実質的な居住期間が存在すること，②不在の期間中は他の資産をPPRとして申請しないことを条件に居住期間としてみなされる。居住期間として認められる期間は，

原則的に下記の3要件に該当する期間であるが，仕事の都合上，住居に戻るのが困難である場合には当該不在期間は延期される[55]。

① 納税者の海外出張による不在期間

② 納税者が国内の出張による不在期間のうち4年に達するまでの期間

③ その他の理由による不在期間のうち3年に達するまでの期間

たとえば，S氏が1988年6月1日に35,000ポンドでロンドンに住宅Aを購入し，1990年5月1日までの23ヵ月間居住した後，表8-3に示されるように使用した場合，課税対象キャピタルゲインは，次のように算出される[56]。

表8-3　S氏の住宅A使用状況

期　　　　間	事　　　項
(イ) 1990年5月1日～ 1991年11月1日（18ヵ月）	仕事のため，エクセターで他の住宅を賃貸
(ロ) 1991年11月1日～ 1994年7月1日（32ヵ月）	ロンドンに帰宅し，1994年まで居住
(ハ) 1994年7月1日～ 1997年2月1日（31ヵ月）	アメリカへ海外出張，現地で住宅を賃貸
(ニ) 1997年2月1日～ 2006年11月30日（118ヵ月）	ロンドンに帰宅し，2006年まで居住
(ホ) 2006年11月30日～ 2011年2月1日（50ヵ月）	ノッティングハムに住宅Bを購入しPPRの申請を行う
(ヘ) 2011年2月1日	ロンドンの住宅Aを154,000ポンドで売却

出所：Alan Melville, *Taxation Finance Act 2010 Sixteenth edition*, Prentice Hall, 2011, p. 308 参考。

35,000ポンドで購入した住宅Aを154,000ポンドで売却したため，PPR免除適用前のキャピタルゲインは119,000（＝154,000－35,000）ポンドである。

住宅Aを購入してからエクセターへ出張する23ヵ月間と表3における(ロ)および(ニ)の期間は実際に居住した期間としてPPRの特例が適用される。また，(イ)および(ハ)の期間は住宅Aに居住していないが，上記①・②の要件をみたすため，PPRの特例が適用される。さらに，所有資産の売却または転居を行う場合，

最後の36ヵ月は課税対象期間から除外されるため，結果として，住宅A　所有期間272ヵ月のうち，㈮期間の14(＝50－36)ヵ月のみが課税対象となり，残りの252(＝272－14)ヵ月に相当するキャピタルゲインは課税を免除される。したがって，119,000ポンドをみなし期間で按分した112,875(＝119,000×258/272)ポンドがキャピタルゲインから控除され，6,125(＝119,000－112,875)ポンドが課税対象キャピタルゲインとなる。

第6節　英国のキャピタルゲイン課税の特徴

　わが国の所得税法では，総合課税を原則的課税方式とし，10種類に分類された各種所得を総合することにより，税額が計算される。英国でいうキャピタルゲインに相当する所得は譲渡所得として10種類の所得の中に組み込まれている。これら各種所得を合算する際に損失の生じている所得がある場合には，「経常所得グループ」と「臨時的所得グループ」内で損益通算を行い，それでもなお，損益を相殺し切れないのであれば，両グループ同士で通算される。これに対して，英国では，キャピタルゲイン税法として，所得税法と別個の法律規定を設け，その他の所得とは分離して課税対象所得が計算される。そのため，キャピタルロスが生じている場合，原則的に，他の所得との通算は認められず，あくまでキャピタルゲイン税法の枠内でしか相殺できない。

　その一方で，キャピタルゲイン税率は累進税率が適用される所得税との整合性への配慮から，所得税の課税所得金額を勘案して決定される。CGT 1992によれば，現在，2つのキャピタルゲイン税率が設定されており，2010年7月23日を基準として，基本的にはその前後に生じたキャピタルゲインに対し，それぞれ18％，28％の税率が適用される。ただし，基準日以後に生じたキャピタルゲインであっても，当該課税年度の他の所得とキャピタルゲインを合算した全課税所得金額が所得税の基本税率適用限度額内であれば，18％が適用される。他の所得と合算し，基本税率限度額を超える場合には，その超過額に対しては28％で課税される。このように，キャピタルゲインは分離課税されているもの

の，所得税の適用税率を利用している点から，完全な分離課税ではなく，総合課税の要素も含有している。

　前述のとおり，キャピタルゲインは資産を長期保有した結果，資産価値の増加が一時に実現するという性質を有しており，このような所得に対して課税する場合，他の所得と同様に累進性を持たせることは公平性に欠ける。そこで，各国では，キャピタルゲイン課税に関する「平準化措置」が設けられている[57]。わが国では，5年を基準として，譲渡所得を「短期譲渡所得」と「長期譲渡所得」とに分類し，「長期譲渡所得」に対しては2分の1課税が行われる。しかし，英国では，保有期間の長短に応じたキャピタルゲイン税への配慮は行われていない[58]。これは，ある一定期間を基準として税負担額に差を設けるのは，資産の売却に恣意的判断が介入し，租税回避を誘発させることになりかねないとの理由による[59]。仮に，キャピタルゲインの特性のために，「平準化措置」が必要とされるのであれば，5年という一定期間で長短の2区分ではなく，保有期間に応じた「平準化措置」が採用されるべきである。

　さらに，①控除可能損失の他に，比較的高額な「年次免除」が設定されていること，②6,000ポンド以上で売却した減耗資産に関しては課税対象キャピタルゲインに上限が設けられていること，③住居を売却した場合でも，所有者の居住期間は厳密に計算され，課税対象外とされる等，英国独自の取扱いが認められている。

　このように，元来の英国所得税制における偶発的・非反復的所得課税に対する消極性の現れもしくは資産の凍結防止への配慮のために，キャピタルゲインに対する課税は若干優遇されているように思われる。

　しかしながら，キャピタルゲイン税率が所得税との整合性を考慮して設定されるとともに，各国の採用する「平準化措置」を設けてないことから，利子・配当等，他の不労所得とキャピタルゲインに対する課税の中立性が重視されているように解される。

　キャピタルゲインは資産性所得であり，実現まで課税が繰り延べられる課税重課要素を有する一方で，実現時には課税の集中が起こるという課税軽課要素

も有しているため，適切な課税制度の構築には，困難を要するが，複数の課税免除措置を設け，他の所得との中立性を重視する英国のキャピタルゲイン税法は，キャピタルゲインの特徴を熟慮した上で構築されており，バランスの採れた制度といえよう。

〔注〕
1)　OECD, *Taxation of Net Wealth, Capital Transfers and Capital Gains of Individuals*, 1988, 100頁。
2)　わが国においても，昭和25年のシャウプ勧告において，富裕税が導入されたが，導入後3年で廃止されている。
3)　James Mirrlees(ed.), *Dimensions of Tax Design*, Oxford University Press, 2010, p.5.
4)　橋本恭之「イギリス税制の現状について」『租税研究』第618号，2001年，106頁。
　　　　さらに，前には，賃貸価格に課税されるドメスティックレイト(Domestic Rate)が採用されていた。レイト(rate)は，その起源を17世紀に遡れるほど英国では伝統的な地方財源である。1601年の「救貧法」によれば，教区ごとに行われる救貧事業の対価として徴収されていた。その後，夜警や道路整備などの地方政府による資産家保護の対価として徴収されるようになるが，行政サービスが教育，社会福祉，公営住宅等，一般的サービスへ変化したことから，大衆課税化が進み，国民の不満も高まった。サッチャー政権下は，こうしたレイトに対する改革の一環で導入された(一河秀洋・吉牟田勲・田中啓一・米原淳七郎編『資産政策と資産課税』1998年，234頁)。レイトに関する苦情・批判については，J. A. Kay and M. A. King, *The British Tax System Forth Edition*, Oxford University Press, 1986(田近栄治『現代税制の経済学－イギリスの現状と改革－』東洋経済新報社，1989年，142・145-146頁)。
5)　橋本恭之「イギリス税制の現状について」『租税研究』第618号，2001年，106頁。
6)　Homer, A. and Burrows, R. *Tolly's Tax Guide 1995-96 13th ed*, Tolly, 1995, p.100.
7)　歳入関税庁資産評価局ホームページ(https://www.gov.uk/council-tax-appeals/challenge -your-band)2015年10月17日訪問。
　　　　スコットランド評価協会ホームページ(http://www.saa.gov.uk/counciltax.html)2015年10月17日訪問。
8)　Land and Property Servicesホームページ(https://www.dfpni.gov.uk/topics/property-r ating)2015年10月17日訪問。
9)　一河秀洋・吉牟田勲・田中啓一・米原淳七郎編，前掲書，236頁。
10)　内国歳入庁ホームページ(https://www.gov.uk/apply-for-business-rate-relief)2015年10月17日訪問。
11)　一河秀洋・吉牟田勲・田中啓一・米原淳七郎編，前掲書，230頁。

12)　Alan Melville, *Taxation Finance Act 2010 Sixteenth edition*, Prentice Hall, 2011, p. 500.

13)　*Ibid.*, p. 498. 下表のように，基礎控除額は頻繁に改定されている。

2004年4月6日－2005年4月5日	263,000ポンド
2005年4月6日－2006年4月5日	275,000ポンド
2006年4月6日－2007年4月5日	285,000ポンド
2007年4月6日－2008年4月5日	300,000ポンド
2008年4月6日－2009年4月5日	312,000ポンド
2009年4月6日－2010年4月5日	325,000ポンド

　　「2010年財政法」(Finance Act 2010)によれば，2014年から2015年にかけての課税年度まで，0％幅は325,000ポンドのまま継続される。

14)　金子宏『課税単位及び譲渡所得の研究』有斐閣，1996年，89頁。

15)　菊谷正人『税制革命』税務経理協会，2009年，11頁。

　　シャンツによれば，所得とは，一定期間における第三者の利得と金銭的価値のある成果を含めた純財産の増加であり，一定期間において，個人がどれだけの経済力を示し，どれだけの資金を処分できるのかを表すものである。この所得を計算するにあたり，すべての純利益，資産運用による経済的価値，金銭価値のある第三者への給付，贈与，相続，遺贈，当たりくじ，保険金等あらゆる利益が含まれ，すべての負債・資産損失は除かれる(宮本憲一＝鶴田廣巳編『所得税の理論と思想』税務経理協会，2004年，149-150頁)。

16)　カナダの著名な税制改革案とされる「カーター報告」(Carter Report)は，「包括的所得概念」を強く意識した「経済力増加説」に基づく報告書である。同報告書によれば，包括的課税ベースは，ある課税年度において，課税単位が消費・処分した財貨やサービスの市場価値に課税単位が保有する資産に係る1年間の変動を加えたものである。この保有資産に係る1年間の変動がキャピタルゲインに相当し，キャピタルゲインも課税ベースに含めるという所得概念が示されている(栗林　隆『カーター報告の研究－包括的所得税の原理と現実－』五絃舎，2005年，79-80頁)。

17)　Richard Goode, *The Individual Income Tax*, Studies of government Finance, 1975, p. 179.

18)　菊谷正人，前掲書，21頁。

19)　Richard Goode, *op. cit.*, p. 180.

20)　Alan Melville, *op. cit.*, p. 247.

21)　Richard Goode, *op. cit.*, p. 180.
　　Keith M Gordon and Ximena Montes-Manzano, *Tiley and Collison's UK Tax Guide 2009-10 27thedition*, Lexis Nexis, 2009, p. 902.

22)　Kevin Walton and Andrew Flint, *Tolley's Capital Gains Tax 2006-07*, Lexis Nexis Butterworths, 2006, p. 1.

23)　英国の所得税制(system of income tax)は，ナポレオン戦争の戦費調達を目的として1799年にピット(W. Pitt)内閣によって創設された。その後，戦争の情勢に応じて

改廃が繰り返されるものの，1800年代半ばには，「分類所得税制」(schedular system)と「源泉徴収制度」(withholding of tax system)といった所得税制の基本的枠組が構築されている(菊谷正人，前掲書，21頁)。

24)　武田隆二『法人税法精説』森山書店，2005年，185頁。

25)　Jane G. Gravelle, *The Economic Effects of Taxing Capital Income*, Massachusetts Institute of Technology, 1994, pp. 123 and 124.

　　　金子宏，前掲書，89-93頁。

　　　田中治「キャピタルゲイン課税 − 税法学からの問題提起 −」『キャピタルゲイン課税』谷沢書房，1993年，63-64頁。

26)　CGA 1992に基づいて算定されたキャピタルゲインは，個人に対してはキャピタルゲイン税が課され，法人に対しては，法人税が課される。つまり，法人のキャピタルゲインは，法人の課税対象所得に合算され，法人税の領域で課税されることになる。

27)　Kevin Walton and Andrew Flint, *op. cit.*, p. 1・p. 69.

28)　Alan Melville, *op. cit.*, p. 249.

29)　*I bid.*, p. 249.

30)　田中治，前掲書，68頁。

31)　Alan Melville, *op. cit.*, p. 250.

32)　近年の年次免除額は，下表のとおりである(Kevin Walton and Andrew Flint, *op. cit.*, p. 6.

（単位：ポンド）

課税年度	年次免除金額
2005年 − 2006年	8,500
2004年 − 2005年	8,200
2003年 − 2004年	7,900
2002年 − 2003年	7,700
2001年 − 2002年	7,500

33)　Alan Melville, *op. cit.*, p. 250.

34)　英国の所得税法では，3つの税率が設定されている。2013年度以降は，課税所得が32,010ポンド以下，32,010ポンド超，150,000ポンド超の納税者に対して，それぞれ基本税率20%，高税率の40%，追加税率の45%が適用される。

35)　Alan Melville, *op. cit.*, p. 252.

36)　Kevin Walton and Andrew Flint, *op. cit.*, pp. 26-27.

37)　Alan Melville, *op. cit.*, p. 254.

38)　*I bid.*, p. 255.

39)　*I bid.*, p. 256.

40)　金子宏，前掲書，250頁。

41)　Kevin Walton and Andrew Flint, *Tolley's Capital Gains Tax 2007-08*, Lexis Nexis Butterworths, 2007, pp. 202-203.

42)　Alan Melville, *op. cit.*, p. 274.

43) *I bid.*, p. 267.

44) *I bid.*, p. 267.

45) *I bid.*, p. 271.

46) *I bid.*, p. 273.

47) *I bid.*, p. 273.

48) *I bid.*, p. 271.

49) *I bid.*, p. 274.

50) *I bid.*, p. 274.

51) *I bid.*, p. 276.

52) *I bid.*, pp. 276-277.

53) *I bid.*, pp. 277-278.

54) 永久的という基準は明確にされていないが，PPR免除規定は一時的な宿泊には適用されない。たとえば，1998年のグッドウィン対カーツ事案において，わずか32日間の使用は居住用資産としては非適格であるとされた事案として著名である。

55) Alan Melville, *op. cit.*, p. 307.

56) *I bid.*, p. 308.

57) 米国では，保有期間が18ヵ月を超える場合と，12ヵ月を超18ヵ月以下の資産売却に対し，それぞれ20％および28％のキャピタルゲイン税が課される。また，フランスでは，2年を基準に区分された「長期譲渡所得」に対して，5分5乗方式により課税される（森信茂樹「譲渡所得課税の経済効果と政策課題」『日税研論集』第50号，2003年，47・48頁）。

58) リース資産に関しては，50年を境に「長期リース」と「短期リース」に区分して取り扱われる。なお，英国では，1998年に従来から適用されてきたインフレ対応策である物価調整控除（indexation relief）に代えて漸減控除（taper relief）が採用されている。資産の保有期間に応じた課税対象キャピタルゲインの減額を可能にする漸減控除は，他の控除項目と相殺後の純キャピタルゲインから漸減控除金額を差し引くことにより，適用される。漸減控除金額は，純キャピタルゲインに漸減割合を乗じて算出されるが，この漸減割合は保有期間1年ごとに設定されている（Kevin Walton and Andrew Flint, *op. cit.*, pp. 837-863）。

59) 森信茂樹，前掲書，47頁。

第9章　国際課税制度の特徴

第1節　個人所得に関する国際課税

第1款　納税義務者の範囲

「2013年財政法」(Finance Act 2013)による改正前，個人納税義務者は，その国籍に関係なく，課税される所得範囲の相違により，居住者(residence)，普通居住者(ordinary residence)および本居者(domicile)に区分される。これらの納税義務者は法律的には，明確に定義づけられていないため，判例法(case law)によって解釈されるのが主流である[1]。

「居住者」とは，課税年度において，少なくとも183日間英国に滞在する個人である。183日以上滞在すれば，課税年度の全期間において居住者とみなされ，国内源泉所得と国外源泉所得に課税される。英国経由で他の2国間を移動する場合を除いて，真夜中に英国に滞在する場合は1日分の換算となる。定期的に英国を訪れ，少なくとも毎年平均して91日滞在している個人も居住者として扱われる。すなわち，定期的な訪英を継続しており，少なくとも毎年平均して91日滞在している個人は各課税年度全期間において居住者として扱われる。従来，英国居住者でなかった個人が少なくとも毎年平均して91日滞在するようになった場合には，当該滞在5年目から英国居住者としてみなされる。ただし，当初から訪英が定期的に行われることが確定している場合には，訪英開始年度から居住者として取り扱われる[2]。

原則として，居住者は課税年度全期間において居住者とされ，課税年度を居住者である期間と居住者である期間とに配分することはできない。ただし，下記(a)から(c)のような場合には，課税年度の配分が認められる[3]。

(a)　英国の永住者(permanent residence)に該当するか，あるいは，英国に少

なくとも2年間滞在している。

(b) 国外の永住者の申請を行うために英国を離れる，あるいは，国外に少なくとも3年住んでいる。

(c) ある課税年度全期間において，雇用契約により国外で働くために英国を離れる。つまり，当該雇用期間における課税年度の英国滞在日数が183日を超えず，毎年の平均滞在日数が91日を超えないのであれば，雇用契約の期間は非居住者とみなされる。

「普通居住者」には，入国当初より3年以上の滞在を予定とする個人，英国国内に居住用住宅を購入または3年以上の賃貸契約を結ぶ個人，過去4課税年度における平均滞在日数が毎年91日以上である個人等が該当する。普通居住者は「慣習的居住者」(habitual residence)ともいわれ，居住者として扱われた課税年度後に普通居住者とされる。居住者よりも永続性が重視されるため，居住者のように，一定の課税年度に限り普通居住者となることはできない。したがって，一旦，普通居住者とされたが，特定の課税年度において，一時的に国外へ居住を移す個人は全課税年度において居住者とみなされる[4]。

たとえば，フランス在住の者が2010年5月1日に訪英し，2011年3月31日まで滞在した場合，当該年度において少なくとも183日間滞在しているため，2010年から2011年の課税年度においては，英国居住者とみなされる。一方，英国在住の者が2010年5月1日から2011年3月31日まで，国外に居た場合には，2010年から2011年の間に少なくとも183日間滞在していないため，居住者とはなり得ないが，わずかな期間でも英国に居住していたことから，普通居住者として取り扱われる[5]。

「本居地」とは，個人が最終的に永住するため場所をいい，同時に2つ以上の申請が認められない生活の本拠をいう。英国を本居地とする個人を本居者といい，出生国に関係なく本居地の申請が可能である[6]。

第2款　課税所得の判定基準と範囲

英国では「全世界所得課税」が採られているため，ある課税年度における英

国居住者は当該課税年度における国内源泉所得・国外源泉所得すべてに係る個人所得税を納付する義務を負う。国外給与所得は，ITEPA 2003に基づき課税され，国外事業所得，国外不動産所得および国外投資所得はITTOIA 2005に基づき課税される。

ITTOIA 2005によれば，普通居住者にも本居者にも該当しない英国居住者の適格国外所得（relevant foreign income）は，送金基準（remittance basis）により把握され，英国に送金される場合に限り課税される。適格国外所得には，ITTOIA 2005で規定されるあらゆる形態の国外所得が含まれる。原則的に，送金基準による課税を希望する場合には，送金基準適用手続きを行う必要があるが，非送金所得および収益が年間2,000ポンド以下である者に対しては，送金基準によらない手続きを行わない限り，自動的に適用される。送金基準を希望し，当該課税年度を含む過去10年の課税年度のうち，7年以上英国居住者である者は，非送金所得・利益に関する年次課税費用（annual tax charge）を30,000ポンド支払わない限り，送金基準を継続適用することはできない。また，送金基準申請者には，英国居住者に通常認められる所得控除およびキャピタルゲイン税に係る年次控除が適用されない[7]。

一方，英国非居住者は，英国国内源泉所得についてのみ所得税の納付義務を負う。非居住者の不動産所得は，仲介料・不動産賃貸料から基本税率所得を控除した金額となる。所得控除は欧州経済地域（European Economic Area）在住の非居住者であれば適用される。なお，課税年度が居住者である期間と非居住者である期間に配分される場合には，上記規定は別個の課税年度として2つの期間に適用される[8]。

たとえば，英国での給与所得44,130ポンドと国外の不動産所得3,500ポンド（30%源泉徴収済み）を有する英国居住者の所得税は次のように計算される[9]。

まず，国外源泉所得を源泉税控除前の総額5,000（＝3,500×100／70）ポンドに調整し，全世界所得49,130（＝44,130＋5,000）ポンドが算出される。総所得金額から基礎控除額（6,475ポンド）を差し引いた課税対象所得42,655（＝49,130－6,475）ポンドに所得税率を乗じた金額が納税額となる。

課税対象所得		42,655.00
英国所得税額		
基本税率	37,400×20%	7,480.00
高税率	5,255×40%	2,102.00
		9,582.00

　英国では，3段階の所得税率（本説例では旧税率・所得段階を使用）が設けられているため，各所得段階に基本税率・高税率にそれぞれ適用税率を用いて9,582（＝37,400×20％＋5,255×40％）ポンドの個人所得税が算出される。

第3款　国際的二重課税排除措置

　英国居住者の国外源泉所得は英国および当該所得源泉地国の両国で課税対象とされ，英国非居住者も英国および国外で課税を受ける場合には，同一所得に対する「国際的二重課税」(international double taxation)が生ずる。このような二重課税を排除するために，二重課税条約(double taxation treaty)が多くの国と締結されているが，租税条約による二重課税の排除が達成できない場合には，片務的二重課税控除(unilateral double tax relief：以下，外国税額控除という)が適用される。外国税額控除とは，国外源泉所得に対して外国所得税を納付することとなる居住者に付与される税額控除であり，外国所得税または国外源泉所得に対する英国個人所得税のうち低い金額を限度として外国所得税から控除される。国外源泉所得に対する英国個人所得税は，全世界所得に係る税額から国内源泉所得に係る税額を控除した金額となる。外国所得税が英国所得税を超える場合には，当該超過額相当の外国税所得税は救済されない。

　第2款で論述された設例に関して，外国税額控除を適用する場合には，さらに次のような手順で所得税額が算定される。算出された所得税額から控除可能な金額は，英国における外国税額1,500(＝5,000×30％)ポンドあるいは国外所得に係る英国個人所得税額2,000(＝5,000×40％)ポンドのうち低い方の金額となるため，本設例の場合，1,500ポンドが控除限度額として控除される。その結果，二重課税排除後の英国個人所得税額8,082(＝9,582－1,500)ポンドが確

定する。一連の計算手順は下に示されるとおりである。

課税対象所得		42,655.00
英国所得税額	37,400×20%	7,480.00
高税率	5,255×40%	2,102.00
		9,582.00

外国税額控除
① 外国所得税額　　　　1,500(＝5,000×30％)
② 国外源泉所得に係る　2,000(＝5,000×40％)
　　英国個人所得税額

控除限度額（①・②のうち低い方）	1,500.00
個人所得税額	8,082.00

第2節　法人所得に関する国際課税

第1款　納税義務者の範囲

　英国法人税法において，法人は，納税義務の範囲に応じて居住法人(resident company)と非居住法人(non-residen company)とに大別される。「居住法人」とは，英国国内で組織され，本拠地・統括地を英国に持つ法人をいう。居住法人は所得の源泉地に関わらず，すべての所得が課税対象となる。国外の恒久的施設(permanent establishment：以下，PEと略す)・外国支店を介して行った事業に係る所得は「事業所得」として取り扱われる。事業損失は通常通り控除され，グループリリーフ(group relief)も適用される。しかし，国外のPEで生じた損失は，当該損失が国外で控除されない場合に限り，同グループ内の他の内国法人に振り替えることが認められる[10]。

　居住法人以外の法人である「非居住法人」は，英国PEを通じて事業を行う場合に限り，納税義務を負う。したがって，英国施設における事業所得，英国施設で所有する不動産からの所得，英国施設で使用された資産の売却処分に伴う利益が課税対象となる[11]。

わが国の法人税法においても，法人を内国法人と外国法人に大別している（法2③④）。「内国法人」は，国内に本店または主たる事務所を有する法人をいい，全世界所得課税が義務付けられている（法4①）。「外国法人」は，内国法人以外の法人であり，収益事業による国内源泉所得を有する場合に限り，わが国における納税義務が生じる（法4②）。PEを有する外国法人に関しては，その法人の業務形態に応じて帰属主義あるいは総合主義による課税方式が採用されている（法9・141）。すなわち，国内に支店・工場等を有する法人には，すべての国内源泉所得に課税する総合主義が採用され，国内で1年超の建設作業等を行う法人・国内に代理店を置く法人には，PEに帰せられる所得のみに課税する帰属主義が採用される。

　法人の納税義務に関して，全世界所得課税を行う点で，日英共通しているが，わが国では，内国法人を国内に本店または主たる事務所を有するものとする「本店所在地主義」を採るのに対して，英国では，居住法人を英国国内で組織され，本拠地・統括地を英国に持つ法人としており，役員会の開催場所，役員住所・会計帳簿の所在地等，法人の管理支配の中枢がどこにあるかを重視する「管理支配基準」を採用している点で異なる。

　管理支配基準によれば，たとえば，軽課税国等のタックス・ヘイブンに本店を置き，実質的な事業活動が行われている本国の課税を免れようとしたとしても，本国の居住法人として課税されるため，多国籍企業等の租税回避に対処できる利点がある[12]。

第2款　グループ法人に関する特例

　非居住法人の英国PEにおける事業損失はPEの他の利益と相殺することができる。PEの将来に生じる利益と相殺するために繰り延べることができるPEで生じた損失が国外で控除されない場合には，同グループ内の英国居住法人に損失の振替えが認められるとともに，他のグループ法人からの損失振替を請求することもできる。PEと居住法人との間で資産移転が行われた場合には，当該資産が引き続き英国法人税の課税対象資産となる場合に限り，ノーゲイン・

ノーロス(no-gain・no-loss)基準が適用され，当該資産移転に係る課税は繰り延べられる。なお，非居住法人は，居住法人に適用される軽減税率・限界控除を適用することができない[13]。

英国居住法人が親会社となる外国子法人の所得は，当該子法人が被支配外国法人(controlled foreign company)に該当しない限り，英国で課税されることはない。英国居住親法人は外国子法人から受ける全所得を課税対象とされ，外国子会社は関連会社(associated company)として扱われる[14]。

グループ法人は，グループメンバー間での事業損失・その他一定のものの移転，グループメンバー間での課税対象資産を移転した際のノーゲイン・ノーロス等，多くの課税優遇措置が設定されている。これらの優遇措置は，原則として，英国関連法人のみを対象とされているため，外国子法人には適用されないが，欧州経済地域の居住法人である子法人および欧州経済地域で事業を行う子法人の損失が国外で相殺されないことが確定した場合には，当該損失を英国法人に振り替えることができる。その際，英国国内源泉所得と相殺するために，欧州経済地域で生じた損失は英国の租税法に基づき再計算されなければならない[15]。

このように，PEで生じた損失の英国居住法人への振替え・PEと居住法人間における資産移転に係る課税の繰り延べを可能にするグループ法人への特例は，英国独特の手法として柔軟性に富んでおり，近年の法人税率引き下げに加え，多国籍企業優遇措置の充実化により，外資を国内に還流させる英国税制の特徴を顕著に表している。平成22年(2010年)の税制改正において，わが国に創設されたグループ法人税制の構築には，英国のグループ税制を始め諸外国のグループ税制が大きく影響している[16]。

第3款　国際的二重課税排除措置

個人所得税と同様に，法人においても租税条約により二重課税の排除が達成されない場合には，英国租税法に基づいて国外源泉所得に係る外国税額控除(foreign tax credit)が認められている。「外国税額控除額」は，外国法人税と国

外源泉所得に係る英国法人税のうち，低い方の金額となる。外国税額が英国法人税を超える場合には，当該超過額は控除されないが，前会計期間への繰戻し，あるいは翌会計期間への繰越しにより，発生税額と相殺することができる。国外源泉事業所得や課税対象となる配当等，ある種の国外所得に関する外国税額は控除不能とされ，当該外国税額は3年以内に遡って繰り戻されるか無制限に繰り越される[17]。

たとえば，2011年3月31日に英国居住法人に5,200,000ポンドの英国事業所得と130,000ポンド(35％の源泉徴収済み)の外国不動産所得が生じている課税年度の法人税額は表9-1のように計算される[18]。

表9-1　二重課税排除措置の計算例

事　項　　　　　　　　国内外	英国	国外	合計
事業所得	5,200,000		5,200,000
不動産所得		200,000	200,000
課税所得	5,200,000	200,000	5,400,000
法人税額（税率28％）	1,456,000	56,000	1,512,000
片務的二重課税控除		(56,000)	(56,000)
支払法人税	1,456,000		1,456,000

まず，国外源泉所得の130,000ポンドを総額に調整した200,000(＝130,000×100/65)ポンドに係る英国法人税を計算すると，56,000(＝200,000×28％)ポンドとなる。外国法人税額70,000(＝200,000×35％)と英国法人税額56,000ポンドのうち，低い金額の56,000ポンドが二重課税控除額となり，英国法人税超過額14,000(＝70,000−56,000)ポンドは控除されない。

さらに英国居住法人が少なくとも10％の議決権(voting power)を有する外国法人から非免除配当(non-exempt dividend)を受ける場合，当該配当金額に応じて基礎控除(underlying relief)という追加の片務的二重控除が適用される。基礎控除は，下記算式のように，受取配当金総額を同課税年度の配当可能利益で除し，当該受取配当金に係る外国税額を乗じることにより算出される。

$$基礎控除 = \frac{D}{P} \times T$$

D：受取配当金総額

P：配当を受けた課税年度における分配可能利益

T：該当課税年度において，実際に支払った外国税額

　たとえば，2010年11月1日に英国法人が15%の議決権を有する外国法人から10,500ポンド(30%の源泉徴収済)の非免除配当を受け取り，当該外国法人の損益計算書が次のとおりである場合，片務的二重課税控除の最大金額を計算する。当該年度の実際に支払った外国税額は，160,000ポンドである。

課税前利益	400,000ポンド
支払法人税	△150,000ポンド
税引後利益	250,000ポンド
配当等	100,000ポンド
留保利益	150,000ポンド

　資料から読み取れるD，P，Tの金額15,000(＝10,500×100／70)ポンド，250,000ポンド，160,000ポンドを上記算式に当てはめると，9,600(＝15,000÷250,000×160,000)ポンドの基本税額が算出される。受取配当金に係る源泉徴収税4,500(＝15,000×30%)ポンドと9,600ポンドを合算した14,100(＝4,500＋9,600)ポンドが片務的二重課税控除の最大金額となる。

　国際的二重課税の排除方法を外国税額控除によらない場合には，わが国の「外国税額損金算入」に相当する「費用控除」(expense relief)を選択することができる。費用控除とは，外国税額控除と同様に，居住地国において国外源泉所得および国内源泉所得を合算した全世界所得に課税権が行使される一方，国外で支払った外国法人税額は費用として損金算入される[19]。その結果，国外源泉所得のうち，外国税額控除後の純額に対して英国法人税が課される。費用控除は国外源泉所得に対する外国法人税が発生しないために税額控除を適用できないような法人に有効な手段であり，費用控除の適用により，総所得と事業損

失を相殺することが可能となる。

　たとえば，2011年3月31日時点に50,000ポンドの事業損失が生じている英国
法人が12,000ポンド（40%の源泉徴収済）の外国不動産所得を稼得した場合におい
て，外国税額控除および費用控除を適用すると表9-2のようになる[20]。

表9-2　税額控除と費用控除の適用例

（単位：ポンド）

事　　項	税額控除を適用した場合	費用控除を適用した場合
事業所得	0	0
不動産所得総額	20,000	
不動産所得純額		12,000
事業損失	(50,000)	(50,000)
課税対象所得	0	0
法人税納付額	0	0
控除不能事業損失	30,000	38,000
控除不能外国税額	8,000	0

　国外不動産所得は事業損失と相殺される，30,000（20,000-50,000）の事業損
失が発生するため，英国での租税債務は発生しないので，外国税額控除は適用
されない。したがって源泉徴収された8,000（＝20,000×40%）ポンドの控除不能
外国税額が発生し，前年に繰り戻すか後に繰り越すことにより，国外源泉所得
に係る外国法人税額が相殺される。しかし，ここで注意すべきは，国外源泉所
得税が国内税率よりも高い税率で課されている場合には，国内税額の範囲内で
の控除となるため当該外国税の全額が控除される見込みがない点である。一方，
費用控除を適用する場合には，外国税額8,000ポンドが損金算入されるので，
事業損失を8,000ポンド増額させるが，当該事業損失は前12ヵ月に繰り戻して
総所得金額と相殺するか，将来に繰り越して事業所得と相殺することができる。

　さらに，受取配当に関する二重課税排除措置に関して，1999年4月6日前か
ら繰り越されている余剰（surplus）の予納法人税（advance corporation tax：以下，

ACT)がある場合には，当該会計年度において控除されるべきACT金額は余剰
ACT規定に基づき計算される[21]。ある会計期間において相殺可能な余剰ACT
限度額は同会計期間の課税対象所得に等しい支払可能額と同額である。二重課
税控除が適用される場合には，相殺限度額は二重課税控除後の所得に係る法人
税額に制限される。たとえば，2011年3月31日に英国法人に4,800,000ポンド
の事業所得と外国不動産所得2,750,000ポンド(45%の源泉徴収済：総額5,000,000)
が生じており，1,000,000ポンドの寄附金を支払っている課税年度において，
支払法人税および相殺可能ACT限度額は表9-3のように計算される[22]。

表9-3　国内所得・国外所得に係る税額計算例

(単位：ポンド)

	国内源泉所得	国外源泉所得	合　　計
事業所得	4,800,000		4,800,000
不動産所得総額		5,000,000	5,000,000
	4,800,000	5,000,000	9,800,000
寄附金	1,000,000		1,000,000
課税対象所得	3,800,000	5,000,000	8,800,000
法人税額 (28%)	1,064,000	1,400,000	2,464,000
片務的二重課税控除		1,400,000	1,400,000
納付法人税額	1,064,000	0	1,064,000
相殺可能ACT限度額	<u>760,000</u>		<u>760,000</u>

　国外源泉所得に係る二重課税控除を最大にするために，国内源泉所得と寄附
金を相殺する。二重課税控除額は国外源泉所得に係る英国法人税額に制限され
るため，支払外国法人税2,250,000(=5,000,000×100/55×45%)ポンドのう
ち850,000(=2,250,000-5,000,000×28%)ポンドは控除不能となる。原則的
に，相殺可能ACTは二重課税控除後の所得に係る法人税額に制限されるため，
国内源泉所得の配当所得に係る税額760,000(=3,800,000×20%)ポンドは相殺
可能限度額となる。一般的に支払配当金に係るACT余剰額は相殺可能ACT限

度額まで引き上げられ，1999年4月6日から繰り越された余剰ACT救済額の範囲まで減額される。

第3節　国際的租税回避対策税制

第1款　移転価格税制の意義・特徴

　移転価格(transfer pricing)税制とは，内国法人が国外関連会社との間で国外関連取引を行う場合，課税所得の計算に用いる移転価格(国際振替価格)の操作によって，内国法人の所得が減少するとき，当該取引は独立企業間価格(arm's length price)で行われたものとみなして，国外関連取引に係る対価の額と独立企業間価格との差額を損金に算入しない制度をいう[23]。すなわち，英国居住法人が意図的に物品(goods)等を外国子法人に低価額で移転するか，あるいは，外国法人から移転された物品等に対して，不当に高額な対価を支払うことにより，英国居住法人の利益を減額する一方，外国子法人の利益を増額させ，結果として英国法人税額を減額させる場合には，当該取引価額を独立企業間取引原則(arm's length basis)に基づき課税所得が調整される[24]。

　たとえば，ある法人Aがグループ内の関連会社Bに5％の原価加算によるサービス提供を行っていたとする。しかし，第三者間の通常取引における当該サービス提供の独立企業間価格幅が10％から15％である場合，法人Aから法人Bへ少なくとも5(=10-5)％から10(=15-5)％の所得移転が生じていることになる。そのため，当該取引は，HMRCの判断により，独立企業間価格幅である10％から15％原価加算により取引が行われたとみなして課税される[25]。

　なお，英国では，2004年税制改正において，移転価格税制および後述される過小資本税制の適用対象は，国外関連取引のみならず国内関連取引にまで拡大された(FA 2004, Sec.30-37)。なお，小規模法人(Small-sized enterprise)および中規模法人(Medium-sized enterprise)は移転価額規定の対象から除かれる[26]。

第2款　過小資本税制の意義・特徴

　一般的に，法人の資金調達方法として，出資または借入れによるかの判断は各法人の判断に委ねられている。しかし，借入れによる場合には，借入利息を損金に算入することができるため，英国居住親法人が外国子法人への貸付けを多くして支払利息を損金算入することにより，所得の圧縮が可能となる。

　場合によっては，親法人からの貸付けに係る利子率を操作することで外国子法人からの「利益の吸い上げ」(earning stripping)が可能となる。こうした借入金・貸付金の利用による租税回避を防止する対策として，利子率に上限を設けたり，貸付金限度額の設定を行うといった措置が考えられる。さらに，子法人への貸付金が出資金に比して不相当に過大となる場合には，当該貸付金を資本とみなすとともに，支払利子は支払配当として取り扱うことで損金算入を認めない方法も挙げられる[27]。

　わが国では，平成4年に導入された「過少資本対策税制」により，外資系内国法人等が外国親法人に負債利子を支払う場合において，外国親法人に対する平均負債残高が自己資本の3倍を超えるときは，支払利子の金額のうち，当該超過額に対応する支払利子に関しては損金算入が認められないこととされている(措法66の5①)。英国においても，「過少資本対策税制」が採られているが，TA 1988に規定されていた英国の「過少資本対策税制」は，2004年の税制改正により，「移転価格税制」の規定に組み込まれる形で再訂されており，英国内外を問わず，すべての関連会社間取引を対象としている[28]。すなわち，持株割合が50％超の関連会社間の借入金が適正価額を上回る場合には，当該超過額に対応する支払利息の損金算入は認められず，当該貸付けに係る支払利息は適正金額(arm's length amount)により支払われたものとみなして課税される[29]。

第3款　タックス・ヘイブン対策税制の意義・特徴

　軽課税国等であるタックス・ヘイブン(tax haven)を利用した国際的租税回避防止策としては，タックス・ヘイブン国で子法人が稼得した所得を親法人の所得とみなして合算するか，本国に送金させる方法があり，英国では，被支配外

国法人(controlled foreign company：以下CFCと略す)の所得に対して，当該所得が配当として分配されているか否かに関係なく，当該所得持分割合に応じて英国法人税が課される[30]。

　CFCとは，英国居住法人に支配される外国居住法人で，英国法人税率の75％未満，あるいは，法人の任意で適用税率の決定できるような軽課税国に配置される法人をいう。支配関係にあるかの判断は，外国法人が英国居住法人に50％超の支配を受けているかどうかを基準に行われる。ただし，英国居住法人に少なくとも40％支配され，他の外国法人から40％以上55％以下の支配を受ける外国法人もCFCに該当する[31]。ただし，下記①から⑤のような適用除外基準が設けられており，下記要件をみたす場合には，CFC課税が適用されない[32]。

①　当該外国法人への分配が全課税所得金額の25％未満である。

②　当該外国法人の課税所得が50,000ポンドを超えていない。

③　当該外国法人の居住地国が低課税国でない。

④　当該外国法人が承認可能分配政策(acceptable distribution policy)に準拠している。

⑤　当該外国法人が一定の免除活動(exempt activities)を行っている。

　上記④の承認可能分配政策とは，英国居住者に対して課税年度末(accounting period)から18ヵ月以内に純課税所得金額の90％を分配する政策をいう。⑤の免除活動の要件として，(1)当該の事業活動居住地が欧州経済地域(European Economic Area：以下，EEAと略す)であること，(2)当該業務がEEAを居住として実質的管理を受け，かつ，当該事業の主たる業務が投資事業，輸出取引，関連者間取引ではないことが挙げられている[33]。つまり，EEAに配置される法人の事業活動が「真正な経済活動」(genuine economic activities)であると認められる場合には，CFC課税の対象とならない[34]。

　さらに，1984年のCFC規定導入当初から動機調査(motive test)が設定されている。動機調査とは，英国からの所得移転が英国での租税債務軽減を主目的として行われたか否かを判断する調査であり，①英国で課税されるべき金額のう

ち，当該所得移転に係る減額分が少額であること，②英国租税債務の軽減が主目的ではない，あるいは，当該取引の主目的がCFCで収益をあげることの２要件のうちのどちらかが満たされればCFC課税を受けない(TA 1988, Sec. 748(3))。

　なお，2011年税制改正に向けた英国のコンサルテーションにおいて，新CFC制度に関する検討が行われている。その中で，現行のCFC制度適用基準である75％基準・ホワイトリスト基準は不十分であるとの指摘がなされている。すなわち，外国子会社の所得が合算される根拠としては，「人為的な所得流出リスク」の有無が検討されるべきであり，現行のトリガー税率による形式的な適用基準ではなく，進出先国の税率・課税標準からリスクの度合いを検証する必要がある。具体的には，英国と同様の法定税率・課税ベースを有する国を除外した上で，真正な海外事業に関しては，関連者間取引であっても，人為的に所得流出させる意図がないという動機調査が満たされれば，CFC制度の適用除外とするべきであると議論されている[35]。

　わが国では，平成22年(2011年)度・23年(2012年)度の税制改正により，外国子会社合算税制の適用除外要件として，事業基準，実体基準，管理支配基準，非関連者・所在地国基準の４要件が設定され，本店所在地国において，事業活動を行う「経済合理性」の有無により合算課税の対象となるか検討される(措法66の6③)。

　事業基準では，債券保有，工業所有権や著作権の提供，船舶・航空機の貸付け等，一定事業の海外活動には，「経済合理性」がないという観点から，合算課税の対象となる事業が規定されている。実体基準では，特定外国子会社等が本店，事務所，工場等の固定施設を有しているかが要求され，管理支配基準では，特定外国子会社等が本店所在地において，事業の管理・支配・運営を行っているかによって合算課税の適用有無が判断される。さらに，非関連者基準は，非関連者間事業として，卸売業，銀行業，信託業等の一定事業を列挙し，特定外国子会社等の主たる事業が非関連者間事業に該当する場合には，合算課税の適用除外となる規定である。非関連者間事業以外の業種には，所在地国基準が適用される(措法66の6③・④一，措令39の17①・⑤，措通66の6-16)。

これら適用除外基準のうち，たとえば，実体基準・管理支配基準は，様々な事業形態の出現や国際的事業環境が目まぐるしく変化する今日，適用除外の判断基準として合理的な基準であるか疑問が残る。とりわけ，管理支配基準に関しては，わが国の外国子会社合算税制が創設された昭和53年当時から採用されており，30年以上経過した現在の事業環境のもとでは，制度疲労を起こしているとの懸念がある。また，事業基準や非関連者・所在地国基準に関して，一定事業を合算課税の適用対象とする根拠に「経済合理性」を用いるのはいささか抽象的であり，業種の判定に際しても，通達による不十分な業種分類に基づき行われる。そのため，現時点で有効な適用除外基準としては，固定施設において，実際に従業員が業務を行う日常的な事業活動を求める「企業実体基準」が検討されている[36]。この「企業実体基準」は，英国の求める「真正な経済活動」に近似するように思われる。国際課税制度の制度趣旨である課税権の確保を前提としながらも，企業の活動形態・経済環境の変化に応じた制度構築が要請される今日，英国のように，多くの事案(判断材料)から抽出された「人為的な所得流出のリスク」や動機調査の検討を用いる具体的，かつ，率直な基準の設定が必要といえよう。

〔注〕

1) Alan Melville, *Taxation Finance Act 2010 Sixteenth edition*, Prentice Hall, 2011, p. 527.
　なお，「居住者」については，「2013年財政法」において，明確に規定されている。「居住者」に該当するか否かの判断は，「自動的居住テスト」または「十分な縁・関係テスト」を満たすかどうかにより，決定される(菊谷正人「英国の個人貯蓄口座(ISA)に対する非課税制度の特徴－日本版ISA(NISA：少額投資非課税制度との比較分析－)」『租税実務研究』第2号，平成26年，4頁，Alan Melville, *Taxation Finance Act 2012 Eighteenth edition*, Prentice Hall, 2013, pp. 512-513)。
2) David Smailes, *Tolley's Income Tax 2009-10 94th*, LexisNexis 2009, p. 1081.
3) *Ibid.*, p. 1085.
4) *Ibid.*, p. 1087.
5) Alan Melville, *op. cit.*, p. 529.
6) David Smailes, *op. cit.*, p. 1080.
7) 国外源泉所得を有する居住者は，所得源泉地国の法律，源泉国における非課税事業，

英国に移転するのが困難な外貨等の理由により，英国に送金できない所得については送金不能(unremittable)の手続きを行える。

　Alan Melville, *op. cit.*, p. 530.

8)　*I bid.*, p. 530.

9)　*I bid.*, p. 532.

10)　*I bid.*, p. 537.

　1896年のサンパウロ鉄道会社対カーター(San Paulo Rly Co v Carter)判決において，内国法人であるか否かを判断する際の事業場所(place of trade)とは，実際に事業が行われた場所をいうのではなく，事業の運営・管理(conduct and management)が行われる場所であり，事業本部(head and brain of the trading adventure)のある場所と解されている(Keith M Gordon and Ximena Montes-Manzano, *Tiley and Collison's UK Tax Guide 2009-10 27thedition*, Lexis Nexis, 2009, p. 1489)。

11)　非居住法人の納税義務が英国PEを通じて事業を行う場合に限られたのは，2003年財政法(Finance Act 2003)による改正以後であり，それ以前では，英国の支店または代理店を通じて行った事業による所得が課税対象とされていた(TA 1988, Sec. 11)。

　I bid., pp. 1212-1213.

　Chris Whitehouse(ed), *Revenue Law-principles and practice seventeenth edition*, Butterworths, 1999, p. 619.

12)　山本守之『法人税の理論と実務』中央経済社，2010年10頁。

13)　Alan　Melville, *op. cit.*, p. 538.

14)　*I bid.*, p. 538.

15)　*I bid.*, p. 538.

16)　詳細は，経済産業省『平成20年度　諸外国におけるグループ税制に関する調査』平成20年を参照されたい。

17)　Alan Melville, *op. cit.*, p. 541.

18)　*I bid.*, p. 541.

19)　菊谷正人『多国籍企業会計論第3版』創成社，2002年，257頁。

20)　Alan Melville, *op. cit.*, p. 543.

21)　英国では，法人・個人間の配当所得に関する二重課税排除措置として，「部分的インピュテーション方式」が採用され，英国法人が配当を行う際，支払配当金額の一部を予納法人税として納付する。このACTは，法人税の一部ではなく，個人の配当所得に対する課税の前取りとしてみなされるため，法人が最終的に納付すべき法人税額はACT控除後の金額となる。ACTには，控除限度額が設けられており，ACT納付金額が法人税額からの控除限度額を超過する場合には，当該超過額が余剰ACT額として翌期に繰り越される。繰越余剰ACT額は，余剰残額が無くなるまで，翌事業年度以降の法人税額と相殺される。ACT制度に関する詳細は，第4章を参照されたい。

22)　Alan Melville, *op. cit.*, pp. 544-545.

23)　菊谷正人，前掲書，282-283頁。

24）　Alan Melville, *op. cit.*, p. 539.
　　Keith M Gordon and Ximena Montes-Manzano, *op. cit.*, p. 1185.

25）　Juliana Watterston, *Corporation Tax 2009/2010*, Bloomsbury Professional Ltd, 2009, p. 438.

26）　小規模法人とは，売上高が5,600,000ポンド以下，資産総額2,800,000ポンド以下，従業員数が50人以下の三要件のうち，二つ以上の要件を満たす法人である。中規模法人とは，売上高22,800,000ポンド以下，資産総額11,400,000ポンド以下，または従業員数250人以下の三要件のうち，二つ以上の要件を満たす法人である。

27）　菊谷正人，前掲書，291-292頁。

28）　Keith M Gordon and Ximena Montes-Manzano, *op. cit.*, p. 1188.

29）　*I bid.*, p. 1188.

30）　菊谷正人，前掲書，273・275頁。

31）　Alan Melville, *op. cit.*, p. 540.

32）　Keith M Gordon and Ximena Montes-Manzano, *op. cit.*, p. 1545.

33）　Juliana Watterston, *op. cit.*, p. 407.

34）　青山慶二「外国子会社合算税制について－わが国の改正と英国との比較検討」『租税研究』第731号，2010年，194-195頁。
　　この2011年のCFC制度改革案には，欧州裁判所の姿勢が大きく影響しているように思われる。2006年のカドバリー（Cadbury case）事案において，CFC制度の最終的な目的は，人為的（wholly artificial）な取引により，各国の課税標準を侵害する租税回避へ対応であるから，人為的な行為を示す客観的証拠なしに内国親法人に課税が及ぶようなことがあってはならないとされている（Case C-196／04 Cadbury Schweppes plc and Cadbury Oversea Ltd v Commissioners of Inland Revenue 2006 ECR I-07995）。

35）　青山慶二，前掲稿，194-195頁。

36）　梅辻雅春「タックスヘイブン対策税制から外国子会社合算税制へ－問題点の分析と提言－」『租税研究』第745号，平成23年，169-171頁。

ラドクリフカメラ図書館
（Radcliffe Camera library）
オックスフォード大学図書館（閲覧室）。17世紀頃，英国で流行したパラディオ式の建造物である。

第10章　流動所得に対する国際課税

第1節　競争的税制構築へ向けた被支配
外国法人規定の提案

第1款　競争的な被支配外国法人規定と現行規定の概要

　英国では，近年，「競争的」（competitive）な法人税制の構築という観点から，税制改革案が検討されている。国境を越えた取引を行う多国籍企業にとって，他国よりも優位な税制を設定することにより，経営戦略や活動拠点の選択等，事業遂行上の決断に干渉しない税制構築を目指している。2009年には，「競争的」な法人税制の検討機関として，Lission Committee や Working Group を設立し，本格的な税制改革体制が整えられている。2010年11月に財務省により公表された『法人税改革：より競争的な制度の提案』（*Corporate Tax Reform*："*Delivering a more competitive system*"：以下，『提案書』という）では，被支配外国法人(controlled foreign company：以下，CFC と略す)規定，知的財産に関するパテントボックス(patent box)制度，研究開発税額控除，外国支店課税の改革案が提示されている。これらの改革案に共通している点は，「全世界所得」課税概念から「領土主義」への移行を前提として，英国企業による投資・事業活動を国際規模で支援する一方で，流動所得(mobile income)の人為的所得移転(artificial diversion)を防止することに主眼を置いていることである[1]。流動所得に関する明確な定義はないが，金融・資本所得等のいわゆる「足の速い所得」に限らず，低課税国へのタックスプランニング等により，国外への所得移転が比較的容易である所得を概して流動所得と称している。

　『提案書』によれば，「領土主義」に基づく新CFC規定のあり方として，①CFC規定の適用を英国で課税されるべき所得が人為的に移転される場合に限

定することにより，英国での事業活動・英国源泉所得に対する課税の公平が実現されること，②英国における課税標準の浸食(erosion)が行われない限り，国外所得に対しては免税とすること，③国外での真正な経済活動(genuine economic activities)から生じる所得には課税しないことが挙げられている。つまり，人為的所得移転に抵触しない限り，英国多国籍企業が「競争的」であるために，税制面で最大限支援するという姿勢が表れている。CFC規定は，周知のとおり，所得に対する課税が存在しない，あるいは，極めて低い税率の課税を行う国または地域であるタックス・ヘイブン(Tax haven)を利用した国際的租税回避防止規定であり，各国では，①本国の親会社の所得とみなして合算課税を行うか，②本国へ送金させる等の手法により，タックス・ヘイブンを利用した国際的租税回避を防止している[2]。

　米国では，1963年に施行された「サブパートF条項」(Subpart F legislation)がタックス・ヘイブン対処措置として内国歳入法(Internal Revenue Code)に導入された。これは，被支配外国法人が稼得した特定の所得(サブパートF所得)に対して，持分割合に応じた合算課税を行う措置である。サブパートF所得は，保険所得(insurance of U.S.risks)，外国基地会社所得(foreign-base company income)，ボイコット関連所得(boycott-related income)，在外賄賂(foreign bribes)等に分類されており，これらの所得に該当する場合には，被支配外国法人の所在地に関係なく合算課税が行われる。したがって，米国のタックス・ヘイブン対抗措置としては，サブパートF所得という合算課税対象所得を示すことによる「所得指定型」の手法が採られている[3]。

　英国のタックス・ヘイブン対策規定は「1988年所得・法人税法」(Income and Corporation Taxes Act 1988：以下，ICTA 1988と略す)において制定され，英国税率の75％未満の国に配置される被支配外国法人の所得を英国親法人の持分に応じて課税するタックス・ヘイブン対抗措置を採っている[4]。英国の手法は，所得の種類に関わらず，「低課税国」で事業を行う被支配外国法人の所得を合算することから，米国の「所得指定型」に対して「事業指定型」の対抗策である。

　わが国では，昭和53年（1988年）にタックス・ヘイブン対策税制が創設され，適用税率が20％以下の低課税国に所在する外国子会社等の留保所得のうち，内国法人の持分相当額を内国法人の所得とみなして合算課税が行われる（措法66の6①・②）。英国と同様に，「事業指定型」が採られており，租税負担割合が20％以下の国に配置される「特定外国子会社等」の稼得した所得を対象としている[5]。昭和53年導入以来，わが国のタックス・ヘイブン対策税制は国際的な経済取引や動向に応じて改正されてきた。たとえば，平成16年（2004年）のタックス・ヘイブン対策税制から外国子会社合算税制への改称，平成19年（2007年）の特定外国信託の留保所得に対する課税の導入，平成21年（2009年）の外国子会社配当益金不算入制度に伴う改正，平成22年（2010年）における資産性所得に関する制度の創設等，多岐にわたる改正が行われてきた[6]。とりわけ，最新の改正である資産性所得の益金不算入制度は，2009年に外国子会社からの配当非課税制度を導入し，その後CFC規定に関する多くの議論が継続されている英国の方針と重複するものである[7]。そこで，以下では，2010年11月に英国で公表され，わが国制度に参考となる『提案書』をもとに新CFC規定の検討内容を概観する。

第2款　金融資産に対する新CFC規定の提案

　「2011年予算案」（Finance Bill 2011）では，最も重大であり，かつ，最も難解である問題として，金融資産（monetary assets）および知的財産（intellectual property）に関する課税上の問題が取り上げられ，その対応策として新CFC規定の制定が提案されている[8]。新CFC規定において，注目すべき点は，従来の「事業指定型」基準に加え，所得を事業所得に当たる能動所得（active income）と利子・配当等の投資所得に当たる受動所得（passive income）とに区分した「所得区分型」基準の導入が提案されていることである。現金（cash）・現金同等物（cash equivalents）や債権（debt）・債権同等物（debt equivalents）からの利子収益を生む金融資産は受動所得に該当する。『提案書』では，これら受動所得にあたる金融資産に対して，英国CFC規定が「競争的」であるために，英国の課税

標準を保持した上で，国外事業活動の円滑化を図る必要性が説かれている[9]。

　多国籍企業グループが資金調達手段として借入れを選択する場合，当該借入金の利用場所・利用目的を特定するのは至難の業であるとともに，ある取引が事業目的であるのか，あるいは，課税標準を浸食するものであるのか，両要素を兼ね備えるものであるのかを区別するのは極めて困難である。こうした多様な転換可能性(fungibility)を有する金融資産取引は，①低課税国法人から英国法人に対する貸付け，②英国借入資金の低課税国法人に対する投資等により，英国課税標準の浸食に多大なリスクを及ぼす。『提案書』の指摘によれば，①の問題に関しては，国際的な債権限度(worldwide debt cap)により，ある程度の浸食は回避されているものの，すべてのケースに対応しきれていない。また，②の問題に関しては，英国の現行制度は，借入れに係る支払利息の控除を認める一方で，国外源泉所得を免税所得として取り扱うため，課税標準が浸食されるのは明らかであり，こうした問題への対応策を新CFC規定に盛り込む必要性が強調されている[10]。

　こうした流れの中で，金融資産に対する最も有効な手段として，金融会社(financial company)に係る「適用除外基準」の導入が検討されている。これには，欧州裁判所(European Court Justice：以下，ECJと略す)による2006年のキャドバリー(Cadbury)判決が大きく影響している[11]。

　キャドバリー・シュウェップス社(Cadbury Schweppes plc：以下，キャドバリー社という)は，英国法人を親会社とする多国籍企業である。キャドバリー社は，金融業務を主業務とする被支配外国法人2社をアイルランドに設立し，海外グループ法人を介して支配していたが，アイルランドは英国のCFC規定において低課税国に該当するため，当該被支配外国法人の所得に対して10%のCFC課税を受けていた。これに対して，キャドバリー社は，当該事業に係るCFC課税の適用はEC条約(EC Treaty)の第43条・第48条に規定する設立・開業の自由に反するとして提訴した。英国CFC課税の適用がEC条約に反するか否かを争った本事案に関して，ECJは，税務上の動機(tax motive)にかかわらず，被支配外国法人が受入加盟国に設立され，実際に真正な経済活動(genuine economic activities）を行っているのであれば，CFC課税は適用されるべきではないと判示している[12]。

　つまり，低課税国における被支配外国法人の設立が英国での課税軽減を意図して行われたとしても，被支配外国法人による事業活動が経済的実態を反映しており，人為的行為を示す証拠がなければ，CFC課税の対象とはならないとの見解が示された。このように，CFC規定の立法趣旨が人為的所得移転の防止であるならば，CFC課税もその立法趣旨の範囲内で機能する必要がある。

　しかし，現行制度のもとでは，企業の立場からすれば合理的な事業活動にもCFC課税が適用されるため，過度に厳格な英国CFC制度に対する企業側の懸念が深刻化している。そこで，従来の広範に設定されたCFC適用規定に「部分的な適用除外基準」を設けることにより，過度なCFC課税に対処し，金融会社であっても，一定要件を満たし，商業上合理的であると判断される取引には，CFC課税の適用除外が認められることとなった。

　具体的には，金融会社の借入れと株主資本の比率を算定し，株主資本比率が上回る場合には，その超過分に対して，借入れに係る支払利息の控除を否認することによりCFC課税が適用される。CFC課税の適用対象となる借入れおよび株主資本の比率は1対2に設定されている。その結果，ある金融会社が100％の自己資本で運用している場合には，外国子会社所得の3分の2が適用除外となり，現行の法定税率26％の3分の1に相当する9％のCFC課税が行われることになる。

　この適用除外基準は，現金超過（excess cash）の生じる事業会社（trading company）および金融会社（treasury company）にも適用される。事業会社が低課税国で現金超過の状態で運用している場合には，金融会社と同様に，適用除外基準に基づき課税を受ける。ただし，利子所得であっても，その発生要因が偶発的（incidental）・付随的（ancillary）である所得については，CFC課税の適用対象から除かれる。

　たとえば，100％自己資本で運用する被支配外国子会社の事業所得・利子所得がそれぞれ1,000,000ポンドずつ生じており，利子所得のうち100,000ポンド

が偶発的に生じた所得であると想定する。能動所得である事業所得および偶発的・付随的に発生した受動所得は，CFC課税の適用対象から除かれる。そのため，残額の900,000（＝1,000,000−900,000）ポンドが当該事業会社の利子所得として取り扱われる。その結果，利子所得に対して9％のCFC課税が行われ，81,000ポンドの英国租税債務が生じる。

　なお，金融会社は，事業用金融資産（business monetary assets）を日常的に管理し，極めて低いリスクで少額の利子所得を得る会社であり，英国課税標準を浸食する危険性が低いとして，新CFC規定から適用除外されている。

　多国籍企業がグループ子会社の設立場所を判断するに当たり，人件費やその他製造費等，事業上の検討事項と同様に，税務上の恩典も重要な設立事由となる。そのため，キャドバリー判決において，CFC課税の主目的が人為的所得移転の防止であることが明示されるとともに，本判決を反映して「適用除外基準」が導入されることは，英国に親会社を持つ多国籍企業に対して，予測可能性を与える画期的な改正であるとえる。

第3款　知的財産に関する新CFC規定の提案

　金融資産と同様に，知的財産においても人為的所得移転の防止と「領土主義」を前提とする課税が推奨されている。流動所得として名高い知的財産には，無形資産をはじめ，特許権，商標権，ブランド，著作権，創造権，意匠権，使用許諾権等，知的財産に関連する権利が含まれる。

　新CFC規定では，次のような場合における知的財産取引が課税対象とされる。

① 英国で開発された知的財産が低課税国に移転する場合

② 英国法人の創出した所得に対して，CFCを適用しなければ課税のできない場合

③ 国外保有される知的財産の実質的な管轄が英国にある場合

④ 英国ファンドが国外保有されている知的財産に対して投資を行っているにもかかわらず，投資に対するリターンを得ていない場合

このような知的財産取引のうち，人為的な所得移転に対するCFC課税を行

うために，さらに次のような2段階の判断基準が設定される。

　第一段階では，①10年以内に英国から移転された知的財産，②財産価値の創造・維持に係る活動の大部分が英国で行われた知的財産，③実質的に国外投資用資産として保有される知的財産であるかを判断し，①から③に該当する場合には，英国に実質的関連のある知的財産を保有する「高リスク事業体」として取り扱われる。

　第二段階では，当該知的財産による超過収益が生じているか否かを検討し，超過収益が生じているのであれば，当該超過収益うち，人為的に英国から流出した金額が算定される。ただし，第一段階で①・②に該当する知的財産を有する事業体と判断されたとしても，課税標準の浸食に対して高リスクを伴わないと解される場合には，セーフ・ハーバーが設けられており，特定の費用・資産から生じる超過収益に限りCFCが適用される。セーフ・ハーバーの要件を満たさない場合には，英国帰属分と国外帰属分とに超過収益が配分されることになる。その際，英国帰属部分の算定は，国外事業における専門性，従業員数，実際の活動内容，金融所得金額，資本構成，当該知的財産の国外移転年度等，実質基準に基づき行われる。最終的に，創作費用あるいは売却価額に応じて英国帰属所得を配分することにより，人為的に流出された超過所得を確定し，当該所得に対してCFC課税が行われる。

　このように，知的財産に対する新CFC規定は，金融所得に対する規定よりも，はるかに優遇的要素の強い内容となっている。これは，知的財産事業が高額事業であり，知的財産業を展開する多国籍企業は節税という観点から「競争的」な税制に対してより敏感に反応するため，容易に国外移転が可能な知的財産に係る収益の国内還流化を図るためには，戦略的な制度構築が要請されることに起因する。

　知的財産に関しては，移転価格税制や他の関連規定によって各国課税権の保持が図られているが，『提案書』の指摘では，英国の移転価格税制は租税回避防止策として制度化されたものであり，英国課税標準の浸食に耐えうる税制としては不十分である。つまり，知的財産に係る移転価格税制や他の租税回避防

止を意図した周辺制度の役割を確認した上で，新CFC規定の位置づけ・役割が検討されている。さらに，近年の経済実態に配慮した能動所得と受動所得という所得類型を設定し，人為的な所得移転を指標とする適用基準が想定されている。

　翻って，わが国では，平成22年(2010年)税制改正において，外国子会社合算税制に大幅な改正が行われている。特定外国子会社等が特定所得を有する場合には，当該特定所得は特定外国子会社等に対する持分に応じて内国親法人に配分され，合算課税される(措法66の6④)。「特定所得」とは，利子・配当のいわゆる投資所得および特許権等に係る所得を含めた資産性所得をいい，特定所得の合算課税は所得の性質に着目した点で画期的な改正といえる。

　わが国の外国子会社合算税制は，内国法人が「軽課税国等」に設置した子会社を通じて税負担を不当に軽減・回避するような国際取引へ対処する制度である。この立法趣旨は，昭和53年(1988年)に本制度が導入されて以来，一貫されている。しかし，国際的租税回避対抗策として施行される移転価格税制や過小資本税制等の各諸制度は独立的に機能しているように思われる。諸外国が競って法人税率を引き下げている現状に鑑みると，タックス・ヘイブン取引実態に着目し，更なる整備を行うとともに，わが国においても，外国子会社合算課税をはじめとする各周辺税制の役割を明確にすることにより，課税標準の浸食に対する総合的アプローチに資する国際課税制度の構築が求められる。

第2節　競争的な知的財産課税の構築

第1款　パテントボックス制度の導入

　知的財産は，その研究・開発に膨大な費用やリスクを伴う一大産業である。知的財産事業を展開する多国籍企業は，税制にも十分配慮して事業拠点の選択を行う。しかし，現行英国税制では，国内に事業拠点を置くのに「競争的」ではないことを理由にして多国籍企業は研究開発段階に係る税額控除の恩典を受けた後，開発途中の知的財産の価値が実現する前に海外へ知的財産を移転する

傾向にあり，知的財産の国外流出を招いている[13]。

　「パテントボックス税制」は，創造，開発段階で付与される研究開発控除に加え，開発した知的財産の利用・商業化段階においても税務上優遇することにより，知的財産の創造(creation)，研究(exploitation)・開発(inventions)，さらには商業化の全ての工程およびそれに伴う雇用を英国に誘導し，技術大国としての発展を目的とする制度である[14]。すなわち，研究開発・技術革新に強い関連のある科学的(scientific)，かつ，高度な技術(high-tech)を伴う知的財産に係る所得に対して10％の低率分離課税を適用する制度である。

　「パテントボックス制度」の適用対象所得は，英国知的財産庁(UK's Intellectual Property Office)・欧州特許庁(European Patent Office)等の行政機関に革新的で有用性のあるものとして認可を得た技術に係る権利(以下，適格特許権という)から生じる所得であり，当該適格特許権を通じて英国法人が獲得した全世界所得が適用対象となる[15]。ただし，特許の認可を受けていない場合でも，研究・開発やハイテク事業に関連する技術・薬剤製品・農学製品に関しては，個別審査を経て公式登録される点で特許申請と類似しているため，適格特許権に該当する。その一方で，同じ知的財産であっても，商標権(trade mark)あるいは著作権(copy-right)は，ハイテク事業との関連性が希薄であり，かつ，変動的であるとともに，技術的革新であるか否かを検討する個別審査の過程についても特許権とは異なり，評価されるべき技術革新とはいえないため，適格特許権から除かれる。

第2款　適格所得およびパテントボックス計算手順

　「パテントボックス適用所得」(qualifying income for Paten t Box：以下，適格所得)の判別は開発規準(development criteria)に基づいて行われ，能動的な特許開発事業を展開する法人を対象にパテントボックスの恩恵措置が設けられている。したがって，単なる資金投資により特許権を所有し，ロイヤリティーを収受するような受動的収入を得る法人に対しては，パテントボックス制度の適用が認められない[16]。

適格所得には，適格特許権の利用に伴うロイヤルティー料およびライセンス料，特許権の組み込まれた(embedded)製品，たとえば，ライセンス料の発生する科学技術を用いて製造される特許製品の売上げに係る所得も含まれる。さらに，商標登録されていない製品等，当該所得が特許・技術的革新と直接的に関連しないような特許申請中の製品も，特許製品と同様に，パテントボックスの対象となる。特許申請から特許の認可が下りるまでの期間が長期にわたることに配慮して，一度特許の認可を得た法人は，当該特許による所得に関して，特許申請日から最大4年間遡ってパテントボックス制度を適用できる[17]。

　このように，英国多国籍企業による積極的・継続的な新技術の開発を維持し，知的財産に係る能動的所得の増大を図るため，パテントボックスの適格所得は相当広範に設定されている。

　なお，パテントボックスの10％税率は，総適格所得から繰越欠損金等の控除項目を差し引いた純所得(以下，パテントボックス所得という)に適用される。パテントボックス所得は残余所得分割法(residual profit splits)に基づき，①適用対象所得の算定，②通常事業に係る費用の控除，③特許権等関連費の控除による三段階の手順で算定される[18]。

　第一段階では，通常の法人税対象となる総事業所得および控除対象費用をパテントボックス適格所得に基づき按分されるが，パテントボックス制度を適用する場合にも，研究・開発税額控除は全額付与されるため，総事業所得・控除対象費用を適格・非適格所得に按分する前に，研究・開発税額控除等の調整を行う必要がある。たとえば，大法人が30％割増控除対象の研究開発費を100ポンド支出した場合，合計130ポンドの研究開発税額控除が付与されることになるが，このうち，100ポンドはパテントボックスの計算過程に算入され，30ポンドの割増金額はパテントボックスの計算上，適格所得金額に加算される。なお，受取利息や金融費用の按分は困難であるため，除外される。調整後の総所得・費用は，原則として，適格所得に基づき定額法(pro-rata basis)で按分される。高付加価値知的財産(valuable intellectual property)を有しない法人の標準的な利益は通常利益(routine profit)と観念され，そうした高付加価値知的財産の利用

に寄与しない利益，たとえば過去に創造されたブランドや独自の販路等により生じた利益はパテントボックス所得から除かれる。

　第二段階では，適格所得から，一定の利益率を乗じて算定された名目通常利益(notional routine profit)を控除することにより，高付加価値知的財産に係る超過所得分の残余所得(residual profit)が算定される。名目通常利益の計算には，製品コストに一定の利益マージンを加えて価格を算定する「原価加算法」(cost plus method)が用いられ，総所得から差し引かれる控除可能費用には，支出原価に15％の値入額を上乗せする「マークアップ方式」が採用される。

　第三段階では，残余所得のうち，特許権等に寄与する部分とそれ以外に区別する。特許関連費とブランド関連費の割合に応じて，残余所得を特許相当分と非特許資産分に按分する。特許関連費には，研究・開発費だけでなく，特許の管理・更新・保護等に係る費用も含まれる。ブランド関連費には，マーケティング・販売促進費に加え，商標の開発・保護，デザインに係る費用が含まれる。特許関連費とブランド関連費との区別が困難である小規模法人に対しては，簡便法が設けられている。つまり，年額500,000ポンドを上限として，適格残余所得の50％相当が特許権に寄与する所得であるとみなされる。なお，純適格所得を算出する際の控除可能費用には，商業化前(pre-commercialisation)の費用も含まれる。

　たとえば，総所得金額1,000,000ポンド，控除対象費用400,000ポンド，事業関連費500,000ポンド，マークアップ率10％，特許権等関連費割合80％である場合，研究開発事業を60％の割合で行う法人の適格所得は次のように算定される。

　まず，第一段階において，総所得金額・控除対象費用に60％を乗じ，両者の差額を求めることにより，適用対象所得360,000(＝1,000,000×60％－400,000×60％)ポンドが算定される。第二段階では，通常事業に係る費用の控除を行うため，事業関連費にマークアップ率を乗じた金額50,000(＝500,000×10％)ポンドを適格対象所得から控除し，残余所得310,000(＝360,000－50,000)ポンドを算定する。最後に，第三段階において，残余所得のうち，特許等に寄与す

る部分とそれ以外に区分するため、特許権等関連費割合の80％を乗じることにより、248,000（＝310,000×80％）ポンドの適格所得が算定される。

第3款　パテントボックスの算定

　課税所得の計算段階で、パテントボックス割増税額控除を付与し、通常の法人税率を適用することにより、パテントボックスに係る10％分離課税が実現する。パテントボックス税額控除額は、下記算式により算定される[19]。

$$\text{パテントボックス税額控除} = \text{総パテントボックス所得} \times \frac{\text{法人税率}-\text{パテントボックス税率}}{\text{法人税率}}$$

　たとえば、経営成績が表10-1（A）のような特許製品販売法人にパテントボックスを適用する場合、計算手順は、表10-1（B）とおりである。なお、適格パテントボックス所得割合を80％、事業関連費のマークアップ率を10％、名目マーケティングの調整割合を11％と想定する20。パテントボックスを適用しない場合には、表10-1（A）の課税対象所得に法定税率26％を乗じた494,000（＝1,900,000×26％）ポンドが納付税額となる。一方、パテントボックスの適用を選択した場合には、全事業に関する表10-1（A）の売上高・諸費用のうち、それぞれ80％をパテントボックス適用金額として配賦し、収入金額から控除可能費用を控除することにより、1,160,000ポンドの課税対象所得が算定される。パテントボックスは、原則として、知的財産に係る超過収益を対象としていることから、通常の事業に係る費用を差し引く必要がある。そのため、事業関連費3,240,000（＝1,200,000＋2,040,000）ポンドにマークアップ率10％を乗じて算定された324,000ポンドを課税対象所得から控除し、適格所得836,000（＝1,160,000−324,000）ポンドを求め、さらに、名目マーケティング調整を行った後の金額744,000（＝836,000×89％）ポンドが最終的なパテントボックス所得となり、10％分離課税の対象となる。結果として、374,954［＝744,040×10％＋（1,900,000−744,040）×26％］の納税額が算定され、119,046（＝494,000−374,954）ポンドの減税効果を受けることができる。図10-1では、パテントボッ

クス適用所得の計算手続きが図形化されている。

表10-1　パテントボックス適用前の経営成績およびパテントボックス適用後の
　　　　経営成績（配賦率80%）

	(A)	(B)
売上高	10,000,000	8,000,000
費用		
法的物品	3,000,000	2,400,000
研究開発費	1,500,000	1,200,000
研究開発割増税額控除	△450,000	－
マーケティング	1,500,000	1,200,000
その他事業関連費	2,250,000	2,040,000
	8,100,000	6,840,000
課税対象所得金額	1,900,000	1,160,000
マークアップ事業関連費	－	324,000
適格収益に関する所得	－	836,000
名目マーケティング調整割合（11%）	－	89%
パテントボックス所得	－	744,040

出所：CCH, "Boxing Clever" Accountancy, 2012, p.47一部修正。

図10－1　パテントボックス純適格所得の算定

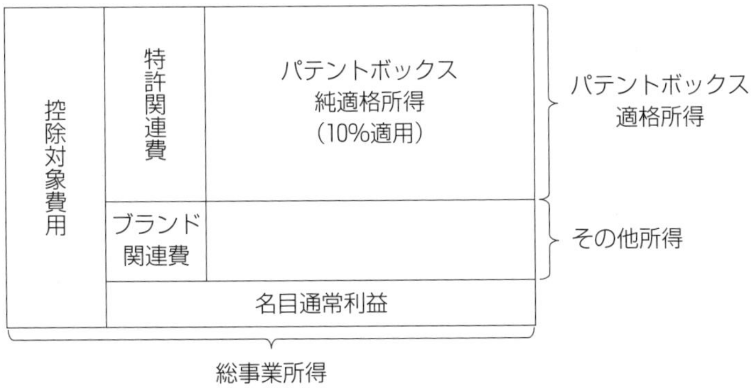

第3節　流動所得課税の新たな展開

　欧州諸国の法人税率の引下げに相俟って，わが国においても法人税率が引き下げられたが，わが国法人税率は諸外国と比較しても依然として高い水準にあり，国際的税務競争(international tax competition)という観点からは出遅れている。企業活動のグローバル化に伴い，わが国に親会社を有する多国籍企業は外外(Out to Out)取引を中心とし，商流的にも物流的にも親会社を通さない形態での取引が急増している。こうした経済的潮流を踏まえて，わが国においても，課税標準を確保し，経済的向上を図るために，たとえば，英国のパテントボックス制度のように多国籍企業に魅力的な租税制度を構築し，国際競争力向上に真摯に取り組む時期にあるといえる。

〔注〕
1)　英国法人税における「領土主義」への移行は，2009年に導入された外国子会社配当非課税方式や2011年に導入が予定されていた外国支店非課税制度の規定にも表れている。
2)　菊谷正人『多国籍企業会計論(三訂版)』創成社，2002年，268・278頁。
3)　同上書，273-274頁。
4)　ICTA 1988, ss 747-756.
　　なお，ICTA 1988のCFC規定は，2007年財政法附則15(Financial Act 2007, Sch. 15)において改訂されている。
5)　低課税国に関して，昭和53年(1988年)導入当初は国税庁の指定する「低課税国等」とされていたが，平成4年(1992年)の税制改正において，「課税国等租税負担割合基準」が設けられたことにより，25％基準に準じて低課税国に該当するか否かの判断が行われるようになった(菊谷正人，前掲書，276頁)。
6)　平成21年(2009年)の「外国子会社配当益金不算入制度」導入により，内国親法人が一定の外国子会社から受け取る配当に関しては，益金不算入とされ，当該配当金は内国親法人でも課税されないこととなった。これに伴い，特定外国子会社等の稼得所得は，一定の適用除外規定を除いて，内国親法人へ配当するか否かに関わらず，内国法人の所得とみなして合算課税されることとなった。タックス・ヘイブン対策税制の変遷に関しては，秋元秀仁「外国子会社配当益金不算入制度における税務(10)」『国際税務』第363巻第31号，2011年を参照されたい。

7)　平成22年(2010年)における外国子会社合算税制の改正では，租税負担割合が25％から20％へと引き下げられ，外国関係会社株式等の保有割合が5％から10％へと引き上げられ，さらに，資産性所得である「特定所得」の部分的合算課税が導入されている。

8)　『マーリーズ報告書』においても，多国籍企業による低課税国への所得移転や足の速い流動所得に対する国際課税のあり方が検討されている(James Mirrlees(ed.), *Tax by Design*, Oxford University Press, 2011, p. 429-430)。

9)　HM Treasury, *Corporate Tax Reform : delivering a more competitive system*, 2010, p. 29.
　　2009年の受取配当非課税方式(dividend exemption system)導入に伴い，英国への配当に関しては免税を受けながら，被支配外国法人の留保所得については低率課税の恩恵を受けることが可能となり，結果として金融資産の海外流出を招いた。こうした事態に対処するべく，財務省・内国歳入庁(HMRC)により現行CFC規定の改訂案として，被支配法人(controlled company：以下，CCと略す)規定が検討されている。CC規定のもとでは，所得を能動所得と受動所得とに区分する。現行CFC規定において，子会社が被支配外国法人に該当する場合には，能動所得・受動所得の両所得に対して英国租税債務が生じるのに対して，CC規定では，その所在地に関わらず，すべての被支配法人の受動所得が英国で課税される。つまり，能動的な事業活動を行う被支配法人はCC課税対象から除外される一方で，受動所得については，当該被支配法人が外国子法人であるか内国子法人であるかに関わらず，CC課税の対象として英国親法人に配分される。なお，他の法人・英国国外に容易に移転されるような流動所得(mobile income)は受動所得として扱われる(James Mirrlees(ed.), *Dimensions of Tax Design*, Oxford University Press, 2010, pp. 965-967)。

10)　HM Treasury, *op. cit.*, pp. 29-30.
　　「領土主義」への移行を示している英国であるが，支払利子に関しては現状維持の姿勢を採っており，英国での借入れ資金が低課税国に投資されるような国境を越えた取引に関しても，当該借入金に係る支払利子は英国で損金算入が認められる。なお，ボサル・ホールディングBV対スタートセクレタリーズ・バン・フィナンセン事案(Bosal Holding BV v. Staatssecretaris van Financien)において，ECJは，EU域内の居住法人が国内子会社を取得する場合には借入に係る支払利子の控除が認められるのに対し，外国子会社を取得する際の借入に係る支払利子の控除が否認されることには，疑義が生じると判示した。この判決を受け，オランダでは，外国子会社がEU域内の居住法人であるか否かを問わず，株式取得に係る支払利子の損金控除を認める税制改正が行われた。その結果，EU諸国の多くは子会社取得に係る支払利子の損金控除を認めることになった(本庄　資「オフショア・タックス・ヘイブンをめぐる国際課税(第10回)～EUにおける持株会社と法人所有連鎖に関する国際課税の重要問題～ゼロタックスで国際競争力を高める英国はタックス・ヘイブンか」『租税研究』第747号，2012年，12頁)。

11)　Juliana Watterston, Corporation Tax 2009/2010, Bloomsbury Professional Ltd,

2009, p. 402.

12) Case C-196/04, Cadbury Schweppes Overseas Ltd, OJC 281 0f 18.11.2006, para. 75.

13) 研究開発税額控除に関しては，各事業年度に少なくとも10,000ポンドの研究開発費を投じる小・中規模法人(small or medium-sized companies)に対して適格支出の175％に相当する税額控除(tax relief)が認められている。また，大法人(large company)に対しては，1プロジェクトにつき7,500,000ユーロを限度として，130％の研究開発控除が認められる(Alan Melville, *Taxation Finance Act 2010 Sixteenth edition*, Prentice Hall, 2011, p. 344)。なお，小・中規模法人の研究開発税額控除は，2011年4月1日以降，175％から200％へ引き上げられ，さらに2012年4月1日以降は200％から225％へと引き上げられている。

14) ユーロ危機の反動で緊縮財政状態にある欧州諸国では，知的財産の生む膨大な収益に注目し，長期的な知的財産優遇税制を考案・適用している。オランダでは，自国で開発した特許等・ソフトウェアに係る純所得に対して5％で課税される。ベルギーでは，自国開発の特許等に係る所得の80％が免税となり，その結果7％の実効税率で課税される。スペインでは，収益の50％を課税所得から除外する一方で，開発費用の全額控除を認めているため，本来の法人税率に比べて極めて低い実効税率で課税される(CCH, "Boxing Clever" *Accountancy*, 2012, p. 45)。

15) *I bid.*, p. 9.

16) *I bid.*, pp. 9-10.

17) *I bid.*, pp. 13-15.

18) *I bid.*, pp. 17-21.

19) 小規模法人の場合には，法人税率は軽減税率となる。ロイヤリティーに対する国外源泉税に関しては，パテントボックス控除後の英国納付税額を限度として，税額控除が適用される。

20) CCH, *op. cit.*, p. 47.

湖水地方（Lake District）
氷河時代の痕跡が色濃く残り，渓谷沿いに大小無数の湖が点在する。

第11章　環境税の種類と特徴

第1節　経済的環境対策手段の概要

　オゾン層破壊や地域的な大気汚染，酸性雨や富栄養化，水道設備・水質保全の問題等，多くの環境対策に取り組み，環境税(environmental taxes)に関して議論を重ねてきたOECDにおいて，近年，最も重要課題としているのが，地球温暖化の原因となる温室効果ガスの排出削減(reduce greenhouse gas emissions)である。OECDでは，1999年から2000年にかけて，環境税に関する論点および方針としての報告書作成に向けて，加盟国における環境税のあり方について再検討が行われた。その中で，環境税は，「汚染者負担の原則」(polluter pays principle)に基づき，製造または消費(production and/or consumption)により，環境汚染を引き起こすような財貨・用役(goods and services)に汚染防止・規制対策費用を反映させるものであり，一定の汚染目標を達成するための規制コストを最小化するとともに，技術革新や汚染物質の排出量削減に向けたインセンティブをもたらす柔軟な政策手段として注目されている[1]。

　たとえば，1990年に世界で初めて炭素税を導入したフィンランドでは，既存の燃料課税に対する付加課税として，炭素含有量に応じた税率設定を行った。オランダでは，1992年に既存のエネルギー税(鉱油税)に加え，炭素含有量・エネルギー量を基準とする一般燃料税が導入され，ドイツにおいても，1993年から1999年にかけて，既存エネルギー税制の引上げが行われており，ガソリン，軽油，重油等に対する税率が引き上げられた[2]。環境問題が，これまでの地域的・局地的な問題に留まらず，地球規模での問題にまで拡大した今日，各国の適切な環境手段がいかにあるべきかについて，今一度考える必要がある。

　わが国では，平成23年(2011年)に化石燃料のCO_2排出量に着目した課税の提

言，すなわち，CO_2排出量を2030年までに1990年比30％削減を目指した地球温暖化対策税の基本方針が示され，平成24年(2012年)税制改正において，「地球温暖化対策のための税」が実現・施行されることになった。しかし，わが国の環境税は，導入されて間もないこともあり，環境対策に関する周辺制度においても，未だ十分とは言えない。

　そこで，本章では，税制のグリーン化に関して，わが国の採るべき方向性とあり方についての考察を行う。その際，わが国よりも先行して導入・多様化されている諸外国の動向は，今後，環境税の構築に多くの示唆を与えてくれるに違いない。とりわけ，英国では，気候変動税(climate change levy)や渋滞緩和税(congestion charge)等の新税を導入し，環境対策手段として，環境税を重要視する姿勢を見せるとともに，『マーリーズ報告書』では，環境税に関する詳細な分析・検討が行われているため，英国の議論も参考にしながら検討を行う。

第2節　経済的環境対策手段の種類と特徴

　環境対策手段は，主として，経済的手段と規制的手段に大別される。経済的手段には，環境税，排出量取引(emissions trading)が該当し，規制的手段には，汚染物質排出量を一定水準以下に抑制することを義務づける排出量規制や汚染浄化設備の導入を義務付ける技術規制等がある。これらのうち，環境税・排出量取引等の経済的手段には，規制的手段に比して，いくつかの優位性がある[3]。

　OECDにおいても，経済的手段の有用性という見地から，環境と経済の一体的な政策の推進を強調しており，より高い経済効率で環境問題に取り組む経済的手段として，①課徴金(charges)，②補助金(subsides)，③デポジット制(deposit-refund systems)，④市場の創設(market creation)等の手段を挙げている[4]。

　①の課徴金に関しては，大気・水・土壌に対する汚染物質の排出や騒音に賦課される排出税あるいは排出課徴金(effluent charges)，排水・廃棄物の共同処理に要する費用を課税対象とする使用者課徴金(user charges)，環境に有害な製品の生産・消費・処分に賦課される生産物課徴金(product charges)等に細分化

される。

②の補助金には，汚染物質削減への企業の取組みに対する助成金(grants)や税務上の特別措置(tax allowances)が該当する。補助金の受給により，企業は生産量の削減に力を注ぎ，環境に配慮した技術の向上を図るインセンティブが企業に働く点では，課徴金と補助金は，経済的手段として同様の効果をもたらすと考えられている。

③のデポジット制に関して，デポジットとは，保証金や預り金ともいわれ，製品価格にデポジットを上乗せして販売し，使用後の製品が返却された時点でデポジットが返金される仕組みをいう。たとえば，わが国では，ビール瓶を酒屋に返却すると１本につき５円のデポジットが戻ってくる。もともとビール瓶には５円のデポジットが上乗せされているが，返金を期待する消費者からの瓶の回収率が高くなるという効果を狙った制度である。このデポジット制は，諸外国でも採用されており，ドイツやアメリカの飲料容器，スウェーデンやノルウェーの自動車，オーストリアの冷蔵庫等にデポジットが付されている。

このデポジット制は，環境保全に対する意識・義務を国民一人一人のレベルにまで浸透させ，個々の消費者が環境汚染防止に直接的に働きかける画期的な制度である。ただし，資源の回収および再利用という観点から導入できる製品に限りがあるとともに，収集場所の設置等，行政面での熟考が要求される。

④の市場の創設方法としては，排出量取引，市場介入(market intervention)，賠償責任保険(liability insurance)が挙げられている。排出量取引は，汚染者間で効率的に汚染削減努力を配分するために，排出権(rights)の購入や汚染権(pollution rights)の売却を通じて，汚染者間で取引できる市場を創造することをいう。市場介入は，リサイクル可能な商品価格を維持・安定させることである。さらに，賠償責任保険は，汚染者による環境破壊や排出物の浄化コスト，廃棄物の保管に伴う環境破壊賠償リスク(risks of damage penalties)を保険会社に転嫁するような市場を創造することをいう[5]。

これらの市場の創設のうち，課徴金とともに経済的手段として有力視されている排出量取引は，具体的には，CO_2等の汚染物質排出許容量を総枠として

決め，企業や国ごとに一定の排出量を割り当て，市場でその取引を認めるものである。大枠として排出量全体に規制をかけ，当事者間で排出量を売買させることにより，費用低減・排出量削減を行う仕組みとなっている。課徴金と排出量取引の関係は，環境税率という人為的な価格ベースによる手段であるのか，排出許容量という数量ベースによる手段であるのかという対象となる基準値の相違であるといえる。どちらの場合も最適な排出量削減を可能にするが，排出量取引の場合，初期の排出量の配分をいかに合理的，かつ，公平に行うかの問題が生じると同時に，排出量取引を行う市場をどの様に創設するかも重大な焦点となる[6]。

　なお，排出枠取引(cap and trade)方式の排出量取引を世界に先駆けて国内取引に導入した英国は，排出量取引と環境税との組合せにより，温室効果ガスの削減に大きく貢献しており，注目に値する[7]。英国の環境税・排出量取引の詳細については後述される。以上のように，各経済的手段を概説したが，OECD各国の環境対策手段としては，上記経済的手段の環境税，補助金，排出量取引等に加え規制的手段である直接的規制も活用されており，これらを組み合わせることにより，環境対策が進められている。

第3節　環境税による二重配当の有用性

　環境税と他の経済的手段との明確な違いは，環境税が税収を生むという点である。環境に負荷を与える汚染物質に対する課税により，企業は，税負担の軽減を意図した技術革新に努める。こうした企業努力のインセンティブが社会的に悪影響をおよぼす行為を減少させ，環境汚染の効率的な縮小へと繋がる。さらに，環境税によってもたらされた税収を所得税の減税等，他の租税の財源に充てることが可能となる。つまり，環境税を採用すれば，環境保全に加え，他の税額負担の軽減という2度の便益を社会にもたらすことになる。これを環境税による「二重配当」というが，この「二重配当」は，一般的に，その恩恵を受ける納税者に受け入れられやすい。そのため，環境税導入支持者は，「二重

配当」の概念を「わかりやすくて魅力的」(straightforward and initially seductive)であるとして，環境税導入の説得的要因に用いる[8]。

OECD加盟国では，環境税による税収を一般財源の他に，社会福祉や省エネ投資への補助金，さらに，所得税・法人税の引下げに伴う減収分の補填に用いられる。アメリカでは，環境税収を所得税・資本所得課税の減税に充てることで，労働供給・貯蓄を促し，欧州諸国では，労働コストの削減に用いることで，失業問題への対応を行う[9]。

なお，英国では，国内のエネルギー使用に対しては，CO_2の排出量に関わらず，標準税率の付加価値税(value added tax)を課していない。すなわち，自動車燃料に係る付加価値税は，20％の標準税率が課されるのが通常であるが，国内での使用あるいは慈善のために使用される燃料については，5％の軽減税率が適用される[10]。CO_2の排出量に着目する環境税の見地からすれば，この軽減税率の適用は合理性に欠けるが，軽減税率の適用による減収分を環境税の税収で賄うことができるため，こうした政策上の税の歪みを是正する手段としても，環境税は有効であり，ある種の財政調整機能的役割を果たす[11]。

このように，環境税収の使途に着目した「二重配当」論は，既存税の軽減による厚生水準の向上を視野に入れた画期的な概念であり，効率性の見地からも環境税は有用な手段である[12]。ただし，環境税の有用性を説く上で，「二重配当」は，あくまでも消極的要素にすぎない点に留意する必要がある。なぜなら，環境税の本来の目的は，汚染物質を社会的に最適なレベルまで減少させることであり，環境税の「第一の配当」(single dividend)である環境改善そのものが，環境対策手段として評価できるからである[13]。

第4節　環境新税とその特徴

第1款　燃料税と渋滞緩和税

英国の環境改善に関する規制には，長い歴史があり，「1853年の喫煙迷惑減少法」(Smoking Nuisance Abatement Act)が英国で最初の環境法である。1965年

および1968年の「大気衛生法」(Clean Air Act)は，健康に悪影響な要因の減少に大きく機能したとされている。環境対策として，様々な手段が採られてきたが，中でも近年は，租税およびその他の経済的手段が注目されている。OECDでは，2006年時点で約375の環境関連税が導入されており，加えて250もの環境関連手数料や負担が課されている[14]。

英国では，比較的新しい環境税として，1996年の廃棄物税(landfill tax)，2001年の気候変動税，2002年砂利税(aggregates levy)，さらに，1993年に導入され，近年更なる規制が加えられた航空旅客税(air passenger duty)，2003年に一部の地域に限って新設された渋滞緩和税が挙げられる。既存のエネルギー関連税としては，燃料税(fuel duties)があり，これらの環境税のうち，本論文では，主として，燃料税・気候変動税について検討を行う。燃料税および自動車に対する個別消費税(vehicle excise duty：以下，自動車税)は，導入当初，環境税としての要素を備えていなかったが，表11-1のとおり，現在は環境税として税収に大きく貢献している。

燃料税は，自動車燃料のCO_2排出量に応じて課される個別消費税であり，1kmあたりのCO_2排出量120g以下から225g以上まで5g間隔で税額が設定されている。120g以下の場合，年間630ポンド(≒93,240円。£1＝¥148(2018年7月現在))，225g以上の場合，年間2,205ポンド(≒326,340円)の税額を負担することになる[15]。

表11-1　英国の環境税による税収（2009年度）

環境税の種類	税収見積額(単位：10億ポンド)
燃料税	26.2
自動車税	5.6
気候変動税	0.7
廃棄物税	0.8
砂利税	0.3
航空旅客税	1.9
合計	35.5

出所:Institute for Fiscal Studies,*Tax by Design*,Oxford University Press, 2011, p.223.

　自動車の運転により引き起こされる多くの社会的悪影響を考えた場合，燃料税の課税対象として，消費燃料が適切であるのか，走行距離が適切であるのかの判断は容易ではないが，温室効果ガスの排出量は，燃料消費量におよそ比例するのであるから，ガソリン(petrol)やディーゼル(diesel)等の消費燃料を課税対象とすれば，汚染源に直接的に効果をもたらす課税が可能になる。つまり，温室効果ガスの排出量に着目すれば，燃料税は，目的に則した適切な課税である。ただし，燃料税の増税は，納税者に対して，より燃費効率の良い自動車の購入を誘発し，燃料効率の悪い自動車の早期廃車を促す懸念もある[16]。

　一方，渋滞(congestion)や局地的大気汚染(local air pollution)，騒音(noise)や事故(accidents)に着目した課税としては，渋滞緩和税の方が効果的である。なぜなら，CO_2の排出量1トンあたりに係る費用は，その排出場所や時間に関わらず，消費した燃料分に相当する金額となるのに対して，渋滞コストは，道路を走行する時間や場所に応じて著しく異なるからである[17]。

　また，税収面から見ると，燃料税の場合，ガソリンや自動車の性能が上がれば，課税対象となる環境負荷要因が削減されるため，税収が下がる。2008年の気候変動委員会(Committee on Climate Change)によれば，燃料効率の向上により，燃料税による税収は，2020年までに年間25億ポンド(≒3,700億円)の減収に繋がると推測されている。交通渋滞は，依然として引き起こされているにも関わらず，ガソリンやディーゼル等の燃料の技術革新によって，将来的には，燃料・自動車税の税収は，ほぼなくなるのである。

　渋滞緩和税の場合には，いかに最新式の環境優良自動車であっても，渋滞を引き起こす環境負荷要素は存在するので，渋滞のレベルやコストを反映させた場所・時間帯に課税することで，多様な課税が行える。なお，渋滞緩和税として，道路有料制度(road pricing scheme)を実行した場合には，2025年までに年間280億ポンド(歳入の約1％に達するほど)の福祉財源が見込まれるので，政策的観点からも渋滞緩和税は推奨されるのである[18]。したがって，CO_2の排出量には，燃料税で対応し，渋滞による環境災害には，渋滞緩和税によって，場所・時間帯に応じた柔軟な対応をするのが最適(first-best)な課税と考えられる[19]。

265

第2款　気候変動税

　気候変動税は，地球温暖化対策を目的として2001年に導入された。英国では，1988年の『経済的手段とビジネスのためのエネルギー利用』(*Economic Instruments and the Business Use of Energy*)，いわゆる「マーシャルレポート」(Marshall's Report)において，事業のために使用されるエネルギーに対する税の導入が提案されたのを契機として，翌年1999年政府予算案で検討され，2000年の法案通過を経て，気候変動税の導入に至っている[20]。

　気候変動税は，製造業(industry)，商業(commerce)，農業(agriculture)，公共部門(public sector)における，照明(light)，暖房(heat)，動力(power)等のエネルギー利用に課税する物品税である。課税対象となる燃料には，電力(electricity)，天然ガス(gas)，石炭(coal)が挙げられている。基本的には，事業(business)のために使用された燃料が対象となるため，家庭内での使用(domestic use)もしくは慈善活動のために使用される非事業用(non-business)燃料の使用に対しては，気候変動税は課税されない[21]。

　なお，気候変動税による税収は，主として，雇用者の国民保険負担金(National Insurance Contribution)の削減，省エネ・再生可能エネルギー投資に対する助成および初年度100％償却等，事業部門への還元財源として使われる[22]。

　「マーシャルレポート」の基本原則によれば，すべての者にエネルギー関連税の支払い義務があり，気候変動税に関しては，いかなる減免措置も否定されていた。しかし，気候変動税の導入は，多くのエネルギー関連企業を圧迫し，国際競争力に悪影響をおよぼす危険性があることから，特別措置による減免が検討された[23]。

　その結果，気候変動税とともに英国の画期的な環境政策として，導入されたのが2001年に気候変動協定(Climate Change Agreement)である。この気候変動協定は，業種ごとに企業と環境省(Department of the Environment)との間で協定が結ばれ，協定で設定された温室効果ガス排出量，あるいは，エネルギー使用量の削減目標が達成された場合には，気候変動税の80％が減免される。環境省は，企業に対して，企業が目標を達成し，課税の減免が受けられるかどうかの

通知を行い，同通知書により，減免を受けられる期間も決定される。目標が達成できない場合には，減免を受けることができないので，100％課税されることになる[24]。

　さらに，国内における温室効果ガスの排出量取引は，世界に先駆けて導入されたこともあり，環境対策手段として注目に値する制度である。この排出量取引は，制度参加・削減目標の設定については，企業の自由裁量で決めることができるが，参加企業には，暦年当初に，各企業の参加目標に応じた排出割当を政府から配分され，暦年終了時には，年間の排出量が目標値を超過しなかったことを政府に証明する義務が生じる。ただし，排出量取引に参加した企業は，排出削減受入れの報奨金を得るため，これが取引参加のインセンティブに繋がっている。さらに，気候変動協定を交わしている企業間においては，排出量取引の利用が認められており，エネルギー使用量が目標数値を上回る場合には，排出量を購入し，逆に目標数値まで余裕ができた場合には，その余裕枠分を売却することができる[25]。

　このように，英国の気候変動プログラムに基づく諸制度は，気候変動税，気候変動協定，排出量取引の３つの制度により，重層的でバランスのとれた体系となっている。まず，気候変動税に関して，課税対象を事業部門のエネルギー使用に絞り，その税収は，国民保険負担金の減額やエネルギー関連の投資促進等，同じく事業部門へと還元される。つまり，環境税の恩典がしっかりと出所に戻るシステムが構築されており，その意味では，環境税の利点である二重配当システムが反映された制度が確立しているように思われる。

　次に，気候変動協定に関して，協定による削減目標の達成により，気候変動税の80％減免を認めるしくみは，その目標遵守に大きなインセンティブをもたらす。そのため，環境負荷要因を対象に課される気候変動税と排出量に規定値を設け，遵守させる気候変動協定の両制度は適度な相関関係にあるといえる。さらに，気候変動協定の柔軟措置ともいえる排出量取引は，企業に目標達成機会を与える有用な制度である。このように，３つの制度を上手く連関させることにより，環境改善を成し得る英国の手法からは多くを学ぶことができよう。

第5節　わが国における環境税

　従来，わが国には，環境税と称される租税はなく，エネルギーに関連する税として，揮発油税，地方揮発油税，航空機燃料税，石油ガス税，石油石炭税等のエネルギー消費税が存在してきた。これらの課税標準は，消費数量であり，税額算定に適用される税率は，消費数量に基づく従量税率である。

　京都議定書の目標値達成のため，地球温暖化対策税として，税をどのように活用するかについては，喫緊の問題であり，わが国においても，環境負荷の程度を課税標準とする歴とした環境税の導入が指摘されてきた[26]。

　その過程において，平成24年(2012年)度の税制改正に伴い導入された「地球温暖化対策のための課税の特例」では，CO_2排出量応じた税率が採用されることになり，わが国においても環境税への新しい試みが実現した。この「地球温暖化対策のための課税の特例」は，既存の石油石炭税率に上乗せ税率を加えることにより，CO_2排出量応じた課税を行うものである。

　わが国では，昭和53年(1978年)税制改正において，石油利用の便益性に着目し，石油に対して広く負担を求めるために石油石炭税が導入された(当時は石油税と称された)。昭和59年(1984年)税制改正では，エネルギーの需給動向等を踏まえて，石油および石油代替エネルギー対策の財源確保を図るために税率が引き上げられるとともに，課税対象として，ガス状炭化水素が追加された。

　石油・石油代替エネルギー対策財源を安定的に確保する観点から，昭和63年(1988年)の税制改正において，石油税の従量税化が租税特別措置法で適用されると，平成元年の税制改正では，本法において従量税化が適用された。

　さらに，平成15年(2003年)税制改正は，京都議定書に準じた地球温暖化問題への対応を踏まえた改正であり，新たに石炭も対象に加えられ，ガス状炭化水素に対する税率が引き上げられた。なお，課税対象に石油・ガス状炭化水素に石炭が加わったのに伴い，従来の石油税から石油石炭税に改名されている。

　前述のとおり，平成24年(2012年)の税制改正により，導入された「地球温暖

化対策のための課税の特例」は，現行の石油石炭税を基礎として，当該石油石炭税にCO_2排出量に応じた税を上乗せする制度である。この特例により，CO_2排出量１ｔにつき289円の課税が行われるため，結果として，原油・石油製品，ガス状炭化水素，石炭は，それぞれ760円／1kl，780円／1ｔ，670円／1ｔの上乗せが行われる（租税特別措置法90の３の２）。国民の負担は，１世帯あたりで年間1,200円，毎月100円程度の負担増が見込まれる。

　一定の用途のための利用燃料や特定の運送・農林業に対しては，免税・還付措置が採られている。「地球温暖化対策のための課税の特例」は，個別間接税である石油石炭税を基にした特例であるため，消費税特有の「広く薄い」課税標準が設定され，特定の分野・産業への過重負担にも配慮されている。また，急激な負担増加への懸念から，税率は，平成24年，26年，28年の３回に分けて段階的な引上げが行われる（租税特別措置法90の３の２）。

　なお，この「地球温暖化対策のための課税の特例」による税収は，リチウムイオン電池等のための低炭素技術集約産業や中小企業等の省エネ設備導入，再生可能エネルギー導入の推進等，CO_2排出抑制策への財源とされる[27]。

　ちなみに，英国で上手く機能している国内排出量取引に関して，環境省の報告によれば，わが国においても，排出量の設定による排出削減への担保，CO_2の価格付けを通じた排出削減意識の向上・経済効率的な削減，排出枠の取引による柔軟な履行手段をメリットに挙げ，環境対策としての排出量取引を高く評価しており，導入に関する検討が行われているが，未だ本格的な導入には至っていない[28]。

　このように，世界で最初に炭素税を導入したフィンランドの1990年炭素税から25年近く経過して，わが国でも漸くCO_2排出量を考慮した税制が導入された。既存の石油石炭税に税率を上乗せする手法が採られた「地球温暖化対策のための課税の特例」は，その税収使途を環境対策財源としている点で評価できる。しかし，本特例を加味した上でのガソリン1ℓあたりの税負担率は，42.0％（個別間接税37.2％，付加価値税4.8％）とOECDの32か国中27番目となっており，わが国における燃料税は，国際的には依然として低い税負担率である。一方，英

国のガソリン1ℓあたりの税負担率は，59.0％（個別間接税42.3％，付加価値税16.6％）であり，32ヵ国中トップの負担率となっている[29]。環境税の主たる目的は，環境破壊の緩和・防止であり，単純な税負担割合での比較は，適切とはいえないが，このような結果から，わが国の環境税は，新税の導入も含め，課税標準の種類や課税手法等，ますますの検討余地があることが判明した。

第6節　英国における環境税の方向性

　本章では，環境対策における経済的手段のうち，環境税の有用性を念頭に，その展開可能性について検討を行った。環境税の中には，既存の税制に税率を上乗せする形で発展したものもあるが，宮島洋によれば，環境税は，地球規模・地域規模の環境悪化をもたらす汚染物質（有害な廃棄物等も含む）の排出を抑制するために付加される税の総称であるから，最適な課税標準は，環境汚染源の環境負荷要因であり，それに応じた課税がなされるべきである[30]。そうした思量に基づけば，英国の渋滞緩和税を推奨する文脈の中で検討された燃料税は，環境負荷要因に対する課税として，合理性が認められるし，わが国の「地球温暖化のための特例」も一定の評価を得る。

　環境税に係る「二重配当」の理論は，『マーリーズ報告書』でも指摘されたように，環境税導入の際の消極的なアピール要素として機能するが，所得税等，他の税の補填を可能にする第二の配当は，あくまで副次的産物であり，環境保全という環境税の主たる目的が重視されるべきである。

　たとえば，炭素税は，特別課徴金の性格を持つ目的税として捉えることができる。目的税とする背景には，地球温暖化問題がグローバル規模で重大な問題となっており，環境対策を急速に進展させる必要があるとの社会的合意が前提である。そのため，この問題への直接的な対処としては，炭素税による税収を一般財源には繰り入れるのではなく，すべて環境保全の財源に動員するシステムを構築する必要がある。つまり，目的税としての炭素税の性格を明確にし，環境保全に対する財政支出と完全にリンクさせた運用が求められる[31]。

　とりわけ，税の社会保障財源化が後進的であり，消費税増税の際にも，その使途へ多くの疑義・抵抗のあるわが国では，環境税による税収の使途を環境保全に用いる必要がある。

　ただし，第二の配当，すなわち，環境税による税収の恩恵が納税者にとって公平，かつ，明確であるならば，環境保全以外の財源として利用できよう。前述のとおり，英国の気候変動プログラムは，気候変動税，気候変動協定，国内排出量取引の組み合わせにより，合理性の高いシステムとなっている。気候変動協定を締結した企業は，排出量目標を達成すると80％の気候変動税が免除されるとともに，排出枠の超過分および余裕枠分を売買することにより，柔軟な排出量削減が達成される。企業には，効率的な排出量削減のインセンティブが働き，結果として，低炭素化社会の実現という第一の配当が実現される。さらに，事業用燃料に的を絞った気候変動税の税収は，国民保険負担金の削減やエネルギー関連投資への助成に使われるといった事業から事業への第二の配当サイクルが明確であり，公平な財源利用が行われている。この組合せは，単なる一例に過ぎないが，少なくとも，わが国で未成熟である国内排出量取引の充実化および環境税との連携に向けて，大変参考となるシステムに違いない[32]。

　さらに，『マーリーズ報告書』では，環境汚染源に対して，直接的に作用する燃料税に期待を寄せながらも，環境災害や将来的な税収を考慮した場合の税として渋滞緩和税を推奨し，結果として，両制度を併存させる最適税の提案に至っている。環境対策手段の中でも，環境税は，税収を生む利点がある一方で，その目標が達成されれば，減収に向かう特殊な税である。英国では，環境税の成果としての技術革新を見据え，積極的な新税の導入が図られているが，こうした新しい環境負荷要素への着手は，地球温暖化やエネルギー問題が喫緊と課題なる今日，大変重要，かつ，模倣に値する姿勢である。

　「地球温暖化対策のための特例」により，わが国でも環境税への取り組みが始動した。わが国における温室効果ガスの排出量は，産業部門からの排出も多いが，その一方で，運輸や民生分野からの排出も増加傾向にある。環境政策の中心的課題には，自然エネルギーの導入，自動車交通抑制と公共交通機関の拡

大，廃棄物の減量・リサイクル等があり，こうした課題への対応は，地方自治体に依存する度合いが大きい。産業廃棄物の処分に係る税やゴミ袋の有料化がその例である。地方自治体主導の環境税は，国民一人一人の環境保全に対する意識向上と環境負荷行動の抑制に直接的に作用するが，課税権者が地方自治体に留まるため，そうした国民意識・課税権の効力に地域的ばらつきが生じる。そのため，環境税を国および地方の共通税として徴収し，それぞれの問題や取組みに応じて合理的な配分を行う手段もあるかもしれない[33]。

　温室効果ガスの削減という同じ目標達成に向かいながらも，諸外国では，その国の資源利用や社会的・政治的事情を反映させた環境対策が講じられている。わが国においても，行政システムの活用や周辺制度との組合せにより，わが国の風土に適した環境税制が早急に確立されるべきである。各国の環境対策が，ある程度，国レベルで円熟化された後，最終的には，国際的に歩調を合わせた制度で地球規模での環境問題に対処していく必要がある。

〔注〕
1)　OECD：Taxation and Environmental Policies(http://www.oecd.org/ctp/tax-policy/taxationandenvironmentalpolicies.htm(2014年 8 月31日訪問))．
　　なお，現在，OECD加盟国により，採用されている環境税とは，狭義の意味では，CO_2排出量の抑制を目標として，化石燃料が排出する炭素含有量に賦課する課税をいい，広義の意味では，地球温暖化防止に限らず，環境に負荷を与える財やサービス全般に対する課税をいう。後者の環境税には，個別消費税や課徴金，さらに，エネルギー税として導入されたもののうち，環境問題の進展により環境税としての意味を帯びてきた税も含まれる。
2)　各国の環境税としての取組みは，国会図書館農林環境課「環境税をめぐる状況 - 地球温暖化関連諸税を中心に - 」『調査と情報』第665号，2009年，2 - 3 頁を参照されたい。
　　なお，環境税の起源ともいえる課徴金は，フランスにおける1968年の水質汚染課徴金(water pollution charge)である。同様に，水質汚染に着目して課税されたのが，オランダにおける1969年の水質汚染課徴金であり，両国とも，水質管理を行っている公団や組合が財源調達を目指し，環境負荷を課税標準として，課徴金を課したと言われてる(OECD Evaluating economic instruments for environmental policy, 1997, pp. 37 - 40, 諸富徹『環境税の理論と実際』有斐閣，2000年，29頁)。
3)　環境税・排出量取引のいずれの方法も，排出削減に係る費用を最小化するのに有

効な手段である。経済的手段のもとでは，排出者は，排出削減費用を最小化するインセンティブを持つため，より低い削減コストで一定水準の排出削減が達成される。また，環境税の場合には，排出削減値を既に達成していたとしても，節税に向けて，企業の排出削減へのインセンティブは継続されるとともに，常に新しい技術の発展を目指すため，長期的に見ても，効率的な手段といえる。

　一方，規制的手段による場合においても，排出削減に繋がる技術の導入や規定値を下回る排出量の維持が達成されるが，規定値を上回る削減を行うまでには至らない。規制的手段は，規制者（regulator）と排出者（polluter）との間で，規定値をめぐる交渉が行われる等，当事者間の癒着問題が生じるが，経済的手段の場合には，そうした問題は生じない（Don,Fullerton, Andrew Leicester and Stephen Smith, "Environmental Taxes"Dimention of tax Design：The Mirrlees Review, Oxford University, 2010, pp. 430-432）。

4)　OECD, *op. cit.*, pp. 14-15.
　　石弘光『環境税とは何か』岩波書店，2006, 84-100頁。

5)　OECD, Economic Instruments For Environmental Protection, 1989, pp. 15-16.

6)　石弘光，前掲書，96-98頁。

7)　高尾克樹「排出取引，環境税，直接規制の政策的組合せの可能性－イギリスの気候変動プログラムのケース・スタディー－」『政策科学』第13巻第2号，2011年, 11頁。

8)　James Mirrlees(ed.), *Tax by Design*, Oxford University Press, 2011, p.239.

9)　諸富徹，前掲書，214頁。

10)　Alan Melville, *Taxation Finance Act 2011 Seventeenth edition*, Prentice Hall, 2012, pp. 456-459.

11)　James Mirrlees(ed.), *op. cit.*, p.240.

12)　諸富徹，前掲書，214頁。

13)　James Mirrlees(ed.), *op. cit.*, p.240.

14)　*I bid.*, p.232.

15)　なお，本文中の税負担額は，個別消費税と20％の付加価値税を合算した金額である（Alan Melville, *op. cit.*, p.482）。

16)　James Mirrlees(ed.), *op. cit.*, p.270.

17)　渋滞緩和税とは，2003年にロンドン市内で導入された税である。特定の時間帯に規定されたエリア内へ車で入場する際，一日11.5ポンド（導入当初は5ポンド）課金される（英国ガーディアン紙：〔http://www.theguardian.com/politics/congestion-charging（2014年8月31日訪問）〕）。

18)　James Mirrlees(ed.), *op. cit.*, p.272.

19)　Don Fullerton, Andrew Leicester and Stephen Smith, *op. cit.*, pp. 474-475.

20)　Her Majesty, Stability and Steady Growth For Bretain Pre-Budget Report, The Stationary Office, 1999, p.78.

21)　British Master Tax Guide 2009-2010, Wolters Kluwer, 2009, p.1, 577.

22) 立法過程においては，税収を企業に還元する方法として，①エネルギー効率促進あるいは排出削減目的と有する制度を通じて還元する方法，②事業課税あるいは国民保険負担金を通じて還元する方法の2つを挙げ，議論された。その結果，簡易，かつ，透明性の見地から，②の方法が採用されることになった。また，この方法は，グッズ(goods)減税からバッズ(bads)課税への転換を試みる政府の意図にも整合するものであった（片山直子『英国における環境税の研究』清文社，2007年，86-87頁）。なお，グッズ減税は，環境負荷の緩和・回避に対して，租税の軽減・免除を行う「ポジティブ・タックス・インセンティブ」を与えることをいい，バッズ課税は，汚染者に課税する「ネガティブ・タックス・インセンティブ」を与えることをいう（菊谷正人「環境保護規制と環境保護税制－環境法規と環境税－」山上達人・菊谷正人『環境会計の現状と課題』同文舘出版，1995年，150-151頁）。

ちなみに，省エネ(energy-saving)および環境に優しい(environmentally-beneficial)設備・機械の投資に関しては，100%の初年度償却(first year allowance)，あるいは，選択によって初年度税額控除(first year tax credit)を適用できる。初年度税額控除を選択する場合には，①企業の源泉徴収税および国民保険負担金の合計金額と②250,000ポンド(≒46,250,000円)のうち，大きい方の金額を上限として，税額控除を行うことが出来る（Alan Melville, *op. cit.*, p.343）。

23) Her Majesty, *op. cit.*, p.79.

24) なお，税率は，電力の場合，1キロワットあたり0.0047ポンド，公共事業により供給されるガスは，1キロワットあたり0.00164ポンド，液状の石油ガス・炭化水素は，1キログラムあたり0.1050ポンド，その他の課税対象物品には，1キログラムあたり0.01281ポンドが課税される（CCH, *British Master Tax Guide 2009-10*, Wolters Kluwer, 2009, p.1, 579）。

25) 英国の排出量取引の特徴としては，対象ガスをCO_2に限定せず，6種類の温室効果ガスすべてを対象としている点，事業系の排出源をしたことで，対象となる企業が極めて多い点が挙げられる（高尾克樹，前掲稿，11-13頁）。

26) 財務省『平成24年度税制改正の解説』「租税特別措置法(石油石炭税〔地球温暖化対策のための課税の特例〕関係)の改正」2012年，688-693頁。

27) これまで，施策目的を限定し，目的達成のための確実な財源確保と年次計画を伴った税制度・支出計画としては，揮発油税や自動車取得税を用いた道路整備計画が長期にわたって採用され，大きな成果を上げた経験がある（植田和弘「環境税をめぐる理論的・政策的諸問題」『環境問題と租税』日本租税理論学会，2001年，8-10頁）。

28) 実際には，2005年の環境省自主参加型排出量取引制度，2010年の温室効果ガス排出総量削減義務と排出量取引制度(東京都限定)，2011年目標設定型排出量取引制度(埼玉県限定)等の試行的実施は行われている（環境省地球温暖化対策課市場メカニズム室『国内排出量取引について』2013年，28-29頁）。

29) 宇波弘貴『図説日本の税制(平成25年度版)』財経詳報社，2013年，314-315頁。

30) 宮島洋「環境税(炭素税)の租税理論的検討」石弘光編『環境税　実態と仕組み』東洋経済新報社，1993年，31-46頁。

31）　植田和弘，前掲稿，9-10頁。
32）　高尾克樹，前掲稿，19頁。
33）　植田和弘，前掲稿，9-10頁。

ピーターラビットの故郷，湖水地方にある**ウィンダミア湖**（Lake Windermere）湖畔
湖名の由来は1847年に鉄道が建設された際の駅名「ウィンダミア」に由来。

終章 －英国租税制度の特徴および展望と
わが国租税制度への示唆－

　第1章では，英国税制改革の近年の動向，EU法との関連性，税の種類に着目し，英国租税制度の全体像を把握した。1960年代にEU法の優先適用が義務化されて以来，付加価値税を中心とする加盟国の諸制度は，EU法を基準に制定・改正され，英国の租税訴訟もECJの判断に傾倒するケースが多い。同じ島国とはいえ，EU加盟国の一員として，基幹税に関しても周辺諸国との協調を強いられる英国と，アジア諸国に所属するが，課税権に関しては，国家主権を貫くことに規制のないわが国とでは，置かれた環境に違いがある。

　第2章では，近代所得税法として歴史のある英国の所得税制度について，歴史的経緯を辿り，所得概念・計算方法を概観した。特筆すべきは，キャメロン政権による政策の一環で新設された「2002年税額控除法」において，低所得者の就労促進，子供を有する中低所得者への支援を目的とする給付付き税額控除という形式の全額給付手当が導入されたことである。従来，ブレア政権下で進められた社会保障と税の一体化政策では，社会保障控除が廃止され，1999年に就労世帯税額控除が導入された。これにより，社会保障上の給付から所得税制度上の給付付き税額控除へと転換された。「2002年税額控除法」導入後の2003年度課税年度からは，児童の扶養が要件とされていた就労世帯税額控除および旧子供税額控除(給付なし)が有子要件のない勤労税額控除と就労要件のない新子供税額控除に変更され，一定の要件を満たす勤労者および子を有する者に対して，生活状況に応じた給付が行われている。

　さらに，英国に特徴的な累積源泉徴収制度は，納税者の適用税率や基礎控除額に応じたコードを付すことにより，年末調整の煩雑さを解消し，合理的，かつ，効率的に所得税徴収を完結させている。

　第3章では，法人所得課税制度について，個人所得課税制度と同様に「分類

所得税制度」の名残がある所得ごとの特徴・計算方法とキャピタルゲインに対する取扱いについて触れた。比較的最近まで「賦課課税制度」が採用されていたこともあり，財務諸表は，税額の算定上，補助的なものにすぎず，会計上の利益と税務上の利益が上手くリンクしていなかった。「1998年の財政法」において，課税所得の算定は，「一般に公正妥当と認められた会計実務」に基づいて作成された財務諸表を基礎とし，特定の法律・判例法による税務調整を経て，税額計算が行われることとなった。したがって，公正妥当な会計実務に基づく規定および税務上の慣習は，わが国に比して浅い。第5節で検証した法人税制の新たな展開では，課税対象として，キャッシュフロー課税導入の可能性を検討した。キャッシュフロー課税による弊害もあるものの，キャッシュフロー課税の導入により，投資資産に係る取得原価の即時費用化が可能となり，価格変動による課税ベースの歪曲は回避される。その結果，現在的価格である「益金」と過去の歴史的原価に基づき配分される費用を含む「損金」との非対応性への懸念は解消され，実質的な処分可能利益に対する課税が実現される。また，純粋なキャッシュフロー課税によらずともキャッシュフロー課税と「税等価」な効果をもたらすACEは，画期的で現実的な手法であった。わが国においても，小手先理論に留まらず，20年，30年後を見据えた改革の視点を持てば，キャッシュフロー法人税制への転換も一つの選択肢となり得る。

　第4章では，従来型制度と現代型制度の両側面から，英国の配当課税制度について，検討を行った。現代型制度として中心的に検討を行ったACEの特徴は，企業の資金調達に対する課税の中立を図る制度，キャッシュフロー課税と「税等価」の経済効果をもたらす制度，超過利潤に限った課税を実現する制度である。資本所得課税に対して中立的である制度としては，ACEもCBITも共通する。ただし，借入金に係る支払利息を廃止し，利息控除前，減価償却後の法人所得に対して，課税するCBITは，資金投資に係る正常利益を課税に含めた上で負債または株式に対する課税の公平性を実現する。正常利潤・超過利潤の区別なく法人資本所得に対して漏れのない課税を実行するCBITは，超過利潤に限った課税を行うACEに比し，法人税の課税ベースを引き上げる。

　企業の投資促進に配慮した資本所得課税制度としても，インピュテーション方式等の個人段階の調整よりも，法人段階で配当を自己資本調達コストとみなして正常収益分を非課税とするACEが望ましい。また，純粋なキャッシュフロー課税によらずともキャッシュフロー課税と「税等価」な効果をもたらすACEは，純粋なキャッシュフロー課税による場合の弊害も解消され，画期的で現実的な手法であった。さらに，超過利潤に限った課税を可能にするACEは，投資への歪みも是正し，真の受益と負担を一致させる応益原則の面からも望ましい。

　第5章では，英国独特のキャピタル・アローワンス法について，制度の沿革から，減価償却の種類・方法について詳述した。石造りの建築物が数世紀にもわたり多く残される英国において，建物等の固定資産が減価するという概念は，現在でも乏しく，「政策的に特別な場合」に限り減価償却が適用される。英国では，保守党・労働党の二大政党の政権交代に伴い，政権の変遷するたびに政策的な減価償却も弾力的に改変されてきた。英国の減価償却制度の導入から，現在までの経緯は，下表にまとめられている。

英国税法における減価償却制度の沿革

年　号	事　項
1878年	関税および内国税収法(Customs and Inland Revenue Act 1878：CIRA 1878)において，政策的観点からキャピタル・アローワンスが考案される。→ドイツ・アメリカ等の後発工業国による経済的追い上げを背景とする。
1945年～1949年	「政策的に特別な場合」という観点から，キャピタル・アローワンスが所得税法(Income Tax Act 1945)において条文化される。戦後の経済復興策として初年度償却(first-year allowance)制度が導入される。1949年まで設備・機械に対し20%，工業用建物に対し10%の初年度償却が適用された。
1949年	設備・機械に関する初年度償却率が40%へ引き上げられる。
1951年	インフレの進行に伴い，需要に収縮的な措置が要請され，初年度償却が停止される。
1953年	減税による予算編成の実現を目指し，投資刺激のために初年度償却が再導入される。

1968年	キャピタル・アローワンス法(Capital Allowances Act 1968)が制定される。
1973年	EC加盟により付加価値税(value added tax)が導入される。
1984年 〜1986年	サッチャー政権による税制改正 ・法人税率の引下げ(52%→35%) ・課税ベースの拡大案 1986年を目途とする初年度償却の逓減が講じられ，設備・機械に対する100％初年度償却は1984年に75％，1985年に50％まで低減され，最終的には1986年に廃止に至った。同様に，建物に対する初年度償却も1981年時点で75％の償却率から25％ずつ低減された後，1986年には廃止されている。
1997年	ブレア政権下において，再び初年度償却が導入される。 小・中規模事業者(small or medium sized business)に限り50％初年度償却が認められ，翌年に40％の償却率へと引き下げられた後，2008年まで継続適用されている。
2001年	キャピタル・アローワンス法(Capital Allowances Act 2001)として再訂される。
2004年 〜2007年	小規模事業者に対して，2004年度−2005年度，2006年度−2007年度，2007年度−2008年度の課税年度において，50％初年度償却が導入される。
2008年	ブラウン政権下における税制改正 ・法人税率引下げ(30%→28%) ・設備・機械全般に対する普通償却率の改正(25%→20%)が行われ，建物減価償却・40％初年度償却の廃止に加え，年次投資控除(annual investment allowance)限度額が引下げ(100,000ポンド→50,000ポンド)が講じられた。
2011年	2011年予算案(2011 Budget)において，2015年を目途に法人税率は23%まで引き下げられ，キャピタル・アローワンスのさらなる削減が提唱される。
2012年	2012年4月より，年次投資控除限度額は50,000ポンドから25,000へ低減されるとともに，一般税率区分資産・特定税率区分資産の減価償却率がそれぞれ18%・8%へ引き下げられている。

　第6章では，英国の企業集団税制として，グループリリーフ制度を取り上げ，制度の特徴とEU法への抵触が問題となった判例を検討した。

　グループの適用対象が広範に設定されており，75％以上の資本関係のある法人，同グループ法人に属する外国法人の英国支店，さらにコンソーシアム法人にまでグループリリーフによる損益の振替えが可能となる。制度の適用に際しては，損失発生事業年度終了後2年以内の申請を要するが，事前承認等の適用

開始時点における特段の手続きは必要とされない。そのため，適用対象法人として100％の資本関係を条件とし，連結関係にある全ての子法人に対してグループ加入を強いるわが国の「連結納税制度」と比較した場合に，「グループリリーフ制度」は極めて柔軟性に富んだ制度である。

　ただし，このグループリリーフ制度の柔軟性は，英国法人税法における周辺制度や他の厳格措置の存在を前提に成立している。ICTA 1988のもとでは，キャピタルロスがグループリリーフの対象となることは認められないが，TCGA 1992において，グループ内の資産移転により生じる損益に対する課税は，当該資産がグループ外へ売却処分されるまで繰り延べられる。そのため，キャピタルゲイン算出法人とキャピタルロス計上法人間の資産移転を通じてキャピタルロスの相殺が可能となる。しかしながら，この規定は法人の自由裁量ではなく，75％以上の資本関係にあり，50％超の「経済的持分要件」を充当するグループ内の資産移転に対して強制的に執行される。この場合，キャピタルロスの繰戻しは許されず，当該キャピタルロス発生事業年度以降のキャピタルゲインとの相殺のみが認められている。

　このように，「グループリリーフ制度」は，複数の諸制度との関わりの中で成り立っており，単に自由度の高い制度とは言い難いが，グループ企業への優遇と租税回避の防止という両機能の均衡が保たれている点に鑑みれば，当制度は，わが国の制度に比して綿密に制度設計されており，高く評価できる。

　その反面，周辺規定との交錯が「グループリリーフ制度」を複雑化し，グループ企業が有効なタックスプランニングを行うためには専門家による技術的助言が必要不可欠となる。

　2006年の税制改正は，EC条約による「設立自由の原則」を十分に反映し，英国居住法人のみで形成されるグループ企業とEEA域内に子会社を有するグループ企業への公平性に配慮した結果行われた改正である。戦後，欧州諸国は様々な共同組織を結成し，共に欧州経済の発展に尽力してきたが，多国間取引の活発化・複雑化が予想される今日，単に近隣諸国との協調性を維持するだけではなく，あくまで国家主権である課税権の適正な配分に注力した多国籍グ

ループ法人税制の構築が今後の課題となる。

　第7章では，付加価値税制度を概観した。ここ数年間，消費増税の一途を辿るわが国において，EU諸国や英国の採用する複数税率は，大変参考となれるものであった。しかし，複数税率を採用する場合には，各税率適用項目の判別には恣意性が介入されるため，詳細，かつ，明解な税率区分の提示が要求される。また，ゼロ税率・軽減税率等の恩恵は，高所得者層にもおよぶため，生活必需品以外の高級志向の物品・サービスの提供あるいは健康・環境有害物品等に高税率区分を設ける等の工夫がなされるべきである。社会保障財源確保に配慮した特定の政策的消費課税は，たとえば，景気・少子化・環境等，どの分野に重点を置くかによって，要求される措置も異なるため，重課・軽課対象項目の選定には極めて慎重を要する。英国では，労働促進措置として，食洗機・調理済み食品への軽減税率適用可能性が検討され，経済活性効果が期待されている。わが国においても，社会保障財源として消費税増税を提唱するのであれば，政策の方向性を長期的・具体的に示される必要がある。

　さらに，仕入税額控除の適用に関して，英国では仕入税額の「控除」に「返還請求」（reclaim）という文言を用いていることに加え，その説明についても，登録事業者は仕入に係る税額の返還請求を行う資格がある（be entitled）というように，仕入税額控除の「権利性」が示されている。英国では，インボイスによる仕入税額の把握が行われるため，より厳密に租税の転嫁が行われている。わが国では，仕入税額控除の要件である「帳簿および請求書等の保存」を定めた消費税法第30条第7項において，宥恕規定が災害その他やむを得ない事業の場合にしか認められないのに対し，英国のVATAでは，インボイスの保存義務は附則による規定に留まり，仕入税額控除適用事業者がインボイスの保存を行っていない場合でも，インボイスの代替的文書としてHMRCが認める場合には，仕入税額控除が適用される。このように，同じ「仕入税額控除方式」の採用国であっても，仕入税額控除の請求「権利性」および適用柔軟性を持つ英国の執行姿勢はわが国と大きく異なる。

　第8章では，相続税，固定資産税，キャピタルゲイン税等の資産課税につい

て，資産ごとの課税根拠に着目しながら，特徴的な計算方法の抽出を行った。英国では，キャピタルゲイン税法として，所得税法と別個の法律規定を設け，その他の所得とは分離して課税対象所得が計算される。そのため，キャピタルロスが生じている場合，原則的に，他の所得との通算は認められず，あくまでキャピタルゲイン税法の枠内でしか相殺できない。その一方で，キャピタルゲイン税率は累進税率が適用される所得税との整合性への配慮から，所得税の課税所得金額を勘案して決定される。CGT 1992によれば，現在，2つのキャピタルゲイン税率が設定されており，2010年7月23日を基準として，基本的にはその前後に生じたキャピタルゲインに対し，それぞれ18％，28％の税率が適用される。ただし，基準日以後に生じたキャピタルゲインであっても，当該課税年度の他の所得とキャピタルゲインを合算した全課税所得金額が所得税の基本税率適用限度額内であれば，18％が適用される。他の所得と合算し，基本税率限度額を超える場合には，その超過額に対しては28％で課税される。このように，キャピタルゲインは分離課税されているものの，所得税の適用税率を利用している点から，完全な分離課税ではなく，総合課税の要素も含有している。

　また，わが国では，5年を基準として，譲渡所得を「短期譲渡所得」と「長期譲渡所得」とに分類し，「長期譲渡所得」に対しては2分の1課税が行われる。しかし，英国では，保有期間の長短に応じたキャピタルゲイン税への配慮は行われていない。これは，ある一定期間を基準として税負担額に差を設けるのは，資産の売却に恣意的判断が介入し，租税回避を誘発させることになりかねないとの理由による。仮に，キャピタルゲインの特性のために，「平準化措置」が必要とされるのであれば，5年という一定期間で長短の2区分ではなく，保有期間に応じた「平準化措置」が要請されるであろう。

　キャピタルゲイン税率は，所得税との整合性を考慮して設定されるとともに，各国の採用する「平準化措置」を設けてないことから，利子・配当等，他の不労所得とキャピタルゲインに対する課税の中立性が重視されているように解される。キャピタルゲインは資産性所得であり，実現まで課税が繰り延べられる課税重課要素を有する一方で，実現時には課税の集中が起こるという課税軽課

要素も有しているため，適切な課税制度の構築には，困難を要するが，複数の課税免除措置を設け，他の所得との中立性を重視する英国のキャピタルゲイン税法は，キャピタルゲインの特徴を熟慮した上で構築されており，バランスの採れた制度である。

　第9章では，国際課税制度について，移転価格税制，過小資本税制，CFC制度等，主要な制度について概観した。英国で特徴的な国際課税制度のうち，CFC制度に関して，欧州経済地域(European Economic Area)に配置される法人の事業活動が「真正な経済活動」(genuine economic activities)であると認められる場合には，CFC課税の対象とならない。さらに，1984年のCFC規定導入当初から動機調査(motive test)が設定されており，英国からの所得移転が英国での租税債務軽減を主目的として行われたか否かを判断する調査の要件となる①英国で課税されるべき金額のうち，当該所得移転に係る減額分が少額であること，②英国租税債務の軽減が主目的ではない，あるいは，当該取引の主目的がCFCで収益をあげることの2要件のうちのどちらかが満たされればCFC課税を受けない。

　一方，わが国では，平成22年度・23年度の税制改正により，外国子会社合算税制の適用除外要件として，事業基準，実体基準，管理支配基準，非関連者・所在地国基準の4要件が設定され，本店所在地国において，事業活動を行う「経済合理性」の有無により合算課税の対象となるか検討される。これら適用除外基準のうち，たとえば，実体基準・管理支配基準は，様々な事業形態の出現や国際的事業環境が目まぐるしく変化する今日，適用除外の判断基準として合理的な基準であるか疑問が残る。とりわけ，管理支配基準に関しては，わが国の外国子会社合算税制が創設された昭和53年当時から採用されており，30年以上経過した現在の事業環境のもとでは，制度疲労を起こしているとの懸念がある。現時点で有効な適用除外基準としては，固定施設において，実際に従業員が業務を行う日常的な事業活動を求める「企業実体基準」が検討されている。この「企業実体基準」は，英国の求める「真正な経済活動」に近似するように思われる。国際課税制度の制度趣旨である課税権の確保を前提としながらも，

企業の活動形態・経済環境の変化に応じた制度構築が要請される今日，英国のように，多くの事案(判断材料)から抽出された「人為的な所得流出のリスク」や動機調査の検討を用いる具体的，かつ，率直な基準の設定が必要といえる。

　第10章では，いわゆる足の速い所得といわれる流動所得について，2010年11月に財務省により公表された『法人税改革：より競争的な制度の提案』を参考に検討を行った。本提案書において，流動所得に関しては，人為的所得移転に抵触しない限り，英国多国籍企業が「競争的」であるために，税制面で最大限支援するという姿勢が表れている。その具体的内容として，①CFC規定の適用を英国で課税されるべき所得が人為的に移転される場合に限定することにより，英国での事業活動・英国源泉所得に対する課税の公平が実現されること，②英国における課税標準の浸食(erosion)が行われない限り，国外所得に対しては免税とすること，③国外での真正な経済活動(genuine economic activities)から生じる所得には課税しないことが挙げられている。

　また，「パテントボックス税制」は，創造，開発段階で付与される研究開発控除に加え，開発した知的財産の利用・商業化段階においても，10%の低率分離課税の優遇税率を用いることにより，知的財産の創造(creation)，研究(exploitation)・開発(inventions)，さらには商業化の全ての工程およびそれに伴う雇用を英国に誘導し，技術大国としての発展を目的とする政策的な制度である。欧州諸国の法人税率の引下げに相俟って，わが国においても法人税率が引き下げられたが，わが国法人税率は諸外国と比較しても依然として高い水準にあり，国際的税務競争(international tax competition)という観点からは出遅れている。企業活動のグローバル化に伴い，わが国に親会社を有する多国籍企業は外外(Out to Out)取引を中心とし，商流的にも物流的にも親会社を通さない形態での取引が急増している。こうした経済的潮流を踏まえて，わが国においても，課税標準を確保し，経済的向上を図るために，たとえば，英国のパテントボックス制度のように多国籍企業に魅力的な租税制度を構築し，国際競争力向上に真摯に取り組む時期にあるといえる。

　第11章では，環境対策における経済的手段のうち，環境税の有用性を念頭に，

その展開可能性について検討を行った。環境税に係る「二重配当」の理論は，『マーリーズ報告書』でも指摘されたように，環境税導入の際の消極的なアピール要素として機能するが，所得税等，他の税の補填を可能にする第二の配当は，あくまで副次的産物であり，環境保全という環境税の主たる目的が重視されるべきである。

たとえば，炭素税は，特別課徴金の性格を持つ目的税として捉えることができる。目的税とする背景には，地球温暖化問題がグローバル規模で重大な問題となっており，環境対策を急速に進展させる必要があるとの社会的合意が前提である。そのため，この問題への直接的な対処としては，炭素税による税収を一般財源には繰り入れるのではなく，すべて環境保全の財源に動員するシステムを構築する必要がある。つまり，目的税としての炭素税の性格を明確にし，環境保全に対する財政支出と完全にリンクさせた運用が求められる。

とりわけ，税の社会保障財源化が後進的であり，消費税増税の際にも，その使途へ多くの疑義・抵抗のあるわが国では，環境税による税収の使途を環境保全に用いる必要がある。

ただし，第二の配当，すなわち，環境税による税収の恩恵が納税者にとって公平，かつ，明確であるならば，環境保全以外の財源として利用できよう。前述のとおり，英国の気候変動プログラムは，気候変動税，気候変動協定，国内排出量取引の組み合わせにより，合理性の高いシステムとなっている。気候変動協定を締結した企業は，排出量目標を達成すると80％の気候変動税が免除されるとともに，排出枠の超過分および余裕枠分を売買することにより，柔軟な排出量削減が達成される。企業には，効率的な排出量削減のインセンティブが働き，結果として，低炭素化社会の実現という第一の配当が実現される。さらに，事業用燃料に的を絞った気候変動税の税収は，国民保険負担金の削減やエネルギー関連投資への助成に使われるといった事業から事業への第二の配当サイクルが明確であり，公平な財源利用が行われている。この組合せは，単なる一例に過ぎないが，少なくとも，わが国で未成熟である国内排出量取引の充実化および環境税との連携に向けて，大変参考となるシステムに違いない。

　環境税は，税収を生む利点がある一方で，その目標が達成されれば，減収に向かう特殊な税である。英国では，環境税の成果としての技術革新を見据え，積極的な新税の導入が図られているが，こうした新しい環境負荷要素への着手は，地球温暖化やエネルギー問題が喫緊と課題なる今日，大変重要，かつ，模倣に値する姿勢である。

語学留学で過ごしたオックスフォード大学ハートフォードカレッジの象徴，
溜め息の橋（The Bridge of Sighs）。写真右下のようにオックスフォードは，
自転車の利用が盛んな町としても有名である。

引 用 文 献

欧 文 文 献

Allen, Chris and Radice, Andrew and Heaton, David and Bradford A, Sarah, *The CCH TAX Handbook*, Coroner. CCH, 2000.

Abbott, David F., "A Matter of Equity and Convenience –The Nature of the Consolidated Return as Reflected In Recent Developments", *TAXES-The Tax Magazine*, Vol. 67 No. 12, 1989.

Butterworths, *Simon's Taxes Third edition*, Butter worths, 1983.

ButterWorths, *Simon's Taxes Third Edition*, Butter Worths, 1994.

Butterworths, *Butterworths Handbook on the Income and Corporation Taxes Act 1988*, Butterworths, 1988.

Case C-196/04, Cadbury Schweppes Overseas Ltd, OJC 281 0f 18.11.2006.

CCH, "Group・Consortia", *British Tax Reporter*, CCH, 1991.

Case C-196/04 Cadbury Schweppes plc and Cadbury Oversea Ltd v Commissioners of Inland Revenue 2006 ECR I-07995.

CCH, *British Master Tax Guide 2009-10*, Wolters Kluwer, 2009.

CCH, "Boxing Clever", *Accountancy*, Vol. 148 No. 1422, 2012.

Collison, David and Tiley, John, *Tiley & Collison UK Tax Guide 2006-07 24th edition*, Lexis Nexis Butterworths, 2006.

Council Directive 2006/112/EC of 28 November 2006.

Don, Fullerton, Andrew Leicester and Stephen Smith, "Environmental Taxes"*Dimention of tax Design : The Mirrlees Review*, Oxford University, 2010.

Dowell, Stephan, *A History of Taxation and Taxes in England from the earliest times to the present day Vol. Ⅲ*, Longmans, Green, 1888.

Edwin, Seligman and Anderson, Robert, *The income tax : a study of the history, theory and practice of income taxation at home and abroad*, Macmillan, 1911.

European Union, *Consolidated Version of The Treaty on European Union*, Official Journal of the European Union, 2008.

Genders, David, *Tax GUIDE 2017*, The Daily Telegraph, 2017.

Gravelle, Jane G., *The Economic Effects of Taxing Capital Income*, Massachusetts Institute of Technology, 1994.

Gretz, Michael J.and Warren, Alvin C., *Common Market Law Review*, "Divident taxation in Europe : When the ECJ makes tax policy", Kluwer Law International, 2007.

Goode, Richard, *The Individual Income Tax*, Studies of government Finance, 1975.

Gordon, Keith M. and Montes-Manzano, Ximena, *Tiley and Collison's UK Tax Guide*

  2009- 10 27th edition, Lexis Nexis, 2009.

Her Majesty, *Stability and Steady Growth For Bretain Pre-Budget Report*, The Stationary Office, 1999.

HM Treasury, *Financial Statement and Budget Report*, 2000.

HM Treasury, *Corporate Tax Reform : delivering a more competitive system*, HM Revenue & Customs, 2010.

HM Treasury, *Spending Review 2010*.

Homer, A.and Burrows, R., *Tolly's Tax Guide 1995- 96 13th ed*, Tolly, 1995.

Hope-Jones, Arthur, *Income Tax in the Napoleonic Wars*, Cambridge University Press, 1939.

IFS Capital Taxes Group, Equity of Companies : A Corporation Tax for the 1990s, Institute for Fiscal Studies, 1991.

Institute for Fiscal Studies, *Dimention of Tax Desigh : The Mirrlees Review*, Oxford University Press, 2008.

James, Simon and Nobes, Christopher, The Economic of Taxation : Principles Policy and Practice Seventh edition 2003/ 2004, Fisical Publications, 2003.

James, Simon and Nobes, Christopher, The Economic of Taxation : Principles Policy and Practice Twelfth edition 2012/ 2013, Fisical Publications, 2012.

Kay, J.A. and King, M.A., *The British Tax System Forth Edition*, Oxford University Press, 1986.

Kay, J.A. and King, M.A., *The British Tax System Fifth Edition*, Oxford University Press, 1990.

LexisNexis, *Simon's Taxes*, Butterworth, 1994.

Marks and Spencer plc v Revenue & Customs [2009] UKFTT 64 (TC) (02 April 2009).

Mayson, Stephen W. and Blake, Susan, *Revenue Law- Tenth Edition*, Black stone Press Limited, 1989.

McLure, Charles E., *Must Corporate Income Be Taxed Twice ?* , The Brooking institution, 1979.

Meade, J.E.(ed.), *The Structure and Reform of Direct Taxation*, Institute for Fiscal Studies, 1978.

Melville, Alan, *Taxation Finance Act 2010 Sixteenth edition*, Prentice Hall, 2011.

Melville, Alan, *Taxation Finance Act 2011 Seventeenth edition*, Prentice Hall, 2012.

Melville, Alan, *Taxation Finance Act 2012 Eighteenth edition*, Prentice Hall, 2013.

Melville, Alan, *Taxation Finance Act 2013 Nineteenth edition*, Prentice Hall, 2014.

Mirrlees, James(ed.), *Dimensions of Tax Design*, Oxford University Press, 2010.

Mirrlees, James(ed.), *Tax by Design*, Oxford University Press, 2011.

Moullin, Mavis and Sargent, John, *A Guide to the Taxation of Companies*, McGraw-Hill Book Company Limited, 1982.

Needham, Andrew, *Value Added Tax 2010/11*, Bloomsbury Professional Ltd, 2010.

OECD, *Taxation of Net Wealth, Capital Transfers and Capital Gains of Individuals*, 1988.

OECD, Economic Instrments for Environmental Protection, 1989.

OECD Evaluating economic instruments for environmental policy, 1997.

Peter Brich, Sorensen, "Can Capital Income Taxes Survive? And Should They?", *CESifo Economic Studies*, Vol. 53 No. 2, 2007.

Prest, A. R., Public Finance in Theory and Practice 5thed, 1975.

Pritchard, Bill, *Income Tax includes Finance Acts 1987 16th Edition*, hongman Group UK Ltd, 1987.

Smailes, David, *Tolley's Income Tax 2009-10 94th*, LexisNexis 2009.

Squires, Michael B., *Tax Planning for Groups of Companies*, Butterworths, 1990.

Tiley, John, *Butterworths UK Tax Guide 1987-88 6thedition*, Butterworths, 1987.

U. S Department of Treasury 1992.

VAT in the United Kingdom, Touche Ross, 1986.

Walton, Kevin and Flint, Andrew, *Tolley's Capital Gains Tax 2006-07*, Lexis Nexis Butterworths, 2006.

Walton, Kevin and Flint, Andrew, *Tolley's Capital Gains Tax 2007-08*, Lexis Nexis Butterworths, 2007.

Watterston, Juliana, *Corporation Tax 2009/10*, Bloomsbury Professional, 2009.

Webb, G. T., *Depreciation of Fixd Asset in Accountancy and Economics*, Australasia Pty Ltd, 1954.

White, Chris, *Revenue Law-principles and practice*, Butterworths, 1999.

Whitehouse, Chris(ed), *Revenue Law-principles and practice seventeenth edition*, Butterworths, 1999.

Williams, D. W., *Taxation : A Guide to Theory and Practice in the UK*, Hodder and Stoughton, 1992.

和 文 文 献

青木寅男「英国の税制改正（1995年度)」『租税法研究』第544号，1995年。

青山慶二「外国子会社合算税制について－わが国の改正と英国との比較検討」『租税研究』第731号，2010年。

赤石孝次「法人・個人所得税統合論の現段階－財務省報告92を中心として－」『経済学研究』第70巻第2・3合併号，2003年。

秋元秀仁「外国子会社配当益金不算入制度における税務(10)」『国際税務』第363巻第31号，2011年。

阿部泰久「グループ法人単体税制制度の導入と大企業への影響」『税研』第149号，2010年。

石弘光『環境税とは何か』岩波書店，2006年。

一河秀洋・吉牟田勲・田中啓一・米原淳七郎編『資産政策と資産課税』1998年。

一高龍司「消費課税の世界的潮流」『租税法研究』第34号，2006年。

井上久彌「イギリスの企業集団課税制度」『租税研究』第494号，1990年。

井上久彌「各国の企業集団税制の比較研究」『商学集志』第61巻第1号，1991年。

井上久彌「アメリカ連結納税制度における単一主体概念の変遷」『商学集志』第64巻第
　　　1・2・3号合併号，1994年。

井上隆一郎『グローバル企業の盛衰−歴史に学ぶ繁栄の条件，滅亡の原因』ダイヤモンド
　　　社，1993年。

植田和弘「環境税をめぐる理論的・政策的諸問題」『環境問題と租税』日本租税理論学会，
　　　2001年。

宇波弘貴『図説日本の税制（平成25年度版）』財経詳報社，2013年。

梅辻雅春「タックスヘイブン対策税制から外国子会社合算税制へ−問題点の分析と提言
　　　−」『租税研究』第745号，平成23年。

太田稀喜・田中信世編『新版　EUの動きがよくわかるQ&A 100−壮大な"実験市場"を
　　　検証する』亜紀書房，2001年。

岡村忠生「アメリカにおける包括的事業所得税構想について（資料)」『税法学』第509号，
　　　1993年。

岡村忠生「グループ法人課税制度は，なぜ必要か」『税研』第149号，2010年。

岡村堯『ヨーロッパ法』三省堂，2001年。

金子宏『課税単位及び譲渡所得の研究』有斐閣，1996年。

金子宏『租税法第十四版』弘文堂，平成21年。

金子宏『租税法理論の形成と解明　下巻』有斐閣，2010年。

片山直子『英国における環境税の研究』清文社，2007年。

鎌倉治子『諸外国の付加価値税−2008年度版』国立国会図書館調査及び立法考査局，2008
　　　年。

鎌倉治子「諸外国の課税単位と基礎的な人的控除−給付付き税額控除を視野に入れて−」
　　　『レファレンス』2009年。

環境省地球温暖化対策課市場メカニズム室『国内排出量取引について』2013年。

菊谷正人『英国会計基準の研究』同文舘出版，昭和63年。

菊谷正人『企業実体維持会計論』同文舘出版，平成3年。

菊谷正人『国際会計の研究』創成社，1994年。

菊谷正人「環境保護規制と環境保護税制−環境法規と環境税−」山上達人・菊谷正人『環
　　　境会計の現状と課題』同文舘出版，1995年。

菊谷正人『多国籍企業会計論』創成社，2002年。

菊谷正人＝内野正昭「現行税制の課題と展望（第23回）／税務相談制度・事前照会制度の

現状と課題－納税者サービスと租税回避防止指導の改善に向けて－」『税経通信』第
　　62巻第11号，2007年。

菊谷正人『税制革命』税務経理協会，平成20年。

菊谷正人「会計基準の国際的コンバージェンスと法人税の将来像」日本租税理論学会編
　　『税制の新しい潮流』2009年。

菊谷正人・酒井翔子「英国税法における減価償却制度の特徴－減価償却制度の日英比較
　　－」『経営志林』第48巻第3号，2011年。

菊谷正人「英国の個人貯蓄口座（ISA）に対する非課税制度の特徴－日本版ISA（NISA：
　　少額投資非課税制度との比較分析－)」『租税実務研究』第2号，平成26年。

キングズレー・ケミシュ「英国法人税制アップデートセミナー－より魅力的になった投資
　　先UK－」『租税研究』第755号，2012年。

栗林隆『カーター報告の研究－包括的所得税の原理と現実－』五絃舎，2005年。

経済産業省『平成20年度　諸外国におけるグループ税制に関する調査』平成20年。

木畑洋一＝秋田　茂編『近代イギリスの歴史』ミネルヴァ書房，2011年。

小松芳明『各国の租税制度』財経詳報社，昭和47年。

米川伸一『概説イギリス経済史』有斐閣，1993年。

経済産業省『平成20年度　諸外国におけるグループ税制に関する調査』平成21年。

高正臣「イギリス付加価値税法の仕組みと仕入税額控除」『税経通信』第56巻第15号，
　　2001年。

国会図書館農林環境課「環境税をめぐる状況－地球温暖化関連諸税を中心に－」『調査と
　　情報』第665号，2009年。

財務省『平成24年度税制改正の解説』「租税特別措置法（石油石炭税〔地球温暖化対策の
　　ための課税の特例〕関係）の改正」2012年。

酒井翔子「イギリスのグループリリーフ制度に関する研究」『政経論集』第14号，平成23
　　年。

酒井翔子「英国における配当課税制度の特徴」『租税実務研究』第1号，平成24年。

酒井翔子「英国におけるキャピタルゲイン課税の仕組みと特徴」『政経論集』第15号，平
　　成24年。

酒井翔子「英国の流動所得に対する国際課税」『租税実務研究』第2号，平成25年。

酒井翔子「わが国における環境税制の方向性～英国の環境税制を参考にして～」『産業経
　　理』第74巻第3号，2014年。

酒井翔子「法人税制の新たな展開～英国の法人税制を参考にして～」『嘉悦大学研究論
　　集』第57巻第2号，2015年。

坂巻綾望「欧州司法連合司法裁判所の動向－人・サービス・資本の自由移動と加盟国税制
　　－」『租税研究』第731号，2010年。

庄司克宏『EU法　基礎編』岩波書店，2007年。

佐藤穣治・金保仁・山田祐介「英国における法人税制と企業会計の乖離と法人体系」『租

　　税研究』第672号，2005年。

佐藤進「ウィリアム・ピットの財政政策とナポレオン戦時の所得税」『武蔵大学論集』第
　　8巻第2号，1960年。

佐藤主光「法人税改革について－他税目を含む税収構造の見直しと経済成長を支える税制
　　への転換」『租税研究』第778号，2014年。

鈴木将覚「実効税率の引き下げに向けて」『マーリーズ・レビュー研究会報告書』財団法
　　人企業活力研究所，平成22年。

高尾克樹「排出取引，環境税，直接規制の政策的組合せの可能性－イギリスの気候変動プ
　　ログラムのケース・スタディー－」『政策科学』第13巻第2号，2011年。

高川清明「イギリスの減価償却政策に関する覚え書－1945年から1960年までの租税政策の
　　一側面－」『明大商学論叢』第59巻第1・2号，昭和51年。

武田隆二『法人税法精説』森山書店，2005年。

多田雄司「EU型インボイス方式と日本への導入上の問題点」『税理』第39巻第15号，
　　1996年。

田近栄治『現代税制の経済学－イギリスの現状と改革－』東洋経済新報社，1989年。

田近栄治・油井雄二「法人税と課税の中立性」野口悠紀雄編著『税制改革の新設計』日本
　　経済新聞出版社，1994年。

田近栄治「日本の法人税をどう設計するか－課税ベースの選択と国際化への対応－」『ファ
　　イナンシャル・レビュー』第102号，平成23年。

田中治「キャピタルゲイン課税－税法学からの問題提起－」『キャピタルゲイン課税』谷
　　沢書房，1993年。

田中治「現行消費税の問題点と改正のゆくえ」『税務弘報』第49巻第8号，2001年。

知念裕『付加価値税の理論と実際』税務経理協会，1995年。

鶴田廣巳「イギリスにおける法人税改革とインテグレーション（上）」『関西大学商学論
　　集』第49巻第1号，2004年。

富岡幸雄「不況期の増税で国を滅ぼすな（上）－経済活性化と欠陥税制の是正が急務－」
　　『税経通信』第58巻第1号，2012年。

内閣府『経済財政運営と改革の基本方針2014～デフレから好循環拡大へ～』平成26年。

日本公認会計士協会編「企業集団課税制度（いわゆる連結納税制度）に関する海外諸国の
　　実情および我が国で制度化する場合の問題点について」『JICPAジャーナル』第11巻
　　第1号，1999年。

納富一郎「ロビンソン＆サンフォード著『イギリスの租税政策の形成』(1983)－政党と省
　　庁の役割について－」『佐賀大学経済論集』第17巻第4号，1985年。

橋本恭之「イギリス税制の現状について」『租税研究』第618号，2001年。

橋本恭之「イギリス税制改革」『総合税制研究』第10号，2002年。

本庄　資「オフショア・タックス・ヘイブンをめぐる国際課税（第10回）～EUにおける持
　　株会社と法人所有連鎖に関する国際課税の重要問題～ゼロタックスで国際競争力を高

める英国はタックス・ヘイブンか」『租税研究』第747号，2012年。

本庄資『アメリカ法人税制』日本租税研究協会，平成22年。

前川邦生＝菊谷正人編著『租税法全説』同文舘出版，平成13年。

増田英敏「イギリスの付加価値税（Value Added Tax）の法構造－住宅税制の視点を中心として－」『山田二郎先生喜寿記念納税者保護と法の支配』信山社，2007年。

松宮信也『イギリスのグループ税制』清文社，2002年。

水野忠恒「法人税改革－法人税と所得税の統合」『現代の法8　政府と企業』岩波書店，1997年。

水野勝『主税局長の千三百日』大蔵財務協会，1993年。

水野勝「我が国における一般的な消費課税の展開」『金子先生古希祝賀公法学の法と政策上』有斐閣，2000年。

宮島洋「環境税（炭素税）の租税理論的検討」石弘光編『環境税　実態と仕組み』東洋経済新報社，1993年。

宮島洋編著『消費課税の理論と課題』税務経理協会，平成15年。

宮本憲一＝鶴田廣巳編『所得税の理論と思想』税務経理協会，2004年。

森恒夫「イギリスの証券税制－1965年および1973年の改革を中心にして－」『証券研究』第49号，1976年。

森信茂樹「譲渡所得課税の経済効果と政策課題」『日税研論集』第50号，2003年。

森信茂樹「米・英の給付付き税額控除に学ぶ」『国際税制研究』第18号，2007年。

森本滋編著『企業結合法の総合的研究』商事法務，2009年。

諸富徹『環境税の理論と実際』有斐閣，2000年。

矢内一好『連結納税制度－主要論点の理論的検証－』中央経済社，平成15年。

山崎広明「イギリスの証券税制」『証券研究』第10巻，1964年。

山篠隆史「イギリス・グループリリーフ制度（英国簡易型連結納税制度）について」『租税研究』第581号，1988年。

山本守之『法人税の理論と実務』中央経済社，2010年。

吉田精司「企業課税の理論と課題」『企業課税の理論と課題』税務経理協会，平成19年。

インターネット文献

財務省ホームページ：http://www.mof.go.jp/tax_policy/summary/consumption/ 116_1. htm，2012年10月10日訪問。

OECD：Taxation and Environmental Policies（http://www.oecd.org/ctp/tax-policy/taxationandenvironmentalpolicies.htm）Accessed August 31th 2014.

The Guardian papar：（http://www.guardian.co.uk/uk/2011/mar/23/budget-2011-enterprise-zones-designed-to-encourage-new-investment）March 23ed 2011.

The Guardian papar：（http：//www.theguardian.com/politics/congestioncharging）August 31th 2014.

The Land and Property Services : HP (https://www.dfpni.gov.uk/topics/property-rating) Accessed October 17th 2015.

The Scottish Assessors Association : HP (http://www.saa.gov.uk/counciltax.html) Accessed October 17th 2015.

The UK Government : HP (https://www.gov.uk/child-tax-credit/what-youll-get) Accessed September 6th 2015.

The UK Government : HP (https://www.gov.uk/council-tax-appeals/challenge -your-band) Accessed October 17th 2015.

著 者 紹 介

酒井　翔子（さかい　しょうこ）

1983年8月：島根県に生まれる。

小学・中学・高校時代には競泳・陸上に打ち込む。

千葉県立佐倉高校卒業後，法政大学経営学部に進学。

2009年：法政大学会計専門職大学院卒業。修士（会計学）。

2015年：国士舘大学経済学研究科博士課程修了。博士（経済学）。

現　在：嘉悦大学准教授。

＜共著書＞

『租税法入門』（菊谷正人・依田俊伸・井上行忠共著，同文舘出版，2016年）

『FP技能検定＜学科試験＞3級完全攻略問題集』（井上行忠・森谷智子共著，創成社，2016年）

『FP技能検定＜実技試験＞3級完全攻略問題集』（井上行忠・森谷智子共著，創成社，2016年）

『全経簿記テキスト〔基礎編〕』（井上行忠編著，飯野幸江共著，創成社，2018年）

著者との契約により検印省略

平成30年8月27日　初版第1刷発行　　　**現代英国税制**

著　者	酒　井　翔　子
発行者	大　坪　克　行
製版所	税経印刷株式会社
印刷所	有限会社山吹印刷
製本所	牧製本印刷株式会社

発行所　〒161-0033 東京都新宿区　　　株式会社　**税務経理協会**
　　　　下落合2丁目5番13号

　　　　振　替　00190-2-187408　　　電話　(03)3953-3301（編集部）
　　　　ＦＡＸ　(03)3565-3391　　　　　　　 (03)3953-3325（営業部）
　　　　　　URL　http://www.zeikei.co.jp/
　　　　乱丁・落丁の場合は，お取替えいたします。

ISBN978-4-419-06531-7　C3032